STILL STUCK in TRAFFIC
COPING WITH PEAK-HOUR TRAFFIC CONGESTION

交通拥堵

解决高峰时段交通拥堵的策略

[美]安东尼·唐斯 著 / 刘岢威 高跃文 译

华中科技大学出版社
http://press.hust.edu.cn
中国·武汉

图书在版编目（CIP）数据

交通拥堵：解决高峰时段交通拥堵的策略 /（美）安东尼·唐斯（Anthony Downs）著；刘岿威，高跃文译. -- 武汉：华中科技大学出版社，2024.1

ISBN 978-7-5772-0092-7

Ⅰ.①交… Ⅱ.①安… ②刘… ③高… Ⅲ.①城市交通－交通拥挤－研究 Ⅳ.①U491.2

中国国家版本馆CIP数据核字(2023)第204929号

Translated from the English Language edition of *Still Stuck in Traffic*, by Anthony Downs originally published by Brookings Institute Press, an imprint of The Rowman & Littlefield Publishing Group, Inc., Copyright©2004 by Anthony Downs. Translated into and published in the Chinese Simplified Characters language by arrangement with the Rowman & Littlefield Publishing Group, Inc. All rights reserved.

未经罗曼和利特尔菲尔德出版集团公司书面许可，本书的任何部分不得以任何形式或通过任何电子或机械手段复制或传播，包括复印、转载或使用任何信息存储或检索系统。

湖北省版权局著作权合同登记 图号：17-2023-147号

交通拥堵：解决高峰时段交通拥堵的策略
Jiaotong Yongdu: Jiejue Gaofeng Shiduan Jiaotong Yongdu de Celüe

[美]安东尼·唐斯 著
刘岿威 高跃文 译

出版发行：	华中科技大学出版社（中国·武汉）	电话：	（027）81321913
地　　址：	武汉市东湖新技术开发区华工科技园	邮编：	430223

策划编辑：	贺　晴	封面设计：	王　娜
责任编辑：	赵　萌	责任监印：	朱　玢

印　　刷：湖北金港彩印有限公司
开　　本：710 mm×1000 mm 1/16
印　　张：22.75
字　　数：370千字
版　　次：2024年1月第1版 第1次印刷
定　　价：158.00元

投稿邮箱：heq@hustp.com
本书若有印装质量问题，请向出版社营销中心调换
全国免费服务热线：400-6679-118 竭诚为您服务
版权所有　侵权必究

致　　谢

在本书的草稿阶段，我的同事们给我提出了非常宝贵的意见，在这里向他们致以敬意。感谢马丁·瓦克斯（Martin Wachs），在他的建议下，我对本书的内容进行了结构性调整；感谢吉纳维芙·朱利亚诺（Genevieve Giuliano）和罗伯特·普恩特斯（Robert Puentes），他们给我提出了大量的有用的建议；感谢蒂姆·洛马克斯（Tim Lomax）和得克萨斯交通研究所，他们允许我引用他们发布的优秀研究成果；感谢卡拉·科克尔曼（Kara Kockelman），他帮助我审核交通拥堵动态分析的内容；感谢特蕾莎·沃克（Theresa Walker）为我编辑手稿；感谢埃里克·黑文（Eric Haven）、艾米莉亚·里奇（Emilia Richichi）和凯瑟琳·西奥哈里（Catherine Theohary），他们帮助我查证大量的数据和参考文献。

感谢布鲁斯·卡茨（Bruce Katz）和艾米·刘（Amy Liu）对我的帮助，他们是布鲁金斯学会城市和大都市政策中心的主任和研究员，是他们建议我对1992年出版的书进行修改，并提供了资金支持。同时，我要向其他为本书提供资金支持的机构表示感谢，包括范妮梅基金会、福特基金会、乔治·冈德基金会、乔伊斯基金会、麦克阿瑟基金会、麦克奈特基金会和莫特基金会。

序

如今，交通拥堵已经超过恶劣天气，成为一种被大众普遍讨论的弊病，但极少能通过公共政策来进行改善。交通拥堵几乎减缓了美国所有大都市地区的出行速度，它持续的时间越来越长，对交通网络的影响也比以往任何时候都更加严重。这种不断加剧的交通拥堵，使每天深陷其中的数百万市民极为沮丧。

交通拥堵是一个复杂的、需要持续面对的问题，这对于那些不满的通勤者、家庭和企业来说，绝对是一则坏消息。为应对各种各样的交通拥堵危机，美国社会往往会增加对交通基础设施领域的投资，即通过建设更多、更宽的道路来提升交通产能，尤其是在郊区或远郊地区。然而，最初采用这些措施就没有认识到造成交通拥堵的原因是什么。

交通拥堵是多种因素共同作用的结果，不同城市之间的差异性很大。像纽约和旧金山这种人口密度极高的城市的交通拥堵是由大量机动车在有限的城区内行驶造成的。而其他大都市地区的交通拥堵，特别是美国郊区，则是由低密度居住模式、分散就业、消费模式转变和市场结构调整等因素造成的。在农村地区，季节性的旅游交通也会让风景优美的乡村道路拥堵不堪。

但普遍来看，交通拥堵加剧的根源在于现代都市经济和社会的组织形式。美国人造成拥堵的原因是他们把其他目标放在了交通问题的前面，如让大多数人能够在同一时间工作，以便有效地与他人互动；让人们自由地选择工作地和居住地；让大多数学生在老师提供教学服务的时间里来上课；让人们拥有自由选择交通工具的权利，包括汽车、公交车或火车（但现实中，很少有人真正拥有除了汽车以外的选择）。

要同时实现上述目标，需要美国的大部分人每天都在很短的"高峰"时段内出行。在这个时段里，整个美国的交通网络都在超负荷运转，而路上的人只能排队等候。如此看来，交通拥堵是无法避免的。正如本书所证明的那样，即便修建再多的道路和铁路也不能保证把所有人在同一时间运送到其目的地；即便是通过电子信息手段来实现远程办公，抑或在高峰时段在所有的主要道路上安装通行收费装置，交通拥堵仍然无法避免。道路交通资源的分配只能是先到先得，因为延误无法避免，这就是拥堵的本质。

尽管交通拥堵可能永远无法消除，但有一些城市、州和大都市地区通过某些方法遏制了交通拥堵加剧的趋势。这些方法包括道路运营水平的提升（如更快地处理事故）、土地利用的优化（允许合理选址的高密度开发），以及市场经济手段（如伦敦中央商务区的拥堵收费试验）的应用。

安东尼·唐斯在本书中揭示了高峰时段大都市地区（不只是美国）交通拥堵的本质，并对其原因展开研究；总结了当下所有应对交通拥堵问题的政策，并对其缓解交通拥堵的作用进行了评估。

本书是1992年版的更新版本，相比早期版本，本书对作者早期的交通拥堵理论进行了进一步阐述；增加了专门的章节来分析交通事故对交通拥堵的影响；补充了世界各大城市的交通拥堵情况；针对新近出现的交通拥堵缓解政策进行了分析。本书认为，美国必须抛弃其过去50年来就交通论交通的方式，而应从其他方面来寻求应对交通拥堵的方式。作者在书中明确地表示："交通拥堵并没有快速、有效的解决办法"。

约吉·贝拉（Yogi Berra）说过："如果坚持做你一直做的事情，你将永远得到你一直得到的东西。"在这本书里，安东尼·唐斯向我们展示了一套新的、务实的改进措施，帮助这些大都市应付其看起来让人绝望的、艰巨的挑战。

布鲁斯·卡茨
布鲁金斯学会副总裁、高级研究员
城市和大都市政策中心主任

目　录

1　引　言 …… **001**
　1.1　为何要"减少交通拥堵"或"缓解交通拥堵"? …… 002
　1.2　本书重点 …… 004

2　高峰时段交通拥堵的益处 …… **005**
　2.1　问题的本质：交通高峰时段对道路资源的"过度需求" …… 006
　2.2　应对高峰时段交通拥堵的理论方法 …… 007
　2.3　交通拥堵的益处 …… 010
　2.4　我们能做什么? …… 011

3　交通拥堵有多严重? …… **013**
　3.1　交通拥堵与人口规模的关系 …… 016
　3.2　深入分析 …… 017
　3.3　交通拥堵与时间的关系 …… 019
　3.4　不同的视角 …… 022
　3.5　出行时间可靠性问题 …… 023
　3.6　社会拥堵成本估算 …… 024
　3.7　交通拥堵与区域经济竞争力 …… 026
　3.8　公众的看法 …… 029

4 高峰时段交通拥堵加剧的原因   **035**
    4.1 原因概述   036
    4.2 更高的机动车使用强度   041
    4.3 私家车的价格下降和性能提升   045
    4.4 燃料成本下降   046
    4.5 决策制定：私营部门与公共部门之间的差异   048
    4.6 低密度社区和单人车   049
    4.7 复杂大都市经济的后果   053
    4.8 未来趋势   055

5 造成交通拥堵的偶发事件和事故   **057**
    5.1 "偶发事件"指的是什么？   058
    5.2 事故分析   059
    5.3 关于高峰时段拥堵的结论   061
    5.4 交通事故发生的频率和性质   061
    5.5 为什么事故率下降了？   064
    5.6 在地方使用国家统计数据   067

6 缓解拥堵的策略与交通的四个基本原则   **071**
    6.1 基本策略   072
    6.2 交通的四个基本原则   076

7 减少偶发事件导致的交通拥堵   **085**
    7.1 应对由偶发事件引起的交通拥堵   086
    7.2 建立和运作交通管理中心（TMC）   089
    7.3 交通管理中心是否物有所值？   092

8 提高道路通行能力   **095**

    8.1   建造更多的道路   096

    8.2   扩大道路容量是否会引发"诱导需求"？   097

    8.3   高速公路的匝道流量控制   100

    8.4   使用 HOV 车道   102

    8.5   HOV 车道应该通过提升整体道路通行能力来创建   104

    8.6   拼车   106

    8.7   提高道路效率的其他策略   107

9 提升公共交通的承载能力   **109**

    9.1   公共交通和交通拥堵   110

    9.2   为什么减少交通拥堵不是提升公共交通承载能力的正当理由   112

    9.3   通勤交通中的公共交通使用比例   114

    9.4   有多少人乘坐公共交通工具？   116

    9.5   公共交通和私家车出行总量对比   118

    9.6   为什么美国公共交通的地位这么薄弱？   118

    9.7   提升公共交通承载能力的几个理由   121

    9.8   在一种情况下，提升公共交通承载能力可以缓解严重的交通拥堵   123

    9.9   轻轨和快速公交（BRT）   125

    9.10   提升公共交通承载能力是否曾经缓解过交通拥堵？   128

    9.11   资金在公共交通和公路之间的分配   131

    9.12   如何改变现有的公共交通方式来提高公共交通使用率？   135

    9.13   怎样才能提升现有公共交通工具的使用率？   139

10　高峰时段和其他道路收费 **141**

- 10.1　高峰时段道路收费的经济学原理　142
- 10.2　两种不同的道路收费方式　144
- 10.3　假设案例研究　145
- 10.4　高峰时段出行和道路设施收费　149
- 10.5　HOT 车道——道路收费的一种不完全形式　153
- 10.6　一种基于新技术的道路收费方式　156
- 10.7　其他形式的道路收费案例　157
- 10.8　维系地面交通所需的更多收入　160
- 10.9　道路收费的未来趋势　161
- 10.10　道路收费政策的其他影响　162
- 10.11　有必要建立一个区域性的管理机构吗？　164

11　需求侧行动策略 **165**

- 11.1　将高峰时段的出行安排在一天中的其他时间　166
- 11.2　鼓励更多的人在家工作　167
- 11.3　限制机动车出行　169
- 11.4　鼓励拼车　169
- 11.5　智能交通系统　177
- 11.6　结论　179

12　提升密度的措施 **181**

- 12.1　新建地区高密度模式的社会效益　182
- 12.2　边缘用地利用　183
- 12.3　新建区采用更高密度　184
- 12.4　使公共交通出行更加可行　187
- 12.5　现有的美国居住密度因地理因素呈现差异化　191

12.6	低密度居住区是"社会次优"吗?	197
12.7	如何提高居住密度	200

13 改善职住平衡   **203**

13.1	职住失衡的特点	204
13.2	职住失衡的负面影响	205
13.3	职住失衡的原因	206
13.4	改变现有职住失衡的六种策略	209
13.5	改变平衡策略的可行性	211
13.6	政治不对称问题	214
13.7	职住平衡与交通拥堵	215
13.8	总结	216

14 大型集群化聚集办公   **219**

14.1	背景分析	220
14.2	工作岗位集聚的策略	223
14.3	聚集办公的可行性	224
14.4	行政问题	227
14.5	工作岗位集聚的合理位置	228
14.6	实现有效的工作岗位集聚策略	229

15 地区增长管理政策   **231**

15.1	基本定义	232
15.2	为什么地方政府采取增长管理或控制策略来缓解交通拥堵	233
15.3	地方增长控制措施能否影响交通拥堵?	234
15.4	智慧增长政策在交通拥堵方面会产生更正面的影响吗?	237

16　世界各地的交通拥堵　　243
16.1　为什么在不断增长的大都市地区，交通拥堵会日益恶化？　　244
16.2　"出行时间预算"的概念　　245
16.3　公共和私营部门对汽车的行为　　247
16.4　全球的汽车数量　　248
16.5　全球道路网络　　251
16.6　全球汽车生产　　252
16.7　对未来汽车生产和使用的影响　　254
16.8　美国和具有经济竞争力国家的地区流动性　　255
16.9　世界各地的交通拥堵　　256
16.10　其他国家应对交通拥堵的策略　　259
16.11　全球应对交通拥堵对美国政策的影响　　264

17　应对区域交通拥堵的政策　　265
17.1　为什么需要采取区域性措施来减少高峰时段的拥堵　　266
17.2　区域性策略的基本悖论　　267
17.3　MPO 及其对拥堵的影响　　269
17.4　其他可能的机构设置　　272
17.5　区域治堵机构可能遭遇的反对　　280
17.6　政治支持条件　　281
17.7　总结：永不放弃　　283

18　总结和结论　　285
18.1　交通拥堵：也不全是坏事　　286
18.2　造成高峰时段交通拥堵的直接原因　　288
18.3　高峰时段交通拥堵的根本原因　　289
18.4　应对高峰时段交通拥堵的策略　　290
18.5　交通的四个基本原则　　290

18.6	全球范围内日益严重的交通拥堵	292
18.7	一个重要的行为政策目标	293
18.8	治堵策略评价体系	294
18.9	按照评价标准得出的结论	298
18.10	最全面和有效的策略	299
18.11	问题的核心	301
18.12	其他相对有效的策略	301
18.13	较为有效的低成本策略	303
18.14	效果不佳但成本低的一些策略	303
18.15	社会成本高昂但较为有效的策略	305
18.16	无效的策略	306
18.17	需要区域行动的策略	309
18.18	政治支持条件	311
18.19	结论	313

附 录   315

附录 A	交通拥堵动态分析	315
附录 B	高峰时段道路收费的图形分析	325
附录 C	将住宅总密度转换为净密度	328
附录 D	模拟变化的空间模型	331
附录 E	公交车站附近聚集高密度住宅	342

引言

美国大都市地区的数以百万计的居民意识到，交通拥堵已经成为最为严重的社区问题，乃至地区问题。1982—1999 年，美国 75 个大都市地区日常交通拥堵的概率从 17% 提升到了 33%。根据得克萨斯交通研究所（TTI）于 1999 年发布的交通拥堵年度报告，"平均拥堵时间从 1982 年的 2～3 个小时增加到了 1999 年的 5～6 个小时"。

与美国许多基本的社会问题（贫困、饥饿、低质量的教育、无家可归和吸毒）不同，交通拥堵每天直接发生在数百万不同收入水平的美国通勤者身上。他们为日复一日的交通拥堵而造成的时间和金钱浪费而感到愤怒，这迫使许多地方政府官员采取政策来管理郊区的发展。然而，影响交通流的因素众多，人们很难准确预测交通拥堵的范围和程度，因此科学评估现有缓堵政策的有效性也存在诸多困难。

多数大都市地区的居民认为，交通拥堵比五年前或十年前更加严重了。统计数据显示，交通拥堵主要发生在大都市地区，这些地区要么人口众多（200 万以上），要么人口增幅巨大。2000 年，得克萨斯交通研究所利用高峰时段的平均出行时间与非高峰时段的平均出行时间的比值来衡量拥堵情况。按该指标排序，美国拥堵严重的十个大都市地区分别是洛杉矶（比例为 1.82∶1）、旧金山、芝加哥、华盛顿、西雅图、波士顿、迈阿密、圣何塞、丹佛和纽约 - 新泽西北部（比例为 1.41∶1）。在 75 个大都市地区，每个高峰时段出行者因交通拥堵而造成的年平均出行延误时间从 1982 年的 16 个小时增加到 2000 年的 62 个小时——几乎翻了两番。

1.1 为何要"减少交通拥堵"或"缓解交通拥堵"？

对于那些经历过交通拥堵的人士来说，这种体验令人恼火。因为缓慢行驶的车辆让他们浪费了太多的时间。从整个社会的角度来看，交通拥堵也是不受欢迎的，因为它对稀缺资源（道路）的分配不当造成了经济效率低下，并给人们带来心理压力。得克萨斯交通研究所估算，2000 年交通拥堵导致的额外时间损失和燃料消耗，给 75 个大都市地区造成了高达 675 亿美元的损失，平均每人 505 美元。其中，时间成本（按照一小时 12.85 美元计算）占到全部损失的 68.5%。

事实上，这些社会成本的估算基于一个错误的前提——如果有更好的应对策略，大都市地区可以避免高峰时段的交通拥堵。正如第 2 章所解释的那样，现代社会的组织方式要求大多数人在早晚高峰时段出行，目前并没有可行的办法让所有人免受交通拥堵的困扰。简而言之，在世界上的每一个大都市地区，每天高峰时段的交通拥堵均是不可避免的。"用高峰时段的额外出行时间与非高峰时段进行对比"是一种错误的评估方法，因为无拥堵出行根本就是一个无法实现的假设。因此，将这种完全虚幻的假设与实际情况进行比较，并宣称时间"被浪费了"的说法完全是一种误导。

此外，根据得克萨斯交通研究所的预测，交通拥堵每年造成的社会损失总额非常惊人。然而，若以天为单位进行核算，则损失额似乎要小得多。假设一年有 240 个工作日，每个通勤人员每天出行两次，一年则出行 480 次。按照得克萨斯交通研究所的计算方法，人均出行成本为 1.06 美元 / 次，其中 0.72 美元为时间成本，0.34 美元为直接支出成本。每年 480 次出行的总时间延误为 36 小时，分摊到每一次出行则只有 4.5 分钟。这些成本看起来要比汇总数据更容易接受。

当然，交通拥堵还会产生另外两项重要的社会成本。它推迟了数百万件货物的运输，从而降低了国家的生产效率，增加了无数企业的开支。交通延误的不可预测性迫使许多出行者在出行计划中增加了超过平均延误时间的时间余量，这会进一步加剧交通拥堵的时间损失。

除了时间、燃料损失和运输延误外，拥堵还会产生其他重大成本。政府倾向于响应公众的要求，通过投入比社会最优水平更多的资源来建设道路和补贴公共交通，从而"解决"交通拥堵问题。许多公司和雇员为了减少出行时间，将其办公地点和住宅搬离城市中心区，这在一定程度上造成了城市的蔓延。这些扭曲现象的总成本无法粗略估计，但肯定是巨大的。

造成这种扭曲现象的部分原因是，个人驾驶员和企业不必为自己的出行决策承担真正的社会成本，相关的市场价格信号并不会引起社会效率结果的变动。例如，个人通勤者高峰时段在拥挤的高速公路上开车，他不必为强加给其他人的额外拥堵支付费用。此外，通勤者在交通中积累的挫折感还会增加其工作和家庭中的人际冲突。

1.2 本书重点

1992 年版的《交通拥堵》评估了当时应对交通拥堵问题的一系列公共政策。它概述了交通专家和城市规划人员对这一课题的研究，并评估了为减少交通拥堵而提出的应对策略。然而，随着最新的研究和实践进展，许多新的治堵想法不断涌现。因此，通过这些新的治堵策略重新审视交通拥堵问题似乎也是水到渠成的。

本书将主要讨论五个问题。① 高峰时段的交通拥堵是如何产生的？② 为什么交通拥堵变得更加严重？③ 有什么策略可以缓解交通拥堵，或者至少减缓它的恶化？④ 哪种策略最有效？⑤ 在什么情况下需要从区域的角度研究规划和政策？要回答这些问题，我们需要研究许多课题，包括交通拥堵对稀缺资源分配的影响，快速增长地区的土地利用和交通量之间的关系，以及区域性解决方案相对于地方性解决方案的优劣分析等。

本书包含了一些在上一版中没有的新章节，包括高峰时段交通拥堵的益处，高峰时段拥堵加剧的原因，引发交通拥堵的偶发事件和事故，提升公共交通的承载能力，以及世界各地的交通拥堵等章节。此外，本书在附录中新增了有关交通流理论的内容，并对上一版中的其他章节进行了大量的修正。

高峰时段交通拥堵的益处

几乎没有人相信交通拥堵存在好处。这主要是因为人们总是被"堵在路上"，他们开着时速性能超过 100 英里（1 英里约为 1.609 千米，后同）的汽车，却只能龟速前进。交通拥堵造成的出行延误加剧了空气污染，增加了国家燃料消耗和大量的运输成本。媒体频繁发布的各种估计数据也在一定程度上加深了公众对交通拥堵的敌意，这些数据反映了拥堵给整个国家造成的损失，尤其是给每个司机造成的损失。

2.1 问题的本质：交通高峰时段对道路资源的"过度需求"

高峰时段的交通拥堵在整个国家的交通运输活动中起着至关重要的积极作用。拥堵其实就是排队等候，它是国家分配稀缺道路空间资源的主要手段。高峰时段对道路的过度需求是真正的问题所在，但拥堵是最为可行的解决方案。"过度需求"的产生源于美国社会的组织方式（几乎所有现代社会都是这样的），即大多数的人都要集中在一天的某一时段出行，这样一来任何现实场景中的道路系统都无法满足他们以最高速度运行的需求。如果不从根本上重新组织经济、教育等社会活动的秩序，那么高峰时段的"过度需求"就无法解决，但大多数人是无法接受这种改变的。

换句话说，拥堵是一种平衡机制，它使美国人能够追求他们强烈渴望的某些目标，而不是高峰时段的快速移动。这些目标包括自由选择工作和生活地点，在相同时间段工作以确保有效的沟通，居住在低密度社区，生活在远离贫困的社区，完成一些个人事务的出行，以及使用私家车出行（在很多情况下，私家车出行似乎优于公共交通）。

许多追求这些目标的人需要在相同的时间出行，尤其是早晚高峰时段。主要原因是，大多数机构希望他们的员工每天能够在相同的时间内工作，这样可以高效互动。同样，学生必须在相同的时间上课，这样学校可以教育更多的学生，而且需要的教师数量最少。此外，在相同时段的通勤或在就学旅途中做其他的事情也是很有效率的。

所有这些因素导致大量的人想要在每天上午和下午的几个小时内出行。在美国，这些出行者大多想要独自驾乘私家车出行。结果，现有的道路系统（尤其是在大都市地区）没有足够的能力来容纳所有想要在"高峰时段"出行的汽车。在该时段内，对出行的过度需求和可用道路资源的有限供应不匹配是根本问题。因此，拥堵本身并不是真正的问题——事实上，拥堵是解决这个基本问题的唯一可行办法。

2.2 应对高峰时段交通拥堵的理论方法

从理论上讲，有四种方法能够应对每日高峰时段出行总需求与有限道路空间之间的矛盾。第一种方法是通过向司机收取使用费来分配有限的道路空间资源。我们的社会通常会通过市场定价来分配许多其他稀缺商品，那为什么不在高峰期的道路空间上采取同样的做法呢？长期以来，许多经济学家一直建议将"道路收费"作为一种有效的道路空间分配方法，这非常符合美国经济的总体市场导向。在所有的高速公路和其他通勤道路上收取有差异性的费用，或许有效。只要收费定价足够高，就能够限制高峰时段进入每条道路的车辆数，从而使道路上的车辆能够高速行驶。这将使所有收费道路在高峰时段内的拥堵现象消失，当然，其他没有收费的道路还会存在拥堵。如果路上的车辆都能以每小时 60 英里的速度行驶，而不是像现在这样缓慢前行，那么更多的车辆就能在高峰时段完成通勤行程。

但美国并没有采取这一对策，主要有三个方面的原因。

第一，即使所有主要的通勤道路都开征可变通行费，使车辆能在高峰时段快速通行，也无法满足所有通勤者的出行需求。而且，没有一种收费系统可以在每条主要和次要的城市街道上收取可变通行费。那么，这些不收费的街道将会被那些不愿支付费用的出行者占据。这样一来，尽管高峰时段高速公路的交通拥堵会消除或缓解，但那些低等级的道路将会拥堵不堪。

第二，这样的收费系统将使高收入家庭受益，同时给低收入家庭带来负担。前者付得起通行费，因此可以在一天中最方便的时间、在最便捷的道路上快速开车。但同时，很多人将被迫离开这些道路。这样的结果是大多数美国司机所不能接受的，因为他们认为自己属于要被迫离开高速公路的群体。

第三，90% 以上的美国家庭都拥有汽车，他们属于最强大的选票阶层。2002 年，美国联邦政府曾提议资助道路收费试验，但当选官员不愿进行尝试。显然，所有州和地方政府官员都认为，即便是在道路上进行一次小规模的收费试验，也极有可能激起大多数选民的愤怒。

事实上，自 2003 年伦敦开始在其中心地区实施有限的道路收费计划以来，人们对此类试验的兴趣逐渐增加。此外，随着全球定位系统（GPS）技术和车载电脑技术的发展，对每辆车进行差异化收费的方法变得可行。这种收费系统已经在欧洲的一些货车上应用，但要大规模使用还需要很多年的时间。截至 2003 年，美国还没有一个地区，或者说世界上任何城市，都无法将对其城市内所有道路收费作为应对高峰时段拥堵的一种手段。

美国人不喜欢高峰时段的道路收费政策，因为这种通行费看起来像额外新增的税种，而司机们认为他们已经支付了汽油税。他们对政府的动机持怀疑态度，认为拥堵收费的资金可能被用于与改善拥堵无关的目的（这样的事情在欧洲经常发生）。他们认为这样的通行费"不过是另一种税罢了"，而他们承受的税收负担已经很重了。

第二种方法是尽可能扩大道路系统的总容量。诚然，这本书的一个基本观点便是，一个地区一旦出现高峰期拥堵，就无法通过道路建设来摆脱拥堵。从理论上讲，可以修建足够多的道路空间，以满足所有人在高峰时段的出行需求。这意味着必须对许多现有道路进行拓宽，城市的大部分区域将被大面积的混凝土路面覆盖，现有道路沿线成千上万的财物都可能被破坏，包括树木、公园和建构筑物等。同时，这些道路建设需要的费用非常惊人，任何社会都难以承担。而且，这些道路建成后在大部分时间里都将被闲置，因为车辆集中出行的时段所占比例非常小。这相当于在购物中心建一个足够大的停车场，供所有想在圣诞周购物的消费者停放汽车，然后在一年的大部分时间里停车场都空无一人。因此，扩大道路容量来满足高峰时段的道路出行需求是不必要的，完全不切实际。这个方法还存在另一个问题，即更充足的道路空间可能会鼓励许多目前不在高峰时段出行的人开始在高峰时段出行。

第三种方法是提供足够的公共交通服务，以应对大部分高峰时段的交通量。从理论上讲，这可能会大大减少试图在同一时间上路的私家车数量，从而减少高峰时段的拥堵。但在美国，高峰时段的公共交通出行在出行方式中的比例与私家车相比实在是微不足道（图 2-1）。

根据美国联邦公路管理局于 1995 年发布的数据，高峰时段的私家车出行量占工

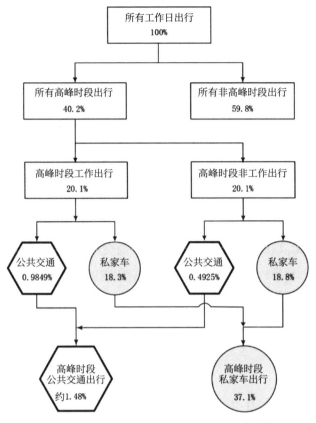

图 2-1　高峰时段乘坐公共交通工具及私家车的情况

资料来源：作者的计算数据参照美国联邦公路管理局，《我们国家的出行：1995 年全国个人交通调查早期结果》（1997 年 9 月），第 21 和 17 页。参照其注释 4）

作日全天交通量的 1/3 还多，而同时段的公共交通出行比例约为 1.48%。其中，高峰时段的私家车出行量约为公共交通出行量的 25 倍，约占高峰时段机动化出行总量（私家车出行与公共交通出行的总和）的 96%。因此，即使将公共交通的载客量增加两倍，也只能使高峰时段的私家车比例减少 8.0%。然而，这样做并不能解决高峰时段大多数道路上的交通拥堵，尤其是许多道路使用者转向公共交通后，会吸引其他时段和道路的使用者汇聚到空闲的道路上。

高峰时段通勤者很少使用公共交通的主要原因，是美国大部分地区几乎没有公共交通服务。在美国，占主导地位的公共交通形式不能有效地服务人口低密度社区，但是，大多数美国人生活在这样的区域。因此，美国的公共交通服务主要集中在少数几个人口密度相对高的地区。2000 年，纽约、芝加哥、华盛顿、波士顿、费城、纳苏 - 萨福克和旧金山七个大都市地区的公共交通通勤率为 55.7%，但其人口仅占到美国总人口的 12.5%。

应对高峰时段交通拥堵的最后一种方法，是让车辆排队等候，直到车辆逐步驶离道路，拥堵逐渐消失。高峰时段的交通拥堵是国家道路系统被有效利用的表现。实际上，拥堵并不是问题所在；相反，它才是问题真正的解决方案。与神话般的无延迟、高速移动相比，交通拥堵似乎是不受欢迎的。但是，前者在世界上大多数大都市地区都无法实现。

如果大多数人能够清楚理解上述四种方法，他们自然会认为拥堵要远好于其他三种对策。不幸的是，很少有人能认识到高峰时段的交通拥堵给社会带来巨大的好处。当然，了解交通拥堵的好处并不会缓解人们身处交通拥堵中的痛苦。但是，清楚了解这种情况对理解以下问题是必要的：为什么交通拥堵会出现？为什么交通拥堵越来越严重？为什么交通拥堵既不能也不应该被完全消除？

2.3　交通拥堵的益处

交通拥堵可以被视为繁荣和经济成功的标志，而不是一种完全负面的现象。交通量在经济繁荣时期会剧增，在经济衰退时期则会显著下降，这在 20 世纪 90 年代末和 21 世纪初的旧金山湾区得到了戏剧性的证明。事实上，一个地区减少密集拥堵的最快方法就是遭遇严重的经济衰退，但这是任何人都不想要的解决办法。

社会价值最高的地点和活动往往会非常拥挤，例如世界职业棒球赛、纽约剧院区、大学橄榄球赛、跨年夜的时代广场、最受欢迎的夜总会和餐馆，以及圣诞节前一周的主要购物中心。这些最受欢迎的地方往往会受到交通拥堵的困扰，正如约吉·贝拉所说："再也没有人去那里了，因为那里太拥挤了！"

马丁·瓦克斯指出，交通拥堵有着悠久的历史，可以追溯到古罗马时期，甚至更早。一位罗马皇帝对罗马大街上每天都堵着的商用马车非常不满，于是他下令这些车辆只能在夜间通行。但是马蹄踏在鹅卵石上的沙沙声和无数动物的哀鸣声让很多人无法入睡,所以他很快就取消了这项法令。在20世纪初的美国城市里,市中心的街道被大量的电车塞满。由于公交车不受轨道的限制,城市规划师提出用公交车取代电车,然而公交车很快就造成了交通拥堵。随后,汽车开始普及,并最终成为城市道路拥堵的主要原因。为此,交通工程师发明了高速公路,现在高速公路已经成为极其拥堵的地方。于是,城市规划师又提出了新的"疗法",包括高载客量车辆(HOV)车道、允许单人车在高峰时段付费进入的高载客量收费(HOT)车道、更多样的方格路网、类似于过去有轨电车的轻轨系统,以及更多的自行车道和人行道。

各种利益集团也会利用公众对交通拥堵的普遍反感来推动他们的政策议程。混凝土和汽车制造商建议修建更多的道路;公交车制造商和公共运输工会建议扩大公共交通规模;环保人士则建议建设高密度的住宅来减少交通拥堵的负面影响。

但现实是,在世界上几乎所有的大型和不断发展的大都市地区,至少某种类型的高峰时段交通拥堵已经成为常态。在可预见的未来,这些地区仍将无法摆脱拥堵。

2.4 我们能做什么?

在大都市地区,高峰时段的交通拥堵几乎是不可避免的,但这并不意味着我们无法采取任何措施来降低交通拥堵给社会带来的成本。尽管高峰时段的拥堵无法消除,但是它的程度可以降低,或者至少它的恶化速度可以减缓。

交通拥堵到底要多严重才需要采取应对措施?不同地区的情况差别很大,没有一个统一的标准。随着人口的增长、居民收入的增多、交通改善方面投资的增加,以及经济的日益繁荣,每个地区的交通拥堵都会逐渐改变。因此,没有所谓的"危机点",即高峰时段的拥堵会在某一刻突然变得如此严重,以致每个人都意识到必须采取激烈的行动来减少拥堵。相反,交通拥堵会造成一种"蔓延的危机",对不同的个体和社区来说,这种危机会以不同的速度恶化。

如今在美国的大都市中,应对高峰时段交通拥堵的政策已经成为市民选择官员和其他领导者的主要参考因素。这些策略的效果如何将是本书讨论的主要问题。但是,所有关心如何应对交通拥堵的市民,包括那些每天都在经历"堵车"的司机,都应该记住三个基本事实。第一，拥堵在现代社会发挥着重要而必要的积极作用。第二，无论采取什么策略，拥堵都不会完全消失（事实上，交通拥堵很可能在未来变得更糟）。第三，从长远来看，最有效的应对措施是调整个人和企业的行为，这意味着改变出行时间和路线，改变居住或工作地点，改变出行方式，甚至改变城市，或者只是适应它。

3

交通拥堵有多严重？

交通拥堵很难精确测量，因为它在空间和时间上变化很大。由于周遭环境变化的不可预测性，美国不同的大都市地区之间，同一都市地区的不同地点，同一地点的不同日期，以及一天中的不同时刻，其拥堵的程度都有很大不同。这些环境变化包括天气、交通事故、偶发事件和道路建设等。因此，在某一时点，发生在某一大都市地区不同地点的交通拥堵具有其独特性。没有一种简单的方法可以将这些变化汇总成一个单一的指标，来衡量某一特定小时、某一天、某一周、某一月或某一年整个都市地区的"平均拥堵程度"。

此外，"交通拥堵"并没有一个普遍被接受的定义。从常识来看，当行驶速度低于设计速度时，这条道路上的交通都可以被认为是拥堵的，因为司机无法开得更快。因此，如果一条州际公路上的大多数车辆均以低于该公路设计时速（60英里/时）的速度行驶，那么这条公路就被认为是拥堵的。拥堵的程度取决于交通运行速度与公路设计车速的比值。

得克萨斯交通研究所和美国联邦公路管理局通过这些基本概念形成了几种衡量交通拥堵程度的指标，如专栏3-1所示。在2002年的报告中，得克萨斯交通研究所分析了1982—2000年美国75个大都市地区交通拥堵程度的变化。衡量拥堵程度的指标及其定义均见于专栏3-1。

得克萨斯交通研究所最重要的拥堵指标是出行时间指数（travel time index），它是高峰时段行驶某条路线所需的总时间与非高峰时段行驶同一条路线所需时间的比值。因此，如果在正常高峰时段开车上班需要24分钟，但在没有拥堵的情况下只需要20分钟，则出行时间指数的值为24除以20，即1.20。2000年，得克萨斯州的科珀斯克里斯蒂（得克萨斯南部的海港城市）和阿拉斯加州的安克雷奇这两个地方的出行时间指数最低，仅为1.04，而洛杉矶地区的出行时间指数最高，达到了1.90。

得克萨斯交通研究所评估交通拥堵的方法受到了地面交通政策项目（STPP）和华盛顿州交通局（WSDOT）的批评。两方都声称，得克萨斯交通研究所没有根据实际情况衡量每个地区的拥堵情况，而是严重依赖计算机模型对拥堵程度进行预测。WSDOT认为得克萨斯交通研究所在西雅图地区的数据不准确，该结果没有考虑WSDOT实施的几项创新措施对高峰时段交通运行速度的影响，其中包括广泛实施的匝道流量控制系统和能够为驾车者提前预报前方路况的信息预告系统。因此，

WSDOT 退出了一直支持得克萨斯交通研究所发布的《城市出行报告》的州交通部门联盟。

专栏 3-1　衡量交通拥堵程度的指标

出行时间指数：指高峰时段出行时间与非高峰时段（道路处于畅通状态）出行时间的比值。该指标与高峰时段交通量、交通事故及其他偶发事件有关。出行时间指数越大，代表交通拥堵越严重。在得克萨斯交通研究所 2002 年的报告中，美国 75 个大都市地区的平均出行时间指数从 1982 年的 1.07 上升到 2000 年的 1.24。这意味着，在没有严重交通拥堵或交通事故的情况下，一趟非高峰时段需要 20 分钟的行程，在 1982 年的高峰时段需要 21.4 分钟，在 2000 年的高峰时段需要 24.8 分钟，出行时间指数增长了近 15.9%。

高峰时段出行比例：指高峰时段出行量占全日出行的百分比。在 2002 年报告分析的 75 个大都市地区中，这一统计数据在 1982 年平均为 26.3%，2000 年平均为 40.2%，在 18 年间增长了近 53%。

拥堵出行比例：指拥堵出行量占全日出行的百分比。在 75 个大都市地区，这一比例从 1982 年的 10.5% 上升到 2000 年的 25.5%，增长了近 142.9%。

高峰时段道路出行者年人均延误时间：指高峰时段出行者的年平均出行时间与设计速度出行时间的差值。在所研究的 75 个大都市地区，高峰时段道路出行者平均延误时间从 1982 年的 8.7 小时增加到 2000 年的 39.2 小时，增加了 30.5 小时。

道路拥堵指数：指某地区在某个时段内的新增机动车里程数与新建车道里程数的比值。如果机动车行驶里程上升速度超过道路建设速度，那么道路拥堵指数就会上升。但如果道路建设速度超过行驶里程的上升速度，那么道路拥堵指数就会下降。因此，该指数可以对某个区域整个公路网系统进行评价。但它并没有考虑许多影响拥堵的因素，比如高速公路上的汇入车流和交通事故。

数据来源：David Schrank 和 Tim Lomax，《2002 年城市出行报告》（得克萨斯大学城：得克萨斯交通研究所，2002 年 6 月）。

本章大量采用了得克萨斯交通研究所《城市出行报告》的内容，因为它拥有在同一时间跨度内对不同地区交通拥堵状况进行衡量的统一标准，得克萨斯交通研究所的评价方法是比较不同地区拥堵程度和跟踪地区拥堵程度随时间变化的最佳方法。

3.1 交通拥堵与人口规模的关系

平均而言，在任何一年，人口众多的大都市地区的各项拥堵指标的值都比人口较少的大都市地区高得多。得克萨斯交通研究所按照人口规模，将其研究分析的大都市地区分为四个类别：特大、大、中、小。表3-1显示了2002年的报告中每个规模组的大都市地区数量、人口比例、2021年总人口数、2001年平均人口密度及2002年平均人口数量。

表3-1 拥堵分析中的大都市地区特征

大都市地区分区/百万人	大都市地区数量/个	人口比例/（%）	2021年总人口数/人	2001年平均人口密度/（人/英里^{2}[①]）	2002年平均人口数量/人
特大（≥3.00）	10	48.3	64,265,000	3229	6,427,000
大（1.00～2.99）	29	36.8	48,890,000	2455	1,686,000
中（0.50～0.99）	22	12.0	15,930,000	2047	724,000
小（<0.50）	14	2.9	3,835,000	2013	274,000
合计	75	100	132,920,000	2356	1,772,000

资料来源：David Schrank 和 Tim Lomax，《2002年城市出行报告》（得克萨斯大学城：得克萨斯交通研究所，2002年6月）。

① 1平方英里约为2.59平方千米。

得克萨斯交通研究所2002年的报告（及其早期研究）中提及的所有拥堵指标都表明，交通拥堵的程度在特大都市地区最大，而且随着大都市地区人口规模的减小而下降。表3-2显示了评价大都市地区交通拥堵的主要变量，数据采用了2000年不同类别大都市地区的平均值。

表 3-2 评价大都市地区交通拥堵的主要变量

大都市地区分区	变量					
	出行时间指数	道路拥堵指数	年人均延误时间/时	高峰时段道路出行者年人均延误时间/时	高峰时段拥堵出行比例/（%）	拥堵出行比例/（%）
特大	1.46	1.27	32.90	76.50	47.40	36.30
大	1.28	1.12	20.83	44.90	43.40	29.53
中	1.18	0.99	13.90	30.43	39.14	22.57
小	1.10	0.82	6.29	13.14	30.07	13.36

资料来源：Schrank 和 Lomax，《2001 年城市出行报告》。

STPP 认为，上述措施没有考虑许多在高峰时段使用公共交通的人士，他们并不会受到道路交通拥堵的影响。因此，STPP 提出了一项修正后的指标，称为拥堵负荷指数，该指标为得克萨斯交通研究所提出的出行率指数与通勤者驱车出行比例的乘积。这个方法大大降低了公共交通出行比例更高地区的出行率指数。美国的大城市公共交通的出行比例往往更高，这一修正可能与得克萨斯交通研究所得出的结论矛盾，即拥堵程度与大都市地区的人口规模直接有关。

然而，将得克萨斯交通研究所使用的四个大都市地区类别按照 STPP 提出的拥堵负荷指数打分，可以看到人口规模越大，指数越高。因为 STPP 的计算没有考虑 59.7% 的公共交通出行者都采用了在道路上行驶的常规公交，他们也会受到道路拥堵的影响。因此，STPP 的计算高估了公交出行对大都市地区拥堵的有益影响。纠正这一错误并不能改变平均拥堵程度直接随着大城市人口变化的结论。

3.2 深入分析

为了检验上述关于大都市地区人口规模与交通拥堵之间关系的结论，本书构建了多元回归模型，其中使用得克萨斯交通研究所报告中 75 个大都市地区在 2000 年的出行时间指数作为因变量，以下指标作为自变量：

2000 年和 1990 年大都市地区人口规模；

1990—2000 年大都市地区人口规模的绝对变化值；

1990—2000 年大都市地区人口规模的百分比变化值；

2000 年城市化地区的面积（平方英里）；

2000 年区域道路系统的车辆行驶总里程；

2000 年高速公路和主要干道的车道总里程；

2000 年城市化地区的人口密度（人/英里^2）。

得克萨斯交通研究所报告中有几个变量与出行时间指数高度相关，因此在分析中未被采纳。根据分析，模型的拟合度指标 R^2 为 0.6806，最为重要的自变量包括：① 2000 年高速公路和主要干道的车道总里程（正相关）；② 1990—2000 年大都市地区人口规模的绝对变化值（正相关）；③ 2000 年城市化地区的人口密度（正相关）；④ 2000 年城市化地区的面积（负相关）。以 1990—2000 年大都市地区人口规模的百分比变化值来代替绝对变化值，在统计学上也是有意义的，但当两者同时使用时，对分析结果的影响要小于绝对变化值。城市化地区的面积与人口规模高度相关，但显然更大范围的城市化地区更有利于分散交通。此外，车道总里程的增加会导致开车人数增加，从而加剧拥堵，而更高的人口密度显然会导致更加严重的拥堵。

分析结果显示，1990 年或 2000 年的人口绝对规模和 1990—2000 年的绝对增长对大都市地区拥堵程度的影响要远远大于人口增长百分比对拥堵的影响。所有特大规模的都市地区都存在非常严重的交通拥堵，即使其人口增长率很低，但由于其基数大，仍然会导致人口的大量增长。相比之下，中、小都市地区的交通拥堵程度较低，即便其人口增长率很高，但由于其基数较小，增加的人口和交通量的绝对值并不会太大。

这里有一个重要的暗示，即严重的交通拥堵事实上并不是全美性的问题，它主要发生在占美国绝大多数人口的少数特大都市地区。如果把 2000 年所有特大都市地区的人口和 1990—2000 年绝对人口增长可观的所有大都市地区的人口（超过 250,000 名新增居民）加在一起，这个容易拥堵的群体包含 1.016 亿名居民，即 2000 年全美人口的 36.1%。另一个极端是 2000 年所有小都市地区和所有非都市地区的人口总和约为 1.053 亿，占全美的 37.4%，这些地区最不可能遭受严重的交通拥堵。介于这两个极端之间的是中都市地区和 1990—2000 年绝对人口增长少的大都市地区，约 7450 万居民，占全美的 26.5%，其是否面临严重的交通拥堵取决于都市地区的具体条件。图 3-1 显示了美国在 2000 年三类都市地区的人口相对规模。

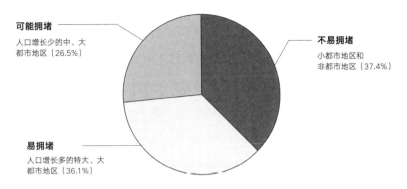

图 3-1　不同人口规模都市地区发生交通拥堵的可能性

数据来源：2000 年美国人口普查和作者的计算。

3.3　交通拥堵与时间的关系

大多数美国人认为交通拥堵随着时间的推移变得更糟，大量证据都证明了这一观点。美国人每天通勤的平均时间从 1983 年的 18.2 分钟增加到 1990 年的 22.4 分钟，1995 年的 20.7 分钟，2000 年的 25.5 分钟。这意味着 18 年来每次出行的平均通勤时间增加了 40.1%。但是平均通勤距离从 1983 年的 8.5 英里上升到 1990 年的 10.6 英里和 1995 年的 11.6 英里（撰写本书时 2000 年的数据还不可用）。因此，通勤出行的平均速度从 1983 年的每小时 28.0 英里增加到 1995 年的每小时 33.6 英里。这些数据并不能证明拥堵已经恶化。相反，它们可能表明人们之所以花费更长的通勤时间，是因为他们享受着更广泛的居住地和工作地的选择。

通勤交通的拥堵情况还可以用每天长时间（比如，每天超过 45 分钟）出行的通勤者比例来表示。随着时间的推移，这一比例的稳步上升可能意味着更严重的交通拥堵——尽管这可能有其他原因，比如居住在偏远地区的工人比例更高。单程 45 分钟大约是 1990 年、1995 年和 2000 年平均通勤时间的两倍。1990 年，12.5% 的美国通勤者每天通勤 45 分钟或更长时间；而 5.9% 的人每天出行 60 分钟以上。2000 年，这些数字分别上升到14.6%和7.3%。这表明，20世纪90年代交通拥堵状况就恶化了。

1993—2001年，美国联邦公路管理局每年都会观测州际公路和其他主要高速公路上每车道的平均车辆数。观测数据显示，每天的交通量都在稳步增长（不限于高峰时段）。在这几年间，州际公路郊区段的平均每日车辆数上升了32.1%，州际公路城市段的平均每日车辆数上升了22.9%。高峰时段，这些交通量的增幅可能更大。

还有一些其他指标显示，得克萨斯交通研究所所定义的四类都市地区的交通拥堵程度均有所增加。得克萨斯交通研究所估算了1982—2000年75个大都市地区在拥堵条件下发生的出行量占全日出行量的比例。图3-2显示了1982年、1987年、1992年和2000年这四年的百分比。18年间，该指标在四类都市地区中都稳步上升。但是，拥堵出行最初在小都市地区中的比例很低，即使1982—2000年增加了174.9%，其每天拥堵时段的出行比例也只有13.4%。相比之下，特大都市地区拥堵时段的出行比例则达到36.5%。

此外，得克萨斯交通研究所估算了1982—2000年四类都市地区中每个类别的高

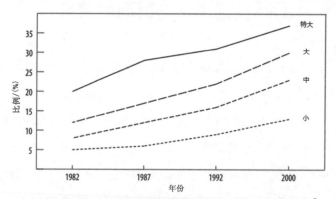

图3-2　不同类别的都市地区拥堵出行量占全日出行量的比例①
资料来源：Schrank 和 Lomax，《2001年城市出行报告》。
① 样本包括75个地区，数字为每一组的平均值。

峰时段出行者年人均延误时间，如图3-3所示。1982—2000年，在特大都市地区，高峰时段的道路出行者年人均延误时间为53小时，大都市地区为36小时，中都市地区为26小时，小都市地区仅为10小时，整体平均为45小时。据估算，该指标18年来全美平均增长率为275%。

许多人认为拥堵已经变得更糟，即使是生活在小都市地区的居民，那里的绝对

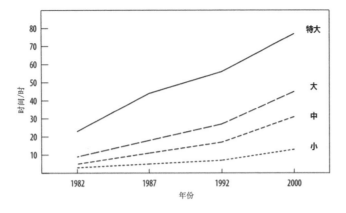

图 3-3 不同类别的都市地区高峰时段道路出行者年人均延误时间[①]

资料来源：Schrank 和 Lomax，《2001 年城市出行报告》。

① 样本包括 75 个地区，数字为每一组的平均值。

拥堵延误时间并不长。这其实是很好理解的，因为四个类别的都市地区的延误时间增长率都很高。

1992—2000 年，在四个类别的都市地区，高峰时段道路出行人均拥堵延误时间增加了 18 个小时，即 41.2%（所有 75 个地区的年总延误时间除以高峰时段道路出行者总数）。人们在短短 8 年内经历如此大幅度的延误时间增加，很可能会得出这样的结论：他们所在地区的交通拥堵已经变得"糟糕"或"非常糟糕"，即使拥堵程度还没有达到绝对高的水平——就像大多数小都市地区一样。

那些认为拥堵变得几乎无法忍受的观点（甚至在小都市地区），都是得克萨斯交通研究所将拥堵延误和成本按年度统计的做法所诱导形成的，毕竟按年统计的总量看起来大得惊人。然而，媒体喜欢宣传这种令人震惊的数据，以吸引公众的注意力。例如，得克萨斯交通研究所在《2002 年城市出行报告》中指出，2000 年 75 个被研究的都市地区在高峰时段的拥堵延误总时长达 35.69 亿小时。这相当于浪费了 1.487 亿天，或 2130 万周，或 409,615 年，似乎对我们生命中最为宝贵的资源——时间造成了巨大的浪费。当然，该机构也对延误时间值进行了其他单位的换算，四个类别的都市地区高峰时段道路出行者年人均延误时间为 61.5 小时，即人均延误时间为 17.8 小时。

3.4 不同的视角

然而，换个视角来看这些数据，会得出完全不同的结论。如前所述，得克萨斯交通研究所对交通拥堵"成本"的整体分析基于一个错误的前提，即世界上有一种可供选择的状态，在这种状态下，每个想在高峰时段出行的人都可以毫不延误地自由出行。正如英国交通专家古德温所指出的，"我不能赞同'拥堵每年给经济造成150亿英镑的损失，并不时因通货膨胀而更新'的说法，这意味着每年有1000英镑的红利在等待分配给每个家庭。它的计算方法是将正常拥堵情况下的交通出行时间与无拥堵状态下的交通出行时间进行对比，并将两者的差值用等值的现金来代替。这完全是一个内在矛盾的概念，因为在现实世界中永远不可能存在。（如果所有的车辆都以自由速度行驶，那么我们可以非常确定会有更多的车辆加入进来，并且会引发进一步的变化，这些变化很难衡量。）"

关于假想的高峰时段无拥堵根本不存在还有另外一种解释，即许多大城市的交通系统容量不足以支撑所有想在高峰时段出行的人无延误地完成出行，包括道路和道路以外的公共交通设施。

但这并不意味着高峰时段的拥堵是毫无损失的。正如古德温也观察到的那样，"我完全不质疑人们的广泛共识，即花在交通拥堵上的时间、精力和金钱是一种浪费，交通增长持续的当前趋势将对经济效率产生不可接受的影响"。即使得克萨斯交通研究所的时间延迟估算被接受，从日常角度看，它们的意义也是不同的。以得克萨斯交通研究所的估算为例，在它所研究的75个大都市地区，每个高峰时段的公路出行者平均每年浪费61.5个小时的拥堵时间。典型的一年包含240个工作日（365天减去104天的周末，减去10天的带薪休假，减去10天的法定节假日，再减去1天的病假）。如果将61.5小时转换成分钟，然后除以240，就意味着平均每日延迟15.37分钟。每天有两次通勤出行，因此全美每个高峰时段的平均2000次通勤出行延迟只有7.69分钟。75个大都市地区的所有通勤者每年因拥堵共计损失36亿小时，但从平均值来看，这些延误似乎并没有给普通通勤者或整个国家带来如此惊人的成本。

尽管如此，毫无疑问，在美国的大部分地区，交通拥堵状况一直在恶化，尤其是在极大和大都市地区。

3.5　出行时间可靠性问题

高峰时段出行的另一个评价标准是每个司机出行时间体验的可靠性或一致性。尽管高峰时段美国平均的通勤延误时间不到 8 分钟，但在很多情况下，一些司机遭遇的延误要比这长得多。这是不可避免的，因为交通拥堵有两个基本原因：① 高峰时段经常性的需求过剩导致道路每天超载；② 高峰时段会不可预测地发生一些阻塞某条或多条车道的事件，包括严重的撞车事故、轻微的"碰撞事故"、轮胎漏气、汽车司机把汽油耗尽、卡车翻倒且货物撒满道路、因维修和施工堵塞的车道及危险的天气条件。在美国，每天都有成千上万件类似的事件发生，但是每一个都是不可预测的。这类事件造成的交通延误，给日常拥堵造成的重复性延误增加了一种随机因素。因此，没有一个司机能确定今天的出行将和平常一样。正如得克萨斯交通研究所指出的那样，"如果出行者假设每次出行都要花费平均出行时间，那么他们将会有一半的出行迟到"。如果一个出行者想以 90% 的概率准时到达目的地，他必须在他认为的预期平均出行时间上增加时间，以考虑那些不可避免地在某些时候发生的意外延误。得克萨斯交通研究所称这一额外的时间为"缓冲"时间。不是所有的通勤者都会在他们预期的平均时间上增加大量的缓冲时间，否则实际的平均时间会高得多。但是，响应民意调查的通勤者并不总是在他们报告的估计平均值中包括"缓冲时间"，除非他们被特别要求这样做。

然而，在事故频发的区域（特大地区往往是这样），许多通勤者和其他必须在大部分时间准时到达的高峰时段出行者，可能必须在平均出行时间之外增加大量的缓冲时间。这种耗时的做法是由每个人日常出行经历的不确定性造成的，是高峰时段导致拥堵进一步恶化的主要因素。

3.6 社会拥堵成本估算

在关于交通拥堵的年度报告中，得克萨斯交通研究所估算了拥堵给美国社会带来的年度经济成本。它的基本方法是计算它所研究的每个地区的驾车者在交通上花费的时间与无拥堵状态下出行时间的差值。然后，计算在这些差值内运行车辆发动机所需的额外燃料成本和时间成本。在 2002 年的城市出行报告中，得克萨斯交通研究所估计，基于 36 亿小时的延误时间和 57 亿加仑（1 加仑约为 3.79 升，后同）的额外燃料消耗量，其研究的 75 个地区的居民因交通拥堵损失了约 675 亿美元。

然而，有几个理由对这种成本估算持怀疑态度。如前所述，主要原因是这一分析暗示，所有想在高峰时段出行的人都有可能以自由移动的速度出行，而不会有任何延误。但是这个假设是错误的。交通拥堵造成的时间和燃料的"浪费"在很大程度上是不可避免的，所以假设它可以被消除是一种幻想。使用乌托邦式的自由移动状态作为衡量标尺，可能有助于比较高峰时段的延迟如何随时间变化。但是，这不应该被视为衡量拥堵所产生成本的现实指标，而这种成本可以通过政策改变来避免。

另一个原因是，许多人并不认为他们花在堵车上的时间完全是浪费的。最近的研究表明，一些人有积极的意愿去出行。此外，与他们在工作和家庭中经历的麻烦相比，许多通勤者认为他们独自在车里度过的时间是暂时的"社会压力低的孤岛"。他们可以听收音机、唱片或磁带，或者只是放松一下，而不用回应同事或家人。2000 年，帕特里夏·莫克沃达和伊兰·所罗门对旧金山湾 1900 名居民进行的调查显示，尽管 42% 的受访者不喜欢通勤出行，但 40% 的人持中立态度，18% 的人非常喜欢通勤出行。此外，当被问及如何评价他们通勤时间的价值时，35% 的人同意"我在有效地使用我的通勤时间"的观点，而 33% 的人持中立态度，32% 的人不同意。超过 80% 的人同意"能够在上班或下班的路上干点杂事是件好事"，当被问及"出行时间通常是浪费时间"时，47% 的人不同意，只有 30% 的人同意。当被要求将他们的实际通勤时间与他们的"理想"通勤时间进行比较时，尽管 49% 的人喜欢较短的通勤时间，但也有 50% 的人喜欢他们现在通勤的时间，一小部分人表示喜欢更长的通勤时间。这项调查很难说是确定的，但它表明许多美国人并不认为他们花在通勤上的时间（或者说花在堵车上的时间）是一种净损失。

第三个原因是得克萨斯交通研究所关于"堵车耗费的时间能够与工作时间在经济上等值计算"的假设。得克萨斯交通研究所用每小时12.85美元作为交通拥堵"浪费"的时间成本。根据美国劳工统计局的数据，2000年，所有商品生产工人的平均小时工资为11.48美元，所有服务工人的平均小时工资可能略高。在运输经济学家当中，将一周内每次通勤平均8分钟的交通时间视为等同于以正常工资额外工作8分钟的经济价值，这可能是一个既定的惯例。但是如果没有拥堵，将每天节省的16分钟转化为有偿工作，对大多数人来说几乎是不可行的。

此外，交通拥堵往往是整个地区繁荣和经济成功的标志，而不是一场彻头彻尾的灾难。从夜总会到球赛举办场所，再到城市街道，都变得拥挤不堪，因为很多人想去那里。一个促成因素是，在经济繁荣时期，更多的人有能力购买和使用私家车。当几乎没人想去的时候，这些地方就不再拥挤——这通常是经济衰退的迹象。2000年，当硅谷的高科技股票"泡沫"破裂，就业率骤降时，旧金山湾区的交通拥堵状况显著改善。从某种意义上说，交通拥堵加剧是一个地区社会为经济成功付出的代价之一。

最后一点，通勤者在主要道路上开车的时间只是其通勤时间的一部分。整个出行时间包括驾驶员走向汽车，启动汽车，从支路开到主干道，再从主干道回到支路，并将车停到车位上，最终步行至目的地。因此，即使主干道上的交通拥堵可以显著减少，也不一定会相应地减少总行程时间。

然而，得克萨斯交通研究所对拥堵成本的估算没有考虑企业因货运延误而遭受的损失。一些专家认为，这些成本严重拖累了整个美国经济的效率。此外，许多政府官员认为，拥堵是影响他们所在地区与全美乃至全球其他地区经济竞争力的一个关键因素。一个地区严重的交通拥堵会影响企业选择生产设施的地点。事实上，那些不受地域限制的商业公司更倾向于选择没有严重拥堵的小城市。

因此，对得克萨斯交通研究所拥堵成本估算值的怀疑并不意味着否认拥堵总体上是一个重大的经济问题。

3.7 交通拥堵与区域经济竞争力

许多企业和政府领导人担心，他们所在地区的经济竞争力会由于交通拥堵加剧而下降。一个地区的拥堵加重会导致该地区的生产成本增加，因为货物运输和工作人员的延误都会增加，并阻碍经济活动的聚集。因此，地区领导人担心日益严重的拥堵会阻碍企业和家庭从其他地区迁入，并鼓励已经在那里的企业将未来的产能扩张转移到拥堵较少的其他地区。有证据可以支持这些担忧吗？

要回答这个问题，首先必须区分美国大都市地区之间的竞争力和它们与美国以外地区的竞争力（与世界上大多数城市的交通拥堵相比，美国的情况更糟）。美国的机动车绝对数量及每百万居民拥有机动车的数量远远超过其他国家，同时它也有更多的道路。日益严重的交通拥堵不太可能削弱美国与其他国家在经济方面的竞争力。但可以想象的是，美国某个地区的拥堵日益严重必将削弱其与美国其他地区的竞争力。

如前所述，交通拥堵的程度往往与整个区域的人口直接相关。因此，在其他条件相同的情况下，较大的区域拥堵更严重，而较小的区域拥堵最少。如果拥堵程度也直接和强烈地影响经济增长，那么1990—2000年的人口增长率也应随着区域规模而变化。然而，情况并非如此，如表3-3所示。

表3-3 1990—2000年区域规模和人口增长变化

区域规模/人	地区数量/个	1990年人口/人	2000年人口/人	绝对变化/人	百分比变化/（%）
>500万	9	75,874,152	84,064,274	8,190,122	10.79
200万~499.9万	14	35,988,684	42,848,575	6,859,891	19.06
100万~199.9万	27	31,483,749	37,055,342	5,571,593	17.70
50万~99.9999万	32	19,803,788	22,139,269	2,335,481	11.79
25万~49.9999万	65	20,647,406	23,551,277	2,903,871	14.06
10万~24.9999万	113	15,977,919	17,828,880	1,850,961	11.58
所有地区	280	201,381,763	229,192,836	27,811,073	13.81

资料来源：美国人口普查局，2000年人口普查重划数据（P.L.94-171），摘要文件和1990年人口普查。

人口总体增长最快的是200万～499.9万的区域，最小的区域增长率最低。即使是最大的地区，其增长也几乎与几个较小地区一样快。诚然，这是一个粗略的衡量标准，因为除了交通拥堵之外，还有许多其他因素影响着该地区的人口增长率。但在20世纪90年代，地区总人口与人口增长率之间没有明显的关系，就和地区人口与交通拥堵之间的关系一样。

更复杂的方法包括多元回归分析，以1990—2000年各地区的绝对或百分比增长为因变量，以若干交通相关变量和其他因素为自变量。为了将交通相关变量的影响与可能影响区域增长的其他因素的影响区分开来，首先进行了多元回归分析，仅将标准经济因素作为自变量。其中包括以下内容：

- 1990年和2000年每个地区的人口；
- 1989年和1999年平均家庭收入，以及20世纪90年代这些收入的百分比变化；
- 一月平均温度；
- 每个地区城市化地区的总密度（每平方英里人口）；
- 各地区主要城市化地区的空间面积；
- 2000年出售的单户住宅的平均价格；
- 拥有学士或以上学位的25岁及以上人口的百分比；
- 25岁及以上人口中高中毕业但没有接受更高教育人口的比例。

当因变量为1990—2000年区域人口的百分比增长时，使用这些变量的各种组合进行的回归分析，得到的调整后 R^2 值为0.2992；当因变量为绝对人口增长时，为0.6605。

然后在这些回归分析中引入几个与流量相关的变量，看看它们会有什么影响。这些与交通相关的变量取自得克萨斯交通研究所《2002年城市出行报告》，该报告基于1990年和2000年对75个大都市地区的拥堵程度测量，使用的变量有：

- 2000年出行时间指数；
- 1990—2000年出行时间指数的绝对变化；
- 1990—2000年出行时间指数的百分比变化；
- 2000年交通拥堵的百分比；
- 2000年交通拥堵百分比的绝对变化；
- 2000年交通拥堵率的百分比变化；
- 2000年高峰时段道路出行者年人均延误时间；

- 1990—2000 年，高峰时段道路出行者年人均延误时间的绝对变化；
- 1990—2000 年，高峰时段道路出行者年人均延误时间百分比变化；
- 2000 年高速公路和主要干道的总车道里程之和；
- 2000 年每 100,000 名居民拥有的高速公路和主要干道车道里程。

这些变量中有几个是高度相关的，所以它们不能同时使用。因此结果最好的变量最终被接受。用两个因变量中的每一个测试了这些变量的许多组合。对于这两种情况，引入某些交通导向的变量显著增加了调整后的 R^2 值。当 1990—2000 年区域人口的百分比变化是因变量时，最佳回归分析产生的调整后 R^2 值为 0.7263——是早期结果的两倍多。这个回归分析包含 4 个独立变量，t 值为 2.0 或更大。它们是 1990—2000 年每日车辆行驶总里程的百分比变化（正相关）、一月平均温度（正相关）、1990—2000 年平均家庭收入的百分比变化（正相关），以及每 100,000 名居民拥有的高速公路和主要干道车道里程（负相关）。出行时间指数的 t 值为 1.96，并有一种积极的迹象，而 1990 年的地区人口没有统计意义，但有一种消极的迹象。上面的第一个变量表明，增加驱动力有助于加快人口增长。第四个变量表明，每 100,000 名居民道路数量较高的地区比道路数量较低的地区增长更慢。出行时间指数的结果显示，拥堵程度越严重，增长越快。所有这些结果都表明交通拥堵的加剧有助于人口的快速增长。

当 1990—2000 年区域人口的绝对变化是因变量时，最佳回归分析得到的调整后 R^2 值为 0.8133，有 9 个独立变量，t 值大于 2.0。它们是 2000 年出行时间指数（正相关）、1990 年每个地区的人口（负相关）、一月平均温度（正相关）、1990—2000 年每日车辆行驶总里程的百分比变化（正相关）、2000 年每 100,000 名居民拥有的高速和主要干道里程（负相关）、2000 年各地区主要城市化地区的空间面积（平方英里）（正相关）、25 岁及以上人口中高中毕业但没有接受更高教育人口的比例（负相关）、每个地区城市化地区的总密度（每平方英里人口）（正相关），以及 2000 年出售的单户住宅的平均价格（负相关）。在这个回归分析中，与交通相关的独立变量的含义与它们在人口百分比增长中的含义相同：更高的拥堵程度与更大的人口增长量相关。

这一分析并不完全明确，但它肯定没有表明交通拥堵加剧和人口增长放缓之间有任何强有力的联系。如果有什么不同的话，更严重的拥堵似乎有助于更快的人口增长。此外，如前所述，当我们分析出行时间指数背后的力量时，人口增长有助于增加拥堵。因此，许多地区领导人担心日益严重的交通拥堵可能是他们成功刺激经济增长的征兆。这种成功是否有自我限制的一面，即造成交通拥堵，减缓进一步的增长，目前还不清楚。这种关系的一个显著例子发生在20世纪90年代后期互联网繁荣时期和之后的旧金山湾地区。在繁荣的高峰期，交通拥堵是有史以来最严重的；2000年经济危机爆发两年后，随着失业率和办公室空置率的飙升，拥堵现象明显减少。在我看来，这一分析支持了一种普遍观点，即在全球不断发展的大都市地区，日益严重的交通拥堵是经济和其他成功不可避免的伴随因素。

这一结论并不意味着所有消除或改善日益严重的交通拥堵的努力都是无望的。但这些事实意味着，随着地区经济实力和生产力的增强，它们几乎肯定会遭受日益严重的交通拥堵。因此，拥堵加剧本身不应被视为一个地区正在失去竞争力的迹象。这很可能是该地区竞争成功的征兆。

3.8 公众的看法

不管拥堵的客观衡量标准表明什么，美国公众对他们所遇到的交通拥堵的看法对公共政策至关重要。为什么？因为民选官员与公众对客观现实的看法的反应是一样的——甚至更强烈。有大量证据表明，美国许多地方的人们——尤其是大都市地区的人们——不仅认为交通拥堵已经变得更糟，而且认为它已经对他们的生活质量产生了严重的负面影响。然而，尽管许多美国人认为交通拥堵是一个严重的地方或地区问题，但仍有较少的人认为这是一个重大的国家问题。

基金会、利益团体、报纸、民意调查机构和政府机构在全美范围内开展的数十项公民观点调查支持了这一结论。最近在互联网上搜索"交通拥堵"和"民意调查"这两个术语，得到了6000多条搜索结果。核查大多数的搜索结果后，有了以下相关例子。

3.8.1 交通拥堵是一个涉及全美的全国性问题

1999 年 10 月，皮尤慈善信托基金在丹佛、费城、旧金山和坦帕大都市地区发起了一项对 1004 名 18 岁及以上成年人的电话调查。参与者被问及他们认为当时整个国家面临的最重要的问题是什么。认为是犯罪和暴力的最多（15%），但无论是交通拥堵、人口还是城市增长，都没有得到显著关注（1%）。

2001 年 2 月，盖洛普民意测验进行了一项电话调查，随机抽样询问了 1004 名美国成年人，请他们说出美国面临的最重要的问题。这是一个开放式问题，没有预先确定的答案选项，但允许有多个答案。盖洛普六十多年来一直在问这个问题。在本次调查中，至少有 4% 的受访者提到了 14 个问题或相关问题。环境和交通拥堵被少于 4% 的受访者提及。

2000 年 5 月，盖洛普民意测验对随机选择的 1032 名美国成年人进行了电话调查，调查他们的通勤行为和交通拥堵经历。大约 58% 的人每天开车去上班，每条路平均需要 26.0 分钟（相比之下，1998 年的一项类似调查，其结果是需要 23.7 分钟）。在这 601 名受访者中，19% 的人认为他们每天遇到的交通拥堵是"一个主要的不便和问题"，31% 的人认为这是"一个次要的不便和问题"，但是 48% 的人认为这"不是什么大问题"，2% 的人没有意见。因此，只有一半的人认为拥堵是"一个主要问题和不便"。

大多数人（62%）认为交通在过去五年变得糟糕或更糟，几乎同样多的人（61%）认为交通在未来五年还会变得更糟。然而，当被问及遭遇交通拥堵的频率时，只有 11% 的人说每天，14% 的人说一周几次，22% 的人说一个月几次，31% 的人说一年几次，20% 的人说从来没有。

在所有 1032 名受访者中，69% 的人表示，他们没有因为交通状况而以任何方式改变自己的生活或日程。在作出改变的 31% 的人群中，36% 的人提前出发，18% 的人选择其他路线，13% 的人允许更多的时间出行，12% 的人在特定时间避免开车；另有 5% 的人搬家，1% 的人换了工作，1% 的人在家工作或远程办公，3% 的人使用公共交通或拼车。

当这项以交通为导向的调查的所有受访者都被问及一个开放式的问题即他们认

为当今社区面临的最严重的问题是什么时，没有一个人提到交通拥堵。

1995 年，美国联邦公路管理局通过电话进行了美国个人交通调查，询问人们如何评价对交通拥堵的某些负面看法。受访者可以回答非常同意、同意、不同意、非常不同意或未知。

对于所有三种调查结果，"拥堵是一个主要问题""我在车上花的时间太多"和"乘车出行压力很大"，不认为拥堵或通勤是一个问题的受访者的比例比那些认为拥堵或通勤是一个问题的受访者的比例要大得多——通常是 2∶1。

调查清楚地表明，拥堵并不是所有美国人都迫切关心的问题。美国大部分居民并不经常遇到交通拥堵，或者很少或从未被交通拥堵延误。大多数人没有因为交通拥堵改变通勤行为。几乎没有人认为这是一个重要性堪比教育、经济、犯罪和暴力、毒品和酒精的国家问题。

3.8.2 交通拥堵是地方性还是区域性问题？

如以下调查结果所示，将拥堵视为地方性或区域性问题的观点与将拥堵视为全国性问题的观点大相径庭。

2000 年 1 月，美国房屋建造协会报告称，它对五个主要大都市地区的 500 名登记选民进行了电话调查，了解他们对增长速度和交通拥堵的反应。这五个地区是亚特兰大、丹佛、圣地亚哥、明尼阿波利斯 - 圣保罗（双子城）和华盛顿。表 3-4 表明了将交通拥堵视为"非常大的问题"和"对生活造成负面影响"的受访者百分比。

在最重要的地方问题上，1999 年皮尤慈善信托调查表明，将"发展、无计划扩张、交通和道路"与"犯罪和暴力"联系在一起的回答最多（18%），其次是"经济问题和经济"，占 13%。60% 的丹佛地区居民、47% 的旧金山地区居民和 33% 的坦帕居民认为"无计划相关问题"是最重要的问题，但只有 18% 的费城地区受访者这样认为。

表 3-4　五大都市地区的拥堵观

地区	认为交通拥堵是个非常大的问题的受访者比例/（%）	认为交通拥堵对生活造成负面影响的受访者比例/（%）
亚特兰大	53.5	49.9
丹佛	58.6	56.8
圣地亚哥	48.5	50.9
双子城	28.7	38.3
华盛顿	55.5	51.2

资料来源：美国房屋建造协会 [www.nahb.com/news/survey.htm（2003 年 12 月）]。

海湾地区委员会自 1990 年以来的大部分时间里都在旧金山地区进行年度调查，调查"你认为现在海湾地区面临的最重要的问题是什么？"在整个 20 世纪 90 年代，除了 1992—1995 年的经济衰退之外，"交通"被广泛地提及作为"最重要的问题"。

在这个高度拥堵的地区，人们认为拥堵问题作为一个问题的相对重要性在经济繁荣时期急剧上升，而在经济紧张时期下降。认为"经济"是最重要问题的受访者百分比从 2000 年的 4% 上升到 2001 年的 27%。繁荣时期，交通拥堵的重要性上升，因为当更多人工作、经济增长强劲时，交通会变得更糟，也因为那时更少的人担心怎么保住工作和获得体面的收入。

1996 年 6 月，《洛杉矶时报》报纸对洛杉矶市的 942 名成年居民进行了电话调查，问的问题是："你们社区今天面临的最重要的问题是什么？还有其他几乎同样重要的问题吗？"就整个城市而言，67% 的受访者提到了"犯罪"或与之密切相关的某个方面，这使得"犯罪"成为最常被提及的问题，"经济"位居第二，被 19% 的受访者提及。只有 4% 的人提到交通拥堵和公共交通不足的问题。然而，根据得克萨斯交通研究所的测量，洛杉矶一直被列为交通拥堵最严重的地区。

3.8.3　民意调查和调查数据得出的结论

在过去的十年里，我阅读了美国各地进行的数十项类似交通拥堵调查的描述。大多数都有两个缺点：它们是电话民意测验，因此忽略了没有电话的人——大多数是非常贫困的家庭，并且它们是在相对小的样本下进行的，可能会导致显著的误差。然而，对这些民意调查的研究得出了以下合理的结论：大多数美国人并不认为交通拥堵是一个重要的全美问题，像其他广泛的问题，比如教育、犯罪和经济等。

当被要求确定重要的地方或区域问题时，人们的反应往往会因其所在区域的总人口或这些区域的绝对人口增长率而异。绝对人口和经济增长显著的大和极大地区（如丹佛、亚特兰大和旧金山）的居民可能会将交通拥堵视为他们最关心的问题。相反，小地区的居民和人口增长缓慢或没有增长地区（如费城和整个俄亥俄州）的人不太可能将交通拥堵视为他们紧迫的问题之一。

人们对交通拥堵在他们生活中相对重要性的认识在很大程度上受他们所在地区经济繁荣的影响。即使在大和极大地区，居民也更有可能认为在经济繁荣时期交通拥堵是一个主要问题，而不是在经济衰退时期。

4

高峰时段交通拥堵加剧的原因

交通拥堵有两种基本类型：一种是由交通负荷超过道路通行能力造成的常规拥堵；另一种是由事故和偶发事件造成的随机拥堵。本章讨论第一种类型，下一章讨论第二种类型。

高峰时段的常规交通拥堵主要源于美国人的欲望和行为模式，有些甚至是由美国大都市地区的物理形态和社会结构造成的。政策制定者希望减少常规拥堵的出现，或者至少减缓拥堵加剧的速度，那就必须说服数百万的美国人放弃一些他们最为珍视的社会目标和最舒适的生活习惯。

4.1　原因概述

在美国和世界其他地方，常规交通拥堵日益严峻的主要原因之间是相互影响的，关于这些影响有几种广泛流传的观点。

·在现代社会中，人们对时间的利用趋于标准化，导致集中在某一时段出行的人群比例很高，即上午6点到9点，下午4点至7点。

·在任何大都市地区，每日出行总量都会随着人口的增长而增长，越来越多的人想在每天早晚的集中时段出行。1950—2000年，美国的总人口增加了1.3亿人（86%），其中大部分在大都市地区，目前每年增加300多万人。因此，在每个地区希望在同一时段使用公路出行的人数都在不断增加。

·随着家庭收入的增加，寻求更快、更舒适出行方式的居民比例逐渐提升。在美国，在过去的50年里，人们的收入不断增加，这是多年来数百万人使用私家车出行的主要原因，尤其是私家车的出行成本还在不断降低。

·当一个社会的收入增长时，个人对拥有私家车的欲望及实现能力都会增长，而且其增长速度远远超过政府新建道路交通设施的速度。因此，道路和公共交通设施的承载能力的增长速度总是落后于交通需求的增长，而产生个人与政府决策差异的原因，在于个人无须为其决策给社会造成的影响承担成本。

·大多数美国大都市地区都采用分散的低密度居住区模式，这导致公共交通无法提供有效的服务。对于大多数居民来说，私家车是最有效的出行方式。

随着大都市地区越来越大，越来越富裕，它们的经济也变得越来越复杂。这种复杂性要求在城市内部和与其他地区之间进行更大量的货物运输，并形成了交通集中的节点。这些条件导致了无处不在的重型卡车交通和众多的交通"瓶颈"。

4.1.1 出行时间的集中

现代社会固有的人类行为模式导致许多人每天都需要在固定的时间段内出行。通常人们晚上大部分时间都在睡觉，这就减少了可出行的时间段。此外，企业和各类组织希望其员工能在几乎相同的工作时间内工作，以便有效地相互交流。同样，学校希望所有的学生同时上课，这样学校就可以用较少的老师有效地教育学生。这些模式导致数百万人想要在上午6点到9点和下午4点到7点的"高峰时段"出行。为了提高个人效率，许多出行者想在行程中完成一些他们必须在高峰时段完成的差事。这种渴望增加了当时出行的长度和复杂性。

根据调查，2000年，所有在外工作的工人中有66.4%在上午6点到9点上班，包括乘坐公共交通工具及私家车上下班的人士。1995年，工作日出行的40.2%发生在两个高峰时段：上午17.08%和下午23.12%（表4-1）。上下班的上班族占工作日高峰时段上午出行的45.5%，占下午出行的49.0%。包括其他商务出行在内，无论是高峰时段还是整个工作日，与工作相关的出行几乎占所有出行的一半。

所有工作出行都集中在同一时段的结果就是，高峰时段出行的人员数量已经超过了道路和其他交通设施的承载能力。这导致道路上的交通变慢，交通设施上的乘客变得非常拥挤。

表4-1 工作日出行

出行类别	两个主要的高峰时段占所有出行的百分比 / (%)		占整个工作日出行的百分比 / (%)				
	上午6点到9点	下午4点到7点	上午6点到9点	下午4点到7点	两个高峰时段	其他所有时间	总计
上下班	45.5	49.0	7.75	11.33	19.08	26.88	45.96
上班	37.7	3.1	6.43	0.73	7.16	6.19	13.35
下班	7.8	45.9	1.32	10.60	11.92	20.69	32.61
其他出差	3.8	1.8	0.65	0.41	1.06	2.44	3.50
所有与工作有关的出行	49.3	50.8	8.40	11.74	20.14	29.32	49.46

续表

出行类别	两个主要的高峰时段占所有出行的百分比 / (%)		占整个工作日出行的百分比 / (%)				
	上午6点到9点	下午4点到7点	上午6点到9点	下午4点到7点	两个高峰时段	其他所有时间	总计
所有与工作无关的出行	50.7	49.2	8.67	11.37	20.04	30.48	50.52
这期间的所有出行	100.00	100.00	17.08	23.12	40.20	59.80	100.00

资料来源：美国联邦公路管理局，《1995年全国个人交通调查数据手册》第6章，"上班之旅"，表6-17，第6~30页。

4.1.2 快速的人口和就业增长

一个地区的家庭数量和就业机会的增多，不可避免地会使该地区的日常交通量增长。增长可以是迅速的，因为它是绝对大的，或以高百分比发生，或两者兼而有之。最近，在26个人口超过200万的大都市地区，就业机会出现了绝对的大幅增长，尽管并不总是人口增长。在20世纪80年代和90年代，所有城市的交通工具数量和使用量都有了显著的增长，尽管它们的总人口增速缓慢（1990—2000年，匹兹堡和布法罗-尼亚加拉的人口减少了，其他城市则增长了）。1990—2000年，人口增长了25万或更多，其中17个大都市地区和另外12个人口不足200万的地区出现了绝对大的人口增长。

根据美国人口普查局的数据，这两个因素的变化可能导致了美国63个大都市地区的交通恶化（表4-2）。

20世纪80年代（14.4%）和20世纪90年代（13.8%）的就业增长可能比人口增长对交通拥堵的影响更大。在这20年里，美国人口每增加1%，家庭以外的就业机会就增加1.49%。这意味着，在人口增长率相对较低的地区，每天通勤的工人更多。例如，匹兹堡都市地区1980—2000年的人口减少了8.3%，但就业率增长了4.8%。

交通拥堵在全美范围内并没有以惊人的速度增长，而是主要发生在人口众多或人口或就业迅速增长的地区。这一结论与得克萨斯交通研究所2002年城市出行报告的数据一致，如第3章所述。

表 4-2 1990—2000 年大都市地区的交通拥堵趋势[①]

市区	1990 年人口/人	2000 年人口/人	绝对变化/人	百分比变化/(%)
1. 洛杉矶 - 长滩，加利福尼亚州 PMSA	8,863,164	9,519,338	656,174	7.4
2. 纽约，纽约州 PMSA	8,546,846	9,314,235	767,389	9.0
3. 芝加哥，伊利诺伊州 PMSA	7,410,858	8,272,768	861,910	11.6
4. 费城，宾夕法尼亚州 - 纽约州 PMSA	4,922,175	5,100,931	178,756	3.6
5. 华盛顿特区 - 马里兰 - 弗吉尼亚 - 西弗吉尼亚 PMSA	4,223,485	4,923,153	699,668	16.6
6. 底特律，密歇根州 PMSA	4,266,654	4,441,551	174,897	4.1
7. 休斯敦，得克萨斯州 PMSA	3,322,025	4,177,646	855,621	25.8
8. 亚特兰大，佐治亚州 MSA	2,959,950	4,112,198	1,152,248	38.9
9. 达拉斯，得克萨斯州 PMSA	2,676,248	3,519,176	842,928	31.5
10. 波士顿，马萨诸塞州 - 新罕布什尔州 PMSA	3,227,707	3,406,829	179,122	5.5
11. 河滨 - 圣贝纳迪诺，加利福尼亚州 PMSA	2,588,793	3,254,821	666,028	25.7
12. 凤凰城 - 梅萨，亚利桑那州 MSA	2,238,480	3,251,876	1,013,396	45.3
13. 明尼阿波利斯 - 圣保罗，明尼苏达州 - 威斯康星州 MSA	2,538,834	2,968,806	429,972	16.9
14. 奥兰治县，加利福尼亚州 PMSA	2,410,556	2,846,289	435,733	18.1
15. 圣地亚哥，加利福尼亚州 MSA	2,498,016	2,813,833	315,817	12.6
16. 纳苏 - 萨福克，纽约州 PMSA	2,609,212	2,753,913	144,701	5.5
17. 圣路易斯，密苏里州 - 伊利诺伊州 MSA	2,492,525	2,603,607	111,082	4.5
18. 巴尔的摩，马里兰州 PMSA	2,382,172	2,552,994	170,822	7.2
19. 西雅图 - 贝尔维尤 - 埃弗雷特，华盛顿州 PMSA	2,033,156	2,414,616	381,460	18.8
20. 坦帕 - 圣彼得斯堡 - 克利尔沃特，佛罗里达州 MSA	2,067,959	2,395,997	328,038	15.9
21. 奥克兰，加利福尼亚州 PMSA	2,082,914	2,392,557	309,643	14.9
22. 匹兹堡，宾夕法尼亚州 MSA	2,394,811	2,358,695	(36,116)	−1.5
23. 迈阿密，佛罗里达州 PMSA	1,937,094	2,253,362	316,268	16.3
24. 克利夫兰 - 洛雷恩 - 艾里利亚，俄亥俄州 PMSA	2,202,069	2,250,871	48,802	2.2
25. 丹佛，科罗拉多州 PMSA	1,622,980	2,109,282	486,302	30.0
26. 纽瓦克，新泽西州 PMSA	1,915,928	2,032,989	117,061	6.1
27. 波特兰 - 温哥华，俄勒冈州 - 马萨诸塞州 PMSA	1,515,452	1,918,009	402,557	26.6
28. 沃思堡 - 阿灵顿，得克萨斯州 PMSA	1,361,034	1,702,625	341,591	25.1
29. 奥兰多，佛罗里达州 MSA	1,224,852	1,644,561	419,709	34.3
30. 萨克拉门托，加利福尼亚州 PMSA	1,340,010	1,628,197	288,187	21.5
31. 劳德代尔堡，佛罗里达州 PMSA	1,255,488	1,623,018	367,530	29.3
32. 圣安东尼奥，得克萨斯州 MSA	1,324,749	1,592,383	267,634	20.2
33. 拉斯维加斯，内华达州 - 亚利桑那州 MSA	852,737	1,563,282	710,545	83.3
34. 夏洛特 - 加斯托尼亚 - 洛克希尔，北卡罗来纳州 - 南卡罗来纳州 MSA	1,162,093	1,499,293	337,200	29.0

续表

市区	1990年人口/人	2000年人口/人	绝对变化/人	百分比变化/（%）
35. 盐湖城 - 奥格登，犹他州 MSA	1,072,227	1,333,914	261,687	24.4
36. 奥斯汀 - 圣马科斯，得克萨斯州 MSA	846,227	1,249,763	403,536	47.7
37. 罗利 - 达勒姆 - 教堂山，北卡罗纳州 MSA	855,545	1,187,941	332,396	38.9
38. 西棕榈滩 - 博卡拉顿，佛罗里达州 MSA	863,518	1,131,184	267,666	31.0
39. 图森，亚利桑那州 MSA	666,880	843,746	176,866	26.5
40. 麦卡伦 - 爱丁堡 - 米申，得克萨斯州 MSA	383,545	569,463	185,918	48.5
41. 科罗拉多斯普林斯，科罗拉多州 MSA	397,014	516,929	119,915	30.2
42. 迈尔斯堡 - 开普科勒尔，佛罗里达州 MSA	335,113	440,888	105,775	31.6
43. 博伊西市，爱达荷州 MSA	295,851	432,345	136,494	46.1
44. 普罗沃 - 奥勒姆，犹他州 MSA	263,590	368,536	104,946	39.8
45. 里诺，内华达州 MSA	254,667	339,486	84,819	33.3
46. 布朗斯维尔 - 哈灵根 - 圣贝尼托，得克萨斯州 MSA	260,120	335,227	75,107	28.9
47. 皮尔斯堡 - 圣露西港，佛罗里达州 MSA	251,071	319,426	68,355	27.2
48. 费耶特维尔 - 斯普林代尔 - 罗杰斯，阿肯色州 MSA	210,908	311,121	100,213	47.5
49. 博尔德 - 朗蒙特，科罗拉多州 PMSA	225,339	291,288	65,949	29.3
50. 奥卡拉，佛罗里达州 MSA	194,833	258,916	64,083	32.9
51. 柯林斯堡 - 拉夫兰，科罗拉多州 MSA	186,136	251,494	65,358	35.1
52. 那不勒斯，佛罗里达州 MSA	152,099	251,377	99,278	65.3
53. 威尔明顿，北卡罗纳州 MSA	171,269	233,450	62,181	36.3
54. 奥林匹亚，华盛顿州 PMSA	161,238	207,355	46,117	28.6
55. 默特尔海滩，南卡罗来纳州 MSA	144,053	196,629	52,576	36.5
56. 拉雷多，得克萨斯州 MSA	133,239	193,117	59,878	44.9
57. 里奇兰 - 肯纳威克 - 帕斯科，华盛顿州 MSA	150,033	191,822	41,789	27.9
58. 格里利，科罗拉多州 PMSA	131,821	180,936	49,115	37.3
59. 拉斯克鲁塞斯，新墨西哥州 MSA	135,510	174,682	39,172	28.9
60. 贝灵汉，华盛顿州 MSA	127,780	166,814	39,034	30.5
61. 尤马，亚利桑那州 MSA	106,895	160,026	53,131	49.7
62. 蓬塔戈尔达，佛罗里达州 MSA	110,975	141,627	30,652	27.6
63. 奥本 - 欧佩莱卡，亚拉巴马州 MSA	87,146	115,092	27,946	32.1
总计	105,645,668	123,608,295	17,962,627	17.0
平均	1,676,915	1,962,036	285,121	27.1

资料来源：美国人口普查局网站，大都市地区比较。

①该表将 CMSA（合并 MSA）划分为 MSA 和 PMSA。它包括了所有这些都市地区：a. 在 2000 年拥有 200 万以上的居民；b. 在 20 世纪 90 年代拥有 25 万居民或更多的增长；c. 增长速度至少是美国所有都市地区总和的两倍。CMSA：统一的大都市统计区。PMSA：主要都市统计区。MSA：大都市地区。

一些经历交通拥堵不断恶化的地方政府的第一反应是试图减缓自身的增长。人口和就业的快速增长是交通拥堵最显而易见的原因，而且地方政府官员认为，控制其城市在该方面的增长要比控制其他导致交通拥堵的因素要容易得多。但在大都市地区，交通流往往会途经多个区域。因此，交通拥堵本质上是一种区域性现象，单纯依靠某一个片区的行动是无法有效解决该问题的。

4.2　更高的机动车使用强度

纵观世界各地，随着人们收入的增长，许多人都试图转换到更快、更舒适、对个人来说更灵活的交通工具上。在发展中国家，这个转换涉及个人的渐进式转移，即步行→自行车→公共交通→摩托车→私家车或轻型货车。现在的美国人倾向于独自开车出行，而且随着时间的推移，车辆的使用强度不断增加。

大多数美国人更喜欢驾乘私家车出行，尤其是单独出行，在一定程度上是因为这样的出行方式更加便利、舒适，私密性好，时间灵活，速度也远远快于公共交通（这可能与美国占主导地位的低密度城市布局有关）。

根据1995年的美国个人交通出行调查，私家车出行比例达到86.1%，私家车出行里程占到全方式出行里程的90.8%。相比之下，公共交通的人数和里程比例仅为1.8%和2.1%。高峰时段，公共交通和私家车出行的比例都略有上升。高峰时段，公共交通在1995年和2000年的通勤出行比例分别为5.1%和4.7%，而私家车的比例分别为90.7%和87.9%。但是，2000年的公共交通出行平均耗时为45.8分钟，而私家车的平均出行时间则为23.2分钟。

对私家车的偏爱极大地增加了高峰时段路上的车辆总数，而如果公共交通工具得到了更广泛的使用，将会发生什么？如果共享驾乘私家车的比例大幅增加，就能显著缓解高峰时段的交通拥堵。但显然，大多数美国人认为，独自开车的净收益超过了乘坐公共交通或共享乘车的净收益。独自开车的通勤者不仅享有更多的私密和舒适以及更短的出行时间，而且可以更方便、更灵活地出行，能够在一次出行中安排多个事项，如果停车是免费的，还可以降低日常的现金支出。

为了说服更多的通勤者在不更换工作和居住地点的情况下转换出行方式，就必须让独自开车出行的净收益低于其他出行方式，这就要求其他出行方式的净收益增加或者独自开车的净收益减少。但是，大多数地区想要增加替代出行方式的净收益极其困难。最有效的做法只能是通过提高独自开车出行的成本，减少其净收益。而本书之后分析的许多策略都是为了达到这个目的。

在过去几十年里，高峰时段交通拥堵加剧的另一个原因，是各种交通活动都更加频繁地使用私家车。机动车出行的增加量远大于人口的增加量。1980—2000 年，小汽车和卡车的登记数量增加了 42%，每辆车行驶的里程增加了 28%，而总人口只增加了 24%，家庭数量增加了 33%。事实上，1980—2000 年，美国每增加 1 个人（妇女、男子或儿童），机动车（小汽车、卡车或公交车）就会增加 1.2 辆。（这个比例在 20 世纪 80 年代为 1.49∶1，20 世纪 90 年代降至 1∶1。）因此，在这 20 年中，所有机动车辆每年行驶的总里程上升了 80%。按绝对数量计算，在高峰时段可供个人驾驶的小汽车和轻型卡车或运动型多用途车的数量增长是家庭数量增长的两倍多，它甚至比持证司机数量增长得更快。

在大多数地区，车辆的频繁使用比人口增长对交通拥堵的影响更大。以 1980 年一个典型的拥有 100 万居民的大都市地区为例。1980 年，平均每百人登记的车辆为 68.8 辆，当年整个都市地区小汽车、卡车和公交车的拥有量为 68.8 万辆。但到 2000 年，每百名居民的汽车数量上升到了 78.7 辆，即增加约 14.4%。每辆车行驶的里程也增加了 28.4%，所以总的行驶里程会增加 46.9%，这仅仅是因为与 1980 年相同数量的居民到 2000 年拥有了更多的车辆，并且改变了他们的驾驶行为。但在这 20 年间，美国人口增长了 24.2%。如果这个地区以同样的速度增长，到 2000 年，其总人口的汽车行驶里程将比 1980 年增加 82.4%。这一模拟结果与 1980—2000 年美国车辆行驶总里程增加 80% 的情况非常接近。

如表 4-3 所示，这种"车辆爆炸式增长"的情况在美国境内普遍发生。

表 4-3　1980—2000 年美国各州人口和车辆数量的变化①

州	1980—2000 年人口变化		1980—2000 年车辆变化		车辆变化与人口变化的比率/(%)	1998 年每 100 名居民拥有的车辆数/辆
	数量/人	百分比/(%)	数量/辆	百分比/(%)		
亚拉巴马州	557,100	14.32	1,022,149	34.79	1.83	89.05
阿拉斯加州	226,932	56.73	332,399	126.87	1.46	94.81
亚利桑那州	2,412,632	88.76	1,877,538	97.94	0.78	73.96
阿肯色州	387,400	16.95	266,193	16.91	0.69	68.83
加利福尼亚州	10,202,648	43.11	10,824,923	64.16	1.06	81.77
科罗拉多州	1,412,261	48.88	1,284,012	54.83	0.91	84.30
康涅狄格州	297,565	9.57	706,449	32.90	2.37	83.79
特拉华州	188,600	31.70	233,446	58.80	1.24	80.46
哥伦比亚特区	(65,941)	-10.34	(25,919)	-9.67	0.39	42.32
佛罗里达州	6,242,378	64.09	4,167,010	54.73	0.67	73.71
格鲁吉亚州	2,722,453	49.83	3,337,006	87.40	1.23	87.40
夏威夷州	246,537	25.55	167,551	29.39	0.68	60.88
爱达荷州	349,953	37.07	343,700	41.21	0.98	91.02
伊利诺伊州	1,001,293	8.77	1,495,584	20.00	1.49	72.25
印第安纳州	590,485	10.76	1,744,942	45.61	2.96	91.62
艾奥瓦州	13,324	0.46	777,223	33.37	58.33	106.15
堪萨斯州	325,418	13.77	289,135	14.41	0.89	85.41
肯塔基州	380,769	10.40	233,403	9.00	0.61	69.93
路易斯安那州	264,976	6.30	777,982	28.00	2.94	79.59
缅因州	149,923	13.33	300,096	41.45	2.00	80.33
马里兰州	1,080,486	25.63	1,044,538	37.27	0.97	72.64
马萨诸塞州	612,097	10.67	1,516,399	40.45	2.48	82.93
密歇根州	680,444	7.35	1,947,721	30.02	2.86	84.88
明尼苏达州	842,479	20.66	1,538,940	49.79	1.83	94.11
密西西比州	323,658	12.84	712,411	45.18	2.20	80.48
密苏里州	678,211	13.79	1,308,629	40.01	1.93	81.85
蒙大拿州	115,195	14.64	346,226	50.92	3.01	113.75
内布拉斯加州	141,263	9.00	364,933	29.10	2.58	94.60
内华达州	1,199,257	150.09	564,725	86.22	0.47	61.04
新罕布什尔州	314,786	34.18	347,751	49.40	1.10	85.11
新泽西州	1,050,350	14.26	1,629,031	34.22	1.55	75.94
新墨西哥州	519,046	39.93	460,510	43.12	0.89	84.03
纽约州	1,418,457	8.08	2,232,531	27.90	1.57	53.93
北卡罗来纳州	2,175,313	37.03	1,690,503	37.30	0.78	77.30
北达科他州	(10,800)	-1.65	66,860	10.66	-6.19	108.04
俄亥俄州	556,140	5.15	2,696,476	34.70	4.85	92.20
俄克拉何马州	425,654	14.07	431,491	16.71	1.01	87.36
俄勒冈州	788,399	29.94	940,574	45.20	1.19	88.31
宾夕法尼亚州	414,054	3.49	2,333,967	33.70	5.64	75.40
罗得岛州	101,319	10.70	136,570	21.92	1.35	72.46

续表

州	1980—2000年人口变化		1980—2000年车辆变化		车辆变化与人口变化的比率/（%）	1998年每100名居民拥有的车辆数/辆
	数量/人	百分比/（%）	数量/辆	百分比/（%）		
南卡罗来纳州	893,012	28.63	1,098,729	55.05	1.23	77.14
南达科他州	64,844	9.40	191,509	31.87	2.95	104.99
田纳西州	1,098,283	23.92	1,548,799	47.35	1.41	84.72
得克萨斯州	6,623,820	46.55	3,595,096	34.32	0.54	67.48
犹他州	772,169	52.85	635,606	64.07	0.82	72.88
佛蒙特州	97,827	19.14	167,883	48.38	1.72	84.57
弗吉尼亚州	1,732,515	32.41	2,420,127	66.74	1.40	85.42
华盛顿州	1,764,121	42.71	1,890,866	58.63	1.07	86.80
西弗吉尼亚州	(141,656)	−7.26	121,735	9.22	−0.86	79.73
威斯康星州	658,675	14.00	1,424,525	48.44	2.16	81.39
怀俄明州	22,782	4.84	118,690	25.42	5.21	118.61
全美	54,918,906	24.25	65,679,173	42.16	1.20	78.70

资料来源：美国联邦公路管理局的数据，《我们国家的出行：1995年全国个人交通调查早期结果》（1997年9月），第14页。

①指数＝车辆CPI/所有项目CPI。

1980—2000年，美国登记的机动车增加了6560万辆，比人口增长量（5490万）多了19.5%。在美国的34个州和华盛顿哥伦比亚特区，机动车数量的增长超过了人口的增长。

车辆拥有率和使用率的增高，部分原因是更多的女性进入就业市场，特别是在20世纪80年代，有一个以上的人在外工作的家庭急剧增加。拥有两辆或两辆以上汽车的家庭比例从1960年的21.53%上升到了1980年的51.54%，再到2000年的56.86%（表4-4）。

表4-4 拥有车辆的家庭百分比

年份	每个家庭的车辆				车辆总数/辆
	无车辆/（%）	一辆/（%）	两辆/（%）	三辆及以上/（%）	
1960	21.53	56.94	19.00	2.53	54,766,718
1970	17.47	47.71	29.32	5.51	79,002,052
1980	12.92	35.53	34.02	17.52	129,747,911
1990	11.53	33.74	37.35	17.33	152,380,479
2000	9.35	33.79	38.55	18.31	179,417,526

资料来源：美国能源部，能源数据书：第22版，第11章，"家庭车辆及其特性"，表11.4，"家庭车辆拥有量"（www-cta.ornl.gov/cta/data/ChapterII.html）。

4.3 私家车的价格下降和性能提升

美国人越来越多地使用私家车的一个原因是,汽车的价格和驾驶成本实际上一直在下降。

交通支出在美国人消费支出中排第二(2001年占比为19.3%,仅次于住房支出的32.9%)。1999—2001年,交通支出增长了5.0%,略低于整体消费支出的增长率(6.8%),这是因为汽油价格在2000—2001年下降了。购买汽车是交通支出的最大项(2001年占比为46.9%,占总消费支出的9.1%)。

因此,购买私家车的成本会对美国开车家庭产生很大的影响。新车消费者价格指数除以一般消费者价格指数,可以得到新车相对于一般价格水平的相对价格。自1980年以来,以该指数衡量的新车价格一直在稳步下降。从1980年的107.2下降到2000年的80.7,下降了约24.7%,如图4-1所示。在同一时期,二手汽车和卡车的类似指数变化非常不规律(图4-1)。2001年,该指数比1980年高18.5%,但比1984年的峰值低17.3%。

对美国消费者来说,提高私家车的质量和耐用性也很重要。1980—2001年,以美元计算的当前新车价格一直在稳步上升,但美国劳工统计局(BLS)得出的结论是,这些名义上的价格上涨已被质量的提升所抵消。这是美国劳工统计局在过去20年里对新车价格指数的上调低于所有商品价格指数的主要原因。

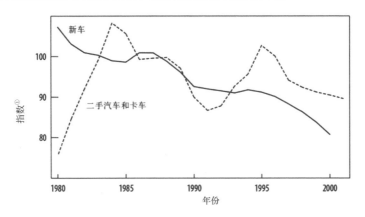

图4-1 1980—2001年汽车价格

资料来源:美国联邦公路管理局的数据,《我们国家的出行:1995年全国个人交通调查早期结果》(1997年9月),第14页。

①指数 = 车辆CPI/所有项目CPI。

《消费者报告》杂志通过统计车主在购买新车后第一年每100辆新车中出现的"问题"数量，记录了新车质量的提升。在美国公司生产的汽车中，这个数字在1980年是104辆，但在1990年下降到36辆。在日本公司生产的汽车中，这个数字在1980年是40辆，但在1990年下降到20辆以下。二手车在质量上也有类似的改进。购买5年车期汽车的人，在1980年每100辆车中遇到"问题"的次数为279次，而在1990年为191次，到了2000年则不到100次。由于这些质量上的改进，美国人保留车辆的时间更长了。

所有这些发展都意味着美国人更容易购买私家车并使用更长时间。因此，即使是相对低收入的家庭也买得起二手小汽车或轻型卡车，以用于上下班和其他目的。

4.4　燃料成本下降

美国人均驾车量大幅上升的一个关键原因是，每英里行驶里程的实际汽油成本在下降。这是汽油实际价格下降和每加仑行驶里程上升的综合结果。1968—2000年的汽油价格如图4-2所示。在此期间的大部分时间里，汽油价格相对平稳，除了1973年和1979年中东石油危机导致的大幅上涨，以及随后在20世纪70年代末和20世纪80年代初发生的通胀。从1981年到1986年，由于原油价格下跌，汽油的实际价格急剧下降，以定值美元计算的零售价格逐渐下降，直到1998年。随后，由于中东地区出现更多问题，油价大幅上涨。

然而，汽油价格的相对稳定（除了中东石油危机期间）在一定程度上被美国用乘用车、轻型卡车、货车和运动型多用途车（SUV）等组成的车队每加仑行驶里程的增加所抵消。1973年（有数据可查的第一年）乘用车平均每加仑行驶13.4英里，1980年为每加仑行驶16.0英里。但到1991年，这一数字逐渐上升至每加仑21.1英里，并一直保持在这一水平，直到2000年达到每加仑22.0英里。但是，车队每加仑行驶的总里程受到包括运动型多用途车和轻型卡车在内的所有私家车所占份额不断增加的影响，这些车辆每加仑行驶的里程少于乘用车。1980年，每加仑汽油的总行驶里程为19.2英里，1988年升至22.1英里，2002年降至20.4英里。在汽油价格约为

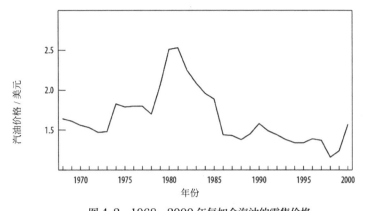

图 4-2　1968—2000 年每加仑汽油的零售价格

资料来源：美国人口普查局，《美国统计摘要：2002 年》。

每加仑 1.40 美元的情况下，乘用车每加仑行驶里程从 1980 年的 16 英里增加到 2000 年的 22 英里，每行驶 1 英里的燃料成本（以 2000 年定值美元计算）将从 8.75 美分减少到 6.3 美分，即减少 28%。货车、轻型卡车和运动型多用途车的每加仑汽油行驶里程从 1979 年的 12.0 英里增加到 2000 年的 17.5 英里，约增加了 46%。

将这两个因素叠加计算，可以看到驾驶乘用车每英里的燃料成本从 1980 年的 15.6 美分下降到了 2000 年的 7.0 美分，约下降了 55%（一半是由于汽油价格下降，一半则是由于燃油效率提升）。在同一时期，面包车、轻型卡车和运动型多用途车的燃料成本从 1980 年的每英里 20.0 多美分下降到 2000 年的 9.0 美分，同样下降了约 55%。这些变化如图 4-3 所示。由上述因素导致的每英里燃油成本的大幅下降，无疑鼓励了人们每年驾驶更多的里程。

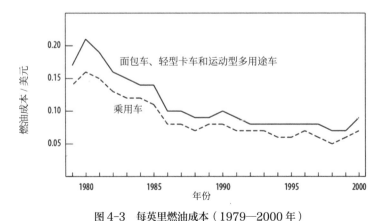

图 4-3　每英里燃油成本（1979—2000 年）

资料来源：俄勒冈交通局，"燃料成本和燃料价格弹性浅析"，《政策说明》，第 5 卷（2001 年 1 月），图 A、B、C、D。

4.5 决策制定：私营部门与公共部门之间的差异

在大多数以市场为导向的快速发展中国家，交通系统的一个显著特点是，私家车的增长速度远远超过道路和公共交通设施的建设速度。最有可能的原因是，私家车行业为了增加利润而大力提倡私人拥有汽车。他们推出大量的汽车广告，并为购买车辆提供方便的分期付款。此外，是否拥有车辆是由私人家庭根据他们的购买力和欲望作出的决定。因此，私家车总量以及机动车出行量的增长几乎都是由私营部门导致的。当然也有例外，比如政府故意对汽车征收巨额税收，以抑制私人拥有车辆，像新加坡那样。

相比之下，几乎所有的街道、公路和高速公路以及公共交通系统都是由地方、州政府或国家出资建设并运营。因此，交通设施的增长完全属于政府行为，而它又会受到政治力量驱动和耗时的公共决策过程的阻碍。即使大多数道路都是依靠汽油税资助，并在筑路行业的大力游说下建设。但最终的结果是，交通设施的建设速度往往赶不上城市私家车的增长速度。

最近在美国也发生了同样的事情。从 1980 年到 1998 年，美国公路总里程只增长了 2.4%。同期，登记的小汽车、卡车和公交车数量增加了 42%，总行驶里程增加了 80%。然而，城市道路里程增长了 36.5%。如果用车道里程而不是总道路长度来衡量，从 1980 年到 1998 年，城市道路里程的增长也达到了 36.7%。得克萨斯州交通研究所比较了 1982 年至 2000 年 75 个大都市地区的高速公路和主要干道上每日车辆行驶里程的变化和车道里程的变化。每日车辆行驶的总里程增加了 74.5%，而在高速公路和主要干道上行驶的车道总里程仅增加了 36.6%。部分是由于这个原因，来自所有 75 个地区的每日交通拥堵时段比例从 1982 年的 10.5% 上升到 2000 年的 25.5%。从 1982 年到 2000 年，得克萨斯交通研究所的道路拥堵指数在所有 75 个大都市地区都上升了，平均上升了 43%。

另一个导致交通拥堵的原因很早就被经济学家注意到，但直到现在仍被政府官员忽视，即通勤者不需要支付高峰时段驾驶的全部边际社会成本。高峰时段每一名通勤者进入拥挤的道路，不仅要为自己的延误付出代价，而且还会给在同一时间使用同一条道路的所有其他人带来更大的延误。但个人通勤者在决定是否自己开车时，不需要考虑额外的社会成本。除非社会强迫他们在最繁忙的时段缴纳通行费或停车费，否则通勤者将继续低估这一集体成本。他们和大多数政府官员都这样认为，因为传统上大多数道路都允许所有驾车者自由通行。人们当然会认识到，在餐馆提供不受限制的免费大餐会造成长期的拥挤，就像许多为无家可归者设立的收容所一样。同样，他们知道以低于成本的价格提供公共住房，会使潜在的居住者形成庞大的等候名单。但他们从未将他们所厌恶的拥堵与在高峰时段免费进入拥挤的高速公路联系起来。

4.6 低密度社区和单人车

美国高峰时段交通拥堵越来越严重的一个原因是，在 2000 年，约 75.7% 的通勤者单人驾车出行，只有 12.3% 的人拼车，4.7% 的人乘坐公共交通。为什么这么多人选择独自开车而不选择其他交通方式？

空间分布广泛的居民点模式在美国大都市地区的大部分地区占主导地位。在美国占主导地位的公共交通形式（公交车、轻轨和地铁），只能有效地服务于人口密度相对较高的地区。公共交通系统需要将大量的乘客聚集在出发地或目的地，或者两者兼而有之，当这些地点的密度很高时，这是最好的做法。一项研究得出的结论是，公交车在居住密度达到每平方英里 4200 人或更高的地区才能达到高效，而固定的轨道系统则需要更高的密度。但是，美国大多数大都市地区的住宅和商业密度都很低，因此公共交通不方便。1995 年，在人口密度为每平方英里 1000 至 4000 人的地区，30.6% 的家庭没有公交车服务；在人口密度较低的地区，这一比例为 59% 或更高。然而在 2000 年，美国 476 个城市化地区中有 457 个的平均人口密度低于每平方英里 4000 人。这 457 个地区占美国 476 个城市化地区总人口的 78%，占美国总人口的 54%。

在很大程度上，低密度生活反映了大多数美国家庭的偏好。大多数美国家庭的目标是拥有独立的单户住宅，每个住宅旁边都有私人的开放空间。1999 年，美国房屋建造协会在美国范围内随机选择2000个家庭进行了如下提问：

> 下面两个选择二选一：一是花15万美元买一套位于城市内部，靠近公共交通、工作和购物场所的城市住房；二是花15万美元在边远地区购买一个更大的独立的单户住宅，距离工作、公共交通和购物场所较远。

83%的受访者选择了更大、更偏远的郊区单户住宅。同样，绝大多数人反对在其社区内建造联排别墅、高密度住宅或公寓。满足上述偏好的低密度模式比起高密度社区要占用更多的土地。

造成低密度居住点的一个原因是美国东北部和中西部长期以来经历了人口向西部和南部的大规模迁移。原因之一是气候变暖：从1990年到2000年，一月平均温度在50华氏度以上的城市人口平均增加了17%；那些一月平均温度低于30华氏度的城市人口只增加了4%。美国南部和西部比东北部和中西部包含更多以汽车为主的大都市地区，而东北部和中西部是美国公共交通的主要所在地。1990—2000年，独自驾车上下班的通勤者比例超过65%的城市增长了12%以上；独自驾车上下班的通勤者比例少于65%的城市只增长了1%，这一事实表明了这种向低交通导向居住点的转变。公共交通出行比例超过10%的城市几乎没有增长，而公共交通出行比例低于3%的城市增长了17%。

在大多数大都市地区，人口增长最快的郊区通常是那些人口密集地区的边缘地带。这些周边郊区的居住密度通常比周边社区要低得多。因此，大多数新增长都发生在低密度地区，该类地区比高密度地区产生了更多的人均出行量。

低密度的社区也非常适合办公建筑和办公园区、购物中心、工业建筑和工业园区，以及其他非住宅建筑。许多郊区要求这些设施安置在低层建筑中，设定很低的容积率。这样的规定使得工作机会在大都市地区的分布非常分散。由于大多数郊区的人口密度低于中心城市，这就意味着在美国城市聚居区人口密度较低的地区，就业机会的比例会更高。一项对1993年至1996年繁荣时期美国92个大都市地区就业增长的研究表明，在其中的75个地区，郊区的就业增长速度快于中心城市（图4-4），就业机会正在向整个大都市蔓延。这无疑增加了通勤出行的距离，如果工作更多地集中在几个地点，通勤出行的距离就会增加。

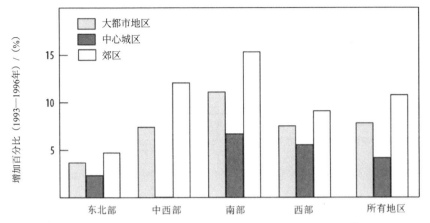

图 4-4　92 个大都市地区私营部门就业增长（1993—1996 年）①，按地区划分

资料来源：《工作在哪里？》，布鲁金斯学会城市和大都市政策中心（1999 年 11 月），第 3~9 页。

① 样本包括 92 个大都市地区。

为什么美国郊区的就业机会如此分散？本地居民和多数的公寓楼居民都喜欢在低密度工作场所附近有免费的地面停车场和漂亮的景观。而开发商也发现其类似公园的郊区办公楼更容易出售或出租。机场、区域购物中心或类似设施周边的工作场所例外。在这类城市边缘地区，开发商倾向于建设成群的高层办公楼和公寓，比如弗吉尼亚州的泰森角、宾夕法尼亚州的普鲁士王和加利福尼亚州的尔湾。然而，罗伯特·朗最近的一项研究表明，大多数郊区办公空间的增长都与这种零散分布的高密度城市边缘地区无关。1999 年，在 13 个大都市地区，35.6% 的办公空间分布在郊区，而市区和郊区边缘城市的这一比例分别为 37.7% 和 19.8%。低密度住宅区和低密度工作地点两个因素的叠加进一步减少了使用公共交通的可行性。出于同样的原因，这种分散也不鼓励拼车。

计算机、传真机以及其他通信设备的出现使得许多较低级别的工作可以与管理人员在空间上进行分离，而且不会造成太多的效率损失，因此有一些工作已经转移到了低密度的办公场所。郊区办公空间的建造和租赁成本通常低于市区。彼得·戈登和哈里·理查森认为，将工作地点搬到离员工居住地更近的地方，可以减少通勤时间和距离。在这种情况下，低密度的工作场所可能会对交通拥堵产生有益的影响。

然而，艾伦·皮萨斯基在他对 1990 年通勤交通量的深入研究中得出了不同的结论。表 4-5 为 1990 年各个大都市的平均通勤时间。

表 4-5　平均通勤时间

来自于	到中心城市工作 / 分钟	到郊区工作 / 分钟
中心城区	18.8	23.0
郊区	16.9	19.4

资料来源：Alan E. Pisarski,《美国通勤 II：关于通勤模式和趋势的第二份全国报告》（华盛顿：Eno Transportation Foundation, 1996），第 87 页。

这些数据似乎并没有证实戈登和理查森的假设，因为郊区到郊区的行程比郊区到城市或城市到城市的平均出行时间更长。在皮萨斯基的数据中，最短的平均通勤时间（16.9 分钟）是居住和工作地点都不在大都市地区的出行。

许多通勤者长途出行或忍受在交通拥堵中浪费时间的一个强大动机是，他们希望在自己选择的地方工作和生活，即使他们的选择并没有减少每天的出行时间。2000 年，平均通勤时间为 25.5 分钟，比 1990 年增加 5.8 分钟，比 1983 年增加 7.3 分钟（图 4-5）。然而，在 1990 年，12.5% 的通勤者出行时间达到或超过 45.0 分钟，平均时间为 58.5 分钟。到 2000 年，这种"长时间"通勤者（不包括在家工作的人）的比例上升到 15.4%，其中 2.8% 的人需要 90 分钟或更长时间。在大都市地区，平均出行时间更长，通勤者的比例也更高。从 1983 年到 1995 年，平均工作出行从 8.5 英里增加到 11.6 英里（或约 36.5%）。人们愿意长途通勤，这一再削弱了在办公地点附近修建房屋并鼓励工人住在这些房屋里来缩短通勤时间的努力。几乎无一例外

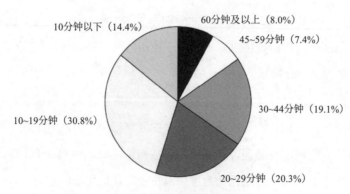

图 4-5　2000 年通勤时间分布[①]

资料来源：根据美国人口普查局的数据，STF（2000）。

① 总的平均通勤时间为 25.5 分钟。

的是，许多当地居民选择住在遥远的社区，而住在附近的居民则在几英里之外工作。

这种行为发生的原因在于美国人的价值观。在 1980 年一项针对通勤距离超过 5 英里的上班族的调查中，受访者被要求说出他们住得离工作地点这么远的最重要的原因。约 38% 的人认为学校好，24% 的人喜欢自己的房子，17% 的人喜欢自己的邻居，10% 的人认为自己的工作和其他家庭成员的工作距离太远。显然，数以百万计的美国人选择住在哪里和工作在哪里的组合是基于减少通勤时间以外的其他目标。

4.7 复杂大都市经济的后果

随着美国大都市地区变得越来越大，其经济、技术、政治体制和城市布局结构越来越复杂，这也严重加剧了交通拥堵的情况，其中包括道路上货物运输车辆的数量不断增加，这一趋势在经济全球化的背景下进一步加强。

1999 年，美国的货运总量为 37,150 亿吨英里，其中卡车运输占 29.4%，铁路运输占 40.3%，管道运输占 16.7%，其余由水路运输和航空运输完成。从 1990 年到 1999 年，卡车货运量增长了 48.8%，年平均增长率为 4.8%。同一时期，其他方式的货运年平均增长率为 2.2%。因此，卡车运输的比例稳步上升。所以货运的绝对数量很可能会继续以高于美国国内生产总值的速度增长。

由于卡车运输效率的提高，重型卡车的数量并没有像它们运载的货物数量那样快速增长。从 1995 年到 2001 年，重型卡车（不包括皮卡、面包车、运动型多用途车和其他轻型卡车）的数量以 2.9% 的复合年增长率增长。与 1995 年相比，卡车的总数增加了 27.0%，但其中大部分是皮卡、面包车、运动型多用途车和其他轻型卡车，增加了 28.05%。重型卡车增长 18.4%，而乘用车仅增长 7.2%。

与 20 世纪 80 年代相比，20 世纪 90 年代重型卡车的数量以及行驶里程都急剧增长。但是，20 年来卡车在机动车中的比例变化并不大，保持在 3% 到 4%。此外，重型卡车行驶里程比例也相对稳定：1980 年为 7.1%，1990 年为 6.82%，2000 年为 7.49%。尽管重型卡车行驶里程的增长速度比乘用车快得多，这被皮卡、运动型多用途车、面包车和其他轻型卡车行驶里程的更大幅度增长所抵消。因此，重型卡车在所有机动车中的比例相对稳定。

不管怎么说，高速公路上卡车数量的持续增多毫无疑问地加剧了交通拥堵。重型卡车长达85英尺（1英尺约为30.48厘米，后同），是普通乘用车长度的五倍。这些车辆占用的道路空间远大于其他运输工具，而且其他车辆很难绕过它们。这种现象在双挂车和其他尺寸和重量都特别大的卡车上尤为明显。美国联邦法规将州际公路上的卡车重量限制在8万磅以内，但有29个州不受该规定限制或有其他豁免规定允许增加重量，有47个州允许在州际公路上增加重量。在即将进行的公路资金重新授权中，卡车运输业计划要求将这一限额提高到9.7万磅。随着平均尺寸的增大，卡车在道路上将占用更多的空间。这些特定道路的卡车运输量高于平均水平——占所有车辆的10%～15%，而不是接近"正常"的5%——给其他车辆的司机造成了特殊的拥堵障碍。几辆大卡车紧密地挤在一起，比它们分散开来时更难超过。重型卡车也会加剧拥堵，因为它们必须减速才能转弯，而且往往会不止阻塞一条车道。确实，重型卡车每行驶1亿英里发生的事故率比任何其他类型的车辆都要低。这可能是因为平均而言，每辆卡车每年行驶的里程比任何其他类型的车辆都要多，而且由专业司机驾驶。不过，未来美国高速公路上重型卡车的使用量可能会增加，这可能会加剧美国反复出现的交通拥堵。

导致大都市地区社会日益复杂的第二个主要因素是活动节点的出现，这些节点会导致车辆的高度集中，从而产生了两种类型的拥堵：瓶颈和强大的交通吸引。瓶颈的例子是交通繁忙的路段比两边的路段都窄，比如一些隧道，以及迫使司机减速或停车的收费站（通过使用电子支付卡收费站正在逐步现代化，但许多要求车辆停车或至少减速的收费站仍然存在）。具有强大的交通吸引力的地方有机场、主要海港、体育场馆、大型购物中心、户外音乐会和一些市中心地区。所有这些都吸引了大量的人群，其中大多数都是乘坐汽车抵达的。由此造成的交通集中是这类设施特有的现象，不能完全消除，虽然有时可以在某种程度上抵消。

4.8 未来趋势

刚才讨论的所有因素，叠加在一起，便导致了近年来高峰时段常规交通拥堵的加剧。但是它们将来会造成什么后果呢？

1990年，一些交通专家预测，由于造成交通拥堵的一些主要原因将会减少，20世纪90年代的交通拥堵不会再像过去20年那么严重。他们认为不会很快就有另一个婴儿潮一代进入开车年龄，获得驾驶执照的女性数量自其首次外出工作时将趋向平稳，而且收入不会迅速上升，这将降低消费者购买汽车的能力。然而，第三个原因被证明是错误的，因为美国经济在20世纪90年代后半期经历了前所未有的繁荣，而前两个原因几乎没有明显的影响。因此，在20世纪90年代，高峰时段的拥堵持续恶化，直到2000年经济进入全面衰退。

在未来20年，高峰时段的常规拥堵将会有什么变化？对上述所有导致常规交通拥堵的原因的研究表明，许多原因在未来可能会加剧，这主要是因为它们与美国人口总数有关。未来交通拥堵程度的决定性因素将是人口的增长。20世纪90年代的年均复合增长率为1.24%，而过去20年的年均复合增长率还不到1%。从1990年到2000年，这个国家增加了3200多万人。如果从2000年到2020年，每十年都有类似的人口增长，那么交通拥堵可能会变得更糟，因为机动车数量很可能会相应增加，或者至少显著增加。

如前所述，从1980年到2000年，美国每增加1.0人，登记的机动车（小汽车、卡车和公交车）就增加1.2辆。即使车辆增加的比例下降到1∶1，就像20世纪90年代那样，或者下降得更低，在接下来的20年里，美国的街道和道路上将会出现数百万辆汽车。如果美国人口的年均复合增长率从20世纪90年代的1.24%下降到未来20年的1.0%，那么美国总人口将从2000年的2.814亿增加到2010年的3.109亿，到2020年增加到3.434亿。这些预测表明，从2000年到2020年的两个十年，人口将增加2940万和3240万。如果登记的车辆继续增长，每增加一个人就增加一辆车，那么到2020年，在美国道路上行驶的小汽车、卡车和公交车至少将增加6000万辆。2001年，美国登记的汽车有2.304亿辆。因此，与2001年的总数相比，增加了6000

万辆，相当于增加了 26.0%，与从 1980 年到 2000 年增加了 6000 万辆（37.1%）相当。

  1997 年，全美共有 820 万英里的高速公路和地方公路，其中 189 万英里位于都市地区。从 1987 年到 1997 年，车道总里程的年增长率仅为 0.27%，而城市车道总里程的年增长率为 1.77%。未来 20 年如果仍旧以相同的速度增长的话，总的车道里程会增长 5.5%，尽管城市车道里程会增长 42%。因此，车道总里程的增长不太可能跟上未来登记车辆数量的增长，但城市车道里程可能会跟上。即便如此，这也无法避免高峰时段城市道路更加密集的拥堵，因为在高峰时段，有很大比例的车辆试图同时使用道路。因此，在未来的 20 年里，高峰时段的交通拥堵可能会变得更糟，尤其是在那些人口增长绝对快于美国平均水平的大都市地区。我们能做些什么来防止或至少减轻这种结果，这就是本书的主题。

5

造成交通拥堵的偶发事件和事故

1998年11月的一个星期四的下午1:07，一名32岁的男子爬上华盛顿特区南部横跨波托马克河的伍德罗·威尔逊大桥的栏杆，扬言要跳下去。由于担心这名男子有枪，可能会向人开枪，警方将桥上的6条车道封闭了5个小时，试图说服他放弃，但最终没能成功。下午6点45分，他们用豆袋弹射中了他的腿部，他跳入河中，被一艘警船救起并送往医院。因为这座桥是华盛顿特区环城公路的一部分，正常情况下每天能应对近20万辆汽车，而它却在傍晚高峰时段关闭了5个多小时，这造成了华盛顿历史上最大规模的交通拥堵。在大桥关闭后的一个小时内，环城公路上的车辆在桥的两边各堵了8英里。警方关闭了许多通往环城公路的入口，但这只是转移了车辆，还是造成了许多其他主要道路上的交通拥堵。

这一事件说明高峰时段的交通拥堵是如何受到不可预测的"事件"及常规交通拥堵影响的。事实上，许多交通专家认为，在美国，超过一半的道路拥堵是由特定事件造成的，而不是纯粹的道路超载。支持这一观点的经验证据很少。然而，可以肯定的是，事故每天都会造成严重的交通拥堵，特别是在主要的快速路和高速公路上。

5.1 "偶发事件"指的是什么？

《交通事故管理手册》（Traffic Incident Management Handbook）将"偶发事件"定义为"导致道路通行能力下降或需求异常增加的所有非经常性事件"。举例如下。

· 两辆或两辆以上的车辆发生碰撞造成交通阻塞，属于交通事故，它是偶发事件的一个子类。

· 车辆撞倒树木、灯具、分隔栏等设施，属于交通事故。

· 车辆侧翻后将汽油、油、危险化学品，甚至活鸡或其他物品散落在道路上，导致警方以安全理由而封闭一条或多条行车道，也是一种事故。

· 车辆失速、轮胎漏气、车辆没油，或任何其他导致车辆停止移动而没有与任何其他物体发生碰撞的事件，被称为故障，这可能是最常见的偶发事件。

· 因道路施工或维修封闭车道而导致的交通流减速，这也是一种常见的偶发事件。

- 道路旁发生的事件会引发过往的司机减速观察,从而妨碍交通。这通常被称为"橡皮脖子"或"剪刀手"。当发生重大事故时,即使车辆和相关的救援设备已经移出道路,其他车辆也会减速观察,这种情况经常发生。
- 任何非经常性的特殊事件(如球赛、游行或音乐会等)造成的道路交通拥堵。
- 一些严重影响道路能见度(如雾、大雨或大雪)、安全性(如道路因冰或雨打滑)或通行能力(如山体滑坡、岩崩或泥石流)的恶劣天气条件。

虽然交通事故是偶发事件的一个子类,但大多数偶发事件并不是交通事故,而是减缓交通流的其他事件。然而,由于非交通事故的偶发事件会减缓或阻塞交通,它们可能会导致其他车辆撞上那些最初因偶发事件而延误的车辆,最终导致交通事故。

5.2 事故分析

不同类型的事故对交通拥堵有不同的影响,所以最好知道每种类型的事故可能占多大比例。不幸的是,目前还没有全美性的经验数据集或任何与之相似的数据集来研究事故或它们的影响。不过,一些分析人士估计了所有事件中不同子类的比例。这种估计如一个流程图,它从100%的所有事件开始,并将它们分成不同的类别。它是1990年由剑桥系统科学公司通过对事件管理项目官员的访谈而开发的(图5-1)。尽管所有事件中只有70%被详细报告,但图5-1将这些细节外推到其他30%的事件,这些事件被视为与详细报告的事件相同。所有的事故被分为三类:80%是故障(驾车者无法继续驾驶他们的车辆),10%是事故,另外10%是其他类型的事故。每一类又细分为两类,一类是发生在路肩上而不直接阻塞车道的事故,另一类是发生在车道上而阻塞车道的事故。图5-1中每个框旁边的数字都显示了每个框中最初100个事件的百分比。因此,每100起事故中只有4起是直接阻塞交通车道的事故。所有六边形列中的数字加起来就是图中分解的100个事件总数。

图5-1显示,22%的偶发事件会直接导致车道堵塞。当然,路肩事故(应急车道事故)有时也会影响交通量,因为它会导致路过的司机减速,以避让路肩上的人,或者看看发生了什么。但是,偶发事件对交通拥堵影响最严重的通常是严重的交通

事故和卡车侧翻导致的泄漏事故。

图 5-1 基于相对较旧的数据，包含许多假设。然而，根据我对最近关于事件频率的文献的研究，没有比图 5-1 所示的事件数据更优的数据。因此，该图对主要道路上发生的事故类型及其可能对拥堵的影响进行了合理的近似分析，并在本分析的其他部分将其作为参考。

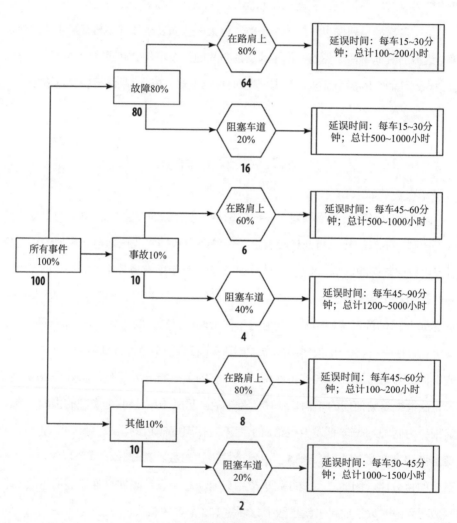

图 5-1 交通事故及延误的详细资料

资料来源：剑桥系统科学公司。

5.3 关于高峰时段拥堵的结论

我对能够收集到的所有关于偶发事件所造成的高峰时段拥堵比例的证据进行了研究，得出了以下结论。

· 各地区因各种事故（包括交通事故）而造成高峰时段交通堵塞的比例差异很大。在1984年对37个大都市地区的一项研究中发现，具体地区的比例范围可以从37%（圣地亚哥）跨越到100%（可能是因为该地区——印第安纳波利斯——在1984年没有再出现拥堵）。平均值为60.2%，中位数为57.7%。因此，没有一个单一的定量估计可以适用于全美。

· 全美各地高峰时段和非高峰时段的交通拥堵，有很大一部分都是由偶发事件造成的。因此，提高偶发事件造成的交通拥堵的清除速度，特别是在主要高速公路上，可以显著减少高峰时段和任何地区的整体拥堵。

· 大部分偶发事件是车辆故障，其中大部分都发生在应急车道，并不会造成行车道的阻塞。

· 10%～15%的偶发事件与交通事故有关。最严重的交通事故往往会造成最严重的交通拥堵。然而，有一些严重的交通拥堵事件是由极端恶劣的天气造成的。

5.4 交通事故发生的频率和性质

在各种类型事件中，除了道路施工或维修，交通事故是造成高峰时段交通拥堵的最主要原因。因此，了解交通事故对有效应对高峰时段拥堵至关重要。因此，了解交通事故对更有效地应对高峰时段拥堵至关重要。

与一般的事件不同，在美国，交通事故是通过州政府和美国联邦政府收集的大量数据记录下来的。美国联邦公路管理局的一个部门——美国国家公路交通安全管理局（NHTSA）专门负责收集和分析全美各地的交通事故数据，并研究如何减少交通事故。然而，无论是这个机构还是其他任何机构，都没有花太多精力来分析交通事故和道路拥堵之间的关系。为了做到这一点，我们必须对交通事故的发生频率和性质做一些必要的了解。

根据美国国家公路交通安全管理局的数据，2001年，全美共记录632.3万起交通事故。平均每天17,323起，每小时722起，每分钟12.0起，每5秒1起，其中37,795起或0.6%的事故导致了人员死亡，共造成42,116人死亡，平均每天死亡115人。剩下的99.4%是非致命的，但其中31.6%造成了伤害，而剩下的67.7%——大约4282万——只造成了财产损失。

只有将这些庞大的数字与过去的交通事故数量和造成这些交通事故的驾驶次数进行比较，才能认识到这些数字的重要性。图5-2显示了1988—2001年的交通事故数量变化的趋势。在涉及伤害和只涉及财产损失的撞车事故中，考虑与此同时车辆行驶里程（VMT）的大幅度增加，每年车辆碰撞的绝对数量在这14年间保持了显著的稳定性。事故数量在20世纪90年代早期的经济衰退期间下降，在20世纪90年代中期的经济繁荣时期上升，然后在20世纪90年代后期下降，尽管当时经济繁荣的势头仍在继续。对于这两类事故（涉及人身伤害的事故和只有财产损失的事故），2001年的绝对年度数字略低于1988年，但这两个数字的变化范围都很小。相比之下，表5-1显示了车辆行驶里程的稳步上升趋势。

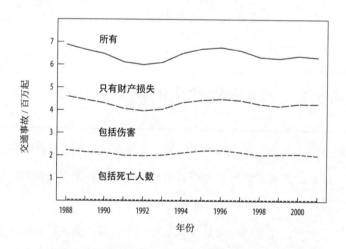

图5-2　1988—2001年按伤害程度划分的交通事故数量
资料来源：美国国家公路交通安全管理局，《2000年交通安全事实》（华盛顿，2001年），第1页。

表 5-1 按车辆类型划分的车辆每年行驶的里程[①]

年份	所有车辆/辆	乘用车			卡车/辆	卡车占总数的百分比/（%）
		小汽车/辆	公交车/辆	面包车、皮卡、运动型多用途车/辆		
1980	1527	1122	6.1	291	108	7.10
1981	1555	1144	6.2	296	109	6.99
1982	1595	1172	5.8	306	111	6.99
1983	1653	1204	5.2	328	116	7.03
1984	1720	1236	4.6	358	122	7.08
1985	1775	1256	4.5	391	124	6.96
1986	1835	1280	4.7	424	127	6.90
1987	1921	1325	5.3	457	134	6.95
1988	2026	1380	5.5	502	138	6.81
1989	2096	1412	5.7	536	143	6.81
1990	2144	1418	5.7	575	146	6.82
1991	2172	1367	5.8	649	150	6.88
1992	2247	1381	5.8	707	153	6.83
1993	2296	1385	6.1	746	160	6.96
1994	2358	1416	6.4	765	170	7.22
1995	2423	1438	6.4	790	178	7.35
1996	2486	1470	6.6	817	183	7.36
1997	2562	1503	6.8	851	191	7.47
1998	2632	1550	7.0	868	196	7.46
1999	2691	1569	7.7	901	203	7.53
2000	2750	1602	7.7	924	206	7.49
百分比变化/（%）						
1980—1990	40.40	26.39	−5.50	97.49	34.80	−3.9
1990—2000	28.24	12.99	34.47	60.82	40.86	9.8
1980—2000	80.06	42.80	27.08	217.60	89.88	5.5

资料来源：美国人口普查局，《美国统计摘要：2001 年》，第 690 页。

[①]每年数十亿英里，除非另有说明。

图 5-3 生动地说明了各类交通事故数量相对于人口、车辆数量和车辆行驶里程的动态增加的相对稳定性。在这十年里，车辆行驶里程增加了 28.6%，车辆登记数量增加了 17.3%，人口增加了 12.8%。这些因素可能会导致事故数量的相应增加，但事实并非如此。涉及各类事故的车辆总数仅增加 0.5%，而涉及致命事故的车辆总数下降了 3.2%。交通事故死亡人数下降幅度更大，为 6.3%。与十年前相比，2000 年所有类型的事故所涉及的车辆数量都没有增加 1%。

5　造成交通拥堵的偶发事件和事故

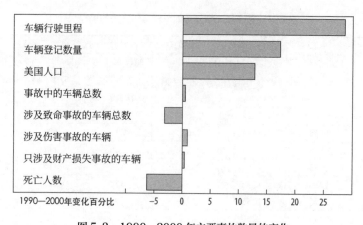

图 5-3 1990—2000 年主要事故数量的变化
资料来源：美国国家公路交通安全管理局，《2000 年交通安全事实》，第 14 页。

因此，在 20 世纪 90 年代，除了轻型卡车外，每行驶 1 亿英里的相应事故发生率都在显著下降。大型卡车的事故率相对于它们的车辆行驶里程要低得多，这可能是因为它们每辆车每年行驶的里程要比其他类型的卡车多得多，而且这种车是由专业司机驾驶的。在 1990 年和 2000 年，乘用车每行驶 1 亿英里发生的事故率明显高于其他类型的车辆，但在 20 世纪 90 年代，小汽车的事故率降幅最大。

5.5 为什么事故率下降了？

为什么美国交通事故的数量没有随着车辆行驶总里程的增加而增加？没有单一的答案。相反，随着驾驶人数的增加，一些不同的力量共同抑制了交通事故的数量。

（1）美国人普遍减少饮酒，尤其是汽车司机

从 1980 年到 1997 年，美国人均酒精消费量下降了 20%，从 2.75 加仑降至 2.2 加仑。从 20 世纪 80 年代初开始，许多州通过了更严厉的法律，对酒后驾车或服用其他会降低驾驶能力的物质驾车进行处罚。各州还开展了宣传这些新法律的教育和教学活动。1973 年、1986 年和 1996 年对未发生交通事故的司机进行的路边调查显示，血液酒精浓度达到或超过 0.10（这一水平被认为明显不安全）的所有年龄组的百分比都呈下降趋势。的确，从 1986 年到 1996 年，只有 21 岁以下的年龄组有明显的下

降,下降了88%。由于媒体大力宣传反对酒后驾车,与饮酒有关的交通事故死亡比例从1982年的58%下降到2001年的30%左右。关于非致死性交通事故,2001年美国国家公路交通安全管理局的一份报告说:"涉及酒精的非致死性交通事故的情况不那么清晰——血液中的酒精含量在非致死性交通事故中没有常规测量"。然而,美国国家公路交通安全管理局的数据显示,9%的伤害事故和5%的财产损失事故都与酒精有关。

(2)在汽车上更多地使用防撞装置

这些防撞装置包括安全带、儿童和婴儿汽车座椅,以及安全气囊。在1990年,大约64%的伤害和仅造成伤害的撞车事故的司机使用了安全装置。在2000年,82%的人使用了安全装置。在致命的车祸中,汽车司机对安全装置的使用率从37.1%上升到了55.5%。即便如此,在2000年的交通事故中丧生的乘用车乘客(包括非司机)中,60%的人没有系安全带。美国国家公路交通安全管理局对交通安全实践进行了特别调查,结果发现,接受美国联邦政府援助的所有10个州都在20世纪80年代通过了要求使用安全带的法律,并开展了促进使用安全带的宣传活动。结果,这些州的安全带使用率从1980年的12%上升到了1993年的65%。其他要求儿童配备安全座椅的法律也通过了,所有10个州都设立了安全座椅租借项目。汽车设计的抗撞性能也有所提高。

诚然,这些行为上的变化并不会直接影响事故的总数。但它们确实会影响事故可能造成的损害的严重程度。仅仅系上安全带就可以提高司机的安全意识,因此,当更多的司机系上这些安全带时,他们可能会更加谨慎。

(3)增加执法人员,包括交通管理人员的人数

2000年,美国州和地方警察部门聘用了1,019,496名全职人员,其中708,022人宣誓就职。这一数字在4年内增长了10.5%,在8年内增长了20.5%。这些人员有多少被派到交通警察部门,没有可靠的记录。但这一数字很可能至少有所增加,因为98%以上的地方警察部门在其管辖范围内依法负责交通管理。

美国国家公路交通安全管理局对10个州的交通安全措施进行了特别调查,结果发现,从1980年到1993年,宣誓就职的警察人数增加了19%。与1980年相比,1993年这10个州的警官因醉酒驾车而逮捕的人数增加了33%,因超速驾驶而传讯

的人数也增加了 14%。尽管如此,其中 8 个州超过每小时 55 英里限速的驾车者比例从 1980 年的 44.2% 上升到了 1992 年的 47.6%。

(4)改善道路设计

1956 年之后,州际公路的引入彻底提升了美国大部分地区长途驾驶的安全性。在许多双车道的道路上,司机在超缓慢行驶的车辆中时有与行驶在相反方向上的车辆发生正面碰撞的风险,实际上这些双车道道路已经被州际公路所取代,州际公路在每个方向上都有物理分离的双车道或更多车道。与旧的双车道道路相比,在这些道路上通行相对容易,而且大大降低了迎面相撞的风险。两条州际公路相交时不再采用平面交叉口,而是采用苜蓿叶立交或其他互通立交形式。州际公路上的弯道都是渐变的,以指定速度高速行驶的车辆冲出公路的风险很低。

这些变化使得 1956 年至 1976 年的交通事故死亡率急剧下降,当时美国正在修建州际公路。1966 年,每行驶 1 亿英里,就有 5.5 人死亡。到 1975 年,这一统计数字下降到 3.1——约下降了 43.6%。此后,死亡率在大约 5 年的时间里趋于平稳,直到 1980 年才开始进一步下降。从 1980 年到 1992 年,总死亡率下降到每 1 亿英里 1.7 人,又约下降了 45.2%。到 1999 年,这个数字降到了 1.5。因此,从 1966 年到 1999 年,汽车每行驶 1 亿英里发生交通事故的死亡率约下降了 72.7%。这一下降并不完全是因为修建了州际公路。许多其他快速路和高速公路也采用了与州际公路相同的设计原则进行建造。还有如前所述的其他因素也在起作用。

在这些现代高速公路出现之前,死于交通事故的绝对人数随着车辆行驶里程的增长而增长,但增长速度比车辆行驶里程的略慢。1950 年,每行驶 1 亿英里,就有 34,800 人死亡,死亡率为 7.6%。绝对死亡人数在 1972 年稳步上升到 56,700 人的峰值,尽管那时的死亡率已经下降到每 1 亿英里 4.5 人。之后,死亡的绝对人数也开始下降,尽管从 1978 年到 1980 年,死亡人数又回到 5 万多。其后,每年交通事故死亡的绝对数字开始减少,1998 年降至约 41,000 人,并自那时起一直保持相对稳定。由于车辆行驶里程持续增加,这意味着汽车每行驶 1 亿英里发生交通事故的死亡率仍在下降。

在过去的一段时间里,道路设计的改善是否仍在提升交通安全?答案可能是"是的,但提升速度比首次引入州际公路时要慢"。随着新道路的建设,它们体现了安全功能的最新创新,取代了不那么安全的旧道路。此外,随着总交通量的增加,在州际公路和其他设计安全的道路上开车的比例越来越高。虽然州际公路最初被设想为从一个大都市地区到另一个大都市地区的长途交通运输工具，但现在它们已经成为当地主要的交通道路，每天运送数百万的通勤者。因此，州际公路作为一个整体，目前承载了美国30%以上的交通量。

（5）交通拥堵加剧，交通减速

大都市地区日益严重的交通拥堵对交通事故的数量有两种相反的影响。一方面，随着交通速度的减慢，发生重大事故的可能性降低了。另一方面，所谓的二次事故往往发生在"第一次"事故导致车速降低或完全停止之后。全速行驶的车辆经常会意外地遇上其他车辆的停车线，有时还会与后者相撞。这种情况在恶劣的天气情况下尤其可能发生，比如大雾会使能见度降低。这些相反影响的结果似乎减少了致命事故的数量，并增大了只涉及财产损失的所有事故的百分比。然而，关于这两种影响的经验资料不足，无法确定哪一种影响占主导地位，或占主导地位的程度如何。

（6）最容易发生事故的年龄组的人口变化

85岁以上（7.8）、16岁（6.7）、80～84岁（6.0）和17～18岁（3.0）的司机开车时，车辆每行驶1亿英里发生交通事故的死亡率较高。据推测，在这些人群中，涉及伤害或财产损失的非致命事故的发生率也更高。但在20世纪80年代和90年代的大部分时间里，年轻人的数量有所下降。然而，80岁及以上人口的增加完全抵消了这一下降。因此，这两个容易发生事故的群体的总人数从1980年的4000万增加到1999年的4230万，约增长了5.8%。此外，在每个年龄组中，持有驾照的老年人比例明显高于年轻人。因此，美国人口中年龄组的大小变化并不能解释最近事故率的下降。

5.6　在地方使用国家统计数据

2000年，美国报告了639.4万起交通事故，还有更多的交通事故没有报告。这个分析假设未报告的交通事故还没有严重到增加交通拥堵的程度。这639.4万起报告的交通事故造成41,821人死亡和318.9万人受伤。美国联邦公路管理局的数据显示，同年美国的汽车行驶里程约为 2,750 万亿英里。因此，每行驶 1 亿英里，就会发生 232.5 起交通事故，造成 1.52 人死亡，116 人受伤。

一年一般有 365 天，平均每天有 17,518 起交通事故。然而，工作日的平均总交通事故数（18,569 起）高于周末的平均交通事故数（15,038 起）。

2000 年，美国有 2.814 亿居民。每 10 万居民的年交通事故数为 2272.4。从 1990 年到 2000 年，这一比率非常稳定，与 2430.1 的平均值相差不超过 6.7%，如图 5-4 所示。2000 年，平均每天发生 17,518 起交通事故，每 10 万居民平均每天发生 6.225 起交通事故。

因此，在一个拥有 100 万居民的大都市地区，平均每天会发生 62.25 起交通事故（工作日为 66.00 起，周末为 53.44 起）。2000 年每天 24 小时内发生的交通事故时间分布分析表明，在工作日期间，约 33.6% 的交通事故发生在上午 6 点至 9 点和下午 4 点至 7 点这两个交通高峰时段。因此，在每个工作日的 6 个小时高峰时段内将发生 24.2 起交通事故，即每小时 4 起。在一个拥有 490 万居民的大都市地区，如 2000 年华盛顿主要都市统计区所做的统计，在工作日的高峰时段，每小时大约会发生 19.6 起事故，6 个交通高峰小时内的事故总和是 117.6 起。这一分析仅仅是基于警方报告的事故，真实的数字可能要高得多。

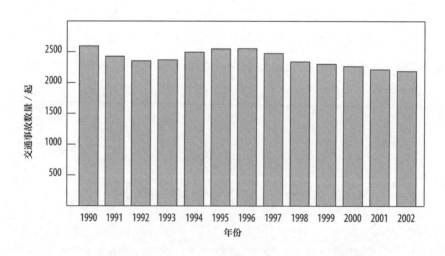

图 5-4　1990—2002 年每 10 万居民发生的交通事故数量

资料来源：美国国家公路交通安全管理局，《2002 年交通安全事实》，第 14 页；以及作者的计算。

早前的估算表明，除了经常性的拥堵，交通事故约占所有可能破坏交通畅通无阻事件的10%。因此，如果在一个大都市地区，每百万居民在高峰时段发生4起事故，那么每小时就会发生40起事故，也就是说在6个高峰小时内会总共发生240起事故。因此，整个华盛顿主要都市统计区在每个工作日的高峰时段通常会发生约1176起交通事故，或者每个高峰时段大约发生196起。假设36.6%的事故发生在高峰时段，那么在一整天的时间里，将会发生大约3213起各种类型的事故，有可能造成交通中断。

这些计算结果表明，在大都市地区，为什么事故和偶发事件几乎每天都会造成大量的交通拥堵。

6

缓解拥堵的策略与交通的四个基本原则

如果不了解一些可能对缓解交通拥堵有用的策略，不了解经常被忽视的机动车交通的四个基本原则，就无法恰当地评估那些缓解交通拥堵的措施。

6.1 基本策略

缓解拥堵的策略可以分为供给侧策略和需求侧策略。供给侧策略旨在扩展出行者用于通勤和其他目的的出行方式，比如修建更多的道路以增加运输能力；需求侧策略旨在减少高峰时段的人员或车辆数量，比如对汽油征收高额的税，这使得驾驶成本更高（后面几章分别详细分析了这两种策略）。

看待反拥堵策略的另一种方式是考虑它们主要是管控主导型还是主要是市场主导型。管控主导型的策略要求人们按照一定的强制性规则行事，这些规则以同样的方式适用于所有人。以市场为导向的策略则使用某种定价机制来影响人们的行为，让每个人在不同的行动过程中作出自愿选择。

本书讨论的缓解拥堵的策略可以同时按照这两种方式进行分类，如表 6-1 所示。表中同时具有供给侧和需求侧因素的策略，则以黑体字显示。例如，将一些现有的高速公路车道改造成 HOV 车道。这一策略旨在吸引更多的人拼车，从而减少高峰时段的车辆数量。但同样的策略也改变了供单人驾驶车辆使用的道路空间。

从表中可以看出，大多数的反拥堵策略主要是管控性的，并且有许多兼具供给侧和需求侧因素的管控策略。相比之下，市场主导型的策略较少，且供给侧的只有一种，其余都是需求侧的。然而，如何对每一种策略进行分类并不是完全明确的。表中的分组代表了笔者的观点；读者可能希望对某些策略进行不同的分类。

表 6-1　应对高峰时段交通拥堵的策略分类①

	供给侧策略	需求侧策略
管控主导型策略	修建更多新的道路或拓宽现有道路； 修建更多的公共交通设施或提升现有公共交通系统的服务水平； 在现有的运输系统中建造更多的交通设施，增加服务和便利设施； 改善公路养护； 增加事故处理团队数量，快速处理道路事故； 建立交通管理中心； 采用智能交通系统来提升交通运行效率； 解除对公共交通活动的管制； 改造现有的城市街道； **错开工作时间；** **在低密度地区发展可行的公共交通工具；** 建设货车专用道路	车牌限号措施； 修改不鼓励在家工作的美国联邦工作法； **高速公路上的匝道流量控制；** 支持交通管理协会； 鼓励更多的人在家工作； 提高最低居住密度； 在公交站点周边进行高强度开发； 限制当地社区的增长和发展； 改善职住平衡； **使用交通稳静化装置减缓交通流；** 将工作岗位集中在少数几个郊区聚集区； **增加 HOV 车道**
市场主导型策略	将免费的高载客量车辆车道转变为收费的 HOT 车道	收取道路通行费将提高高峰时段的流量； 员工交通补贴； 征收高额的汽油税； 高峰时段收取高额停车费； 若为雇员提供免费车位，则取消雇主的税率抵扣或优惠； 提高机动车牌照费； 将雇主提供的免费停车场进行折现

资料来源：作者的计算。
① 在某种程度上既是供给侧又是需求侧的策略以黑体字显示。

6.1.1　市场主导型策略

基于市场的策略将货币价值分配给不同的出行行为，然后由出行者进行选择。这种策略能够使不同出行方式的价格更贴近其社会成本，使边际效益等于或超过边际成本，从而实现有限资源的更高效利用。这些策略提高了他们试图阻止的行为的价格，而不是他们试图鼓励的行为的价格。

在高峰时段对拥挤的道路收费就是这样一种策略，它把对路线和出行时间的选择权留给司机。例如，让雇主每月向每个工人支付 75 美元的交通补贴，但曾经免费的停车位现在每月要收取 75 美元。那些愿意采用拼车方式或公共交通工具的员工可以通过在通勤上的花费少于交通补贴的费用来获利。那些仍然想独自开车的人则可以支付停车费。

市场主导型策略的基本原则是，特定设施的使用者在使用这些设施时，应至少直接支付他们强加给他人的部分费用。在高峰时段，只要有一辆车驶入拥挤的高速公路，就会给其他通勤者的总出行时间增加几分钟的延迟。市场主导型策略通过强制性收费来减少这种出行，同时利用获得的费用来补偿受到影响的人群。例如，使用拥堵费来改善同一交通廊道上的交通设施。同时，市场主导型策略允许出行者继续进行代价高昂的社会行为，只要他们认为这样做是值得的。

6.1.2 管控主导型策略

管控主导型策略监管规定某些行为或禁止其他行为。它不会根据不同的行为制定不同的价格，也不会把选择权留给出行者。相反，它通过政府法令禁止或限制它想要阻止的行为，允许或要求它想要鼓励的行为。例如，禁止车牌尾数为 5 的汽车在周五驾驶，以及尾数为其他数字的汽车在其他特定日子驾驶，就是一种管控策略。

6.1.3 市场主导型策略的优缺点

作为一名经济学家，我通常赞成市场主导型的策略，因为它的优点似乎远远大于缺点。诚然，几乎所有的策略都包含一些管控因素（例如，选择在何处及何时使用道路收费本来就是一个管控问题，必须经由许可命令强制执行）。缓解交通拥堵的最有效的策略应该同时包含市场和管控两个方面的因素。

市场主导型策略的主要优点是，它为个人出行者提供了更多的选择。它比管控型的措施更加灵活，所需要的措施执行工作也少得多。它在经济上也更有效率，因为它试图使不同行为的边际价格趋近于它们的边际社会成本。虽然这两种方法都不能实现运输资源的完全有效分配，但基于市场的方法的结果通常更接近这一理想。

市场主导型策略对其不鼓励的行为收取费用，高峰时段的道路收费可能会筹集大量资金，用于改善区域的交通基础设施。此外，所有的司机都有相同的选择，不同的群体不会被区别对待。这与管控型的策略正好相反，例如，加利福尼亚州曾提出人数超过 100 人的公司允许其不超过 55% 的员工独自开车上下班。该规定假设大公司比小公司更有能力说服其员工，而监管机构也更容易实施只适用于大公司的规则。对所有司机一视同仁的策略，不仅适用于通勤者，也适用于高峰时段行驶的所有车辆。相比之下，许多旨在减少拥堵的管控型策略只针对通勤人员，并不会阻止其他人在拥堵最严重的时期出行。

市场主导型的策略执行起来也更容易，因为它的管理机构不需要太庞大，与管控型策略相比，市场主导型策略也不太容易被用户逃避。在拥堵的高速公路上，识别那些没有支付高峰时段路费的汽车要比确保每家大公司有45%的员工不独自开车上下班要容易得多。

人们对市场主导型策略的抱怨主要在于，它增加了低收入家庭的压力，对其不公平。与高收入家庭相比，这类家庭支付强制费用的能力较弱。有人提出了一些论据来反驳这种指控，但这些论据并不是很有说服力。

一种说法是，许多乘坐公交上下班的低收入工人不必支付拥堵费，而且能够从结果中受益。问题是，有多少人使用公交车？1995年，在低收入家庭中，驾乘私家车上下班的比例为84%，而在非低收入家庭中，这一比例为90%。只有5%的低收入通勤者使用公共交通，而其他通勤者只有2%。尽管低收入家庭没有私家车的比例为26%，而其他家庭只有4%，但这些结果是真实的。有人说通过道路收费筹集的资金可以用来改善低收入工人乘坐的公共交通设施，这也是存在疑问的。在乘坐公共交通工具上下班的成年人中，收入在2万美元以上的家庭所占比例很高——1983年这一比例为56.1%。除非高峰时段收费的资金可以直接用于补偿低收入司机，否则道路收费可能会产生负面效应。

6.1.4 管控主导型策略的优缺点

与市场主导型策略相比，应对交通拥堵的管控型策略有几个优点。管控型策略可以利用法规明确规定鼓励或不鼓励何种行为。例如，高速公路的车道可以在高峰时段专供高载客量车辆使用，高载客量车辆是指两人以上或三人以上乘坐的公交车或车辆。管控型策略对同类情况下的所有人都适用，而市场主导型策略则会允许类似的个人在不同的行动方案中进行选择。因此，与市场型策略相比，管控型策略的实施效果更可预测。而且，受管控型策略约束的行为模式更容易改变，以适应不断变化的环境。发布这些策略的机构可以同时对整个地区的法规进行修改，并期望公众迅速适应这些变化。

但与市场型策略相比，管控型策略也有一些缺点。管控型策略以完全相同的方式适用于所有人，它不允许个人根据自己的偏好选择不同的方式。例如，HOT 车道是在现有高速公路上新增车道，并在高峰时段收取足够高的通行费，从而减少交通量，保证车辆高速运行。其余的高速公路车道是免费的，所以在高峰时段往往会变得拥挤。这项安排为驾车人士提供了一个选择，他们可以在快速行驶和缓慢行驶之间进行选择，前者必须支付高额通行费，后者则不需要支付通行费。这样的选择让那些在特定的日子里赶时间的人可以通过付款快速行动，而那些不赶时间的人则可以通过缓慢行动来省钱。这使得有不同需求或偏好的个体能够更精密地调整自己的行为以适应当前的需求，而不是强迫所有人都做同样的事情。提供选择可以增加所有参与者的整体福利。

管控型策略的另一个缺点是，它需要更强有力、成本更高的执法活动。限速是一种普遍采用的交通规则，但它可能是美国最经常被违反的条例。要让更多的司机遵守限速规定，需要警察、法院和行政官员做出重大和持续的努力，至少要逮捕和惩罚一些不遵守限速规定的人。相比之下，收取通行费的成本很高，但它本质上是自我执行的，而且还提供了管理通行费所需的收入。

管控型方法通常会导致更严重的官僚主义，而不会像许多涉及收费的市场型策略那样自动产生支持官僚主义所需的收入。

6.2　交通的四个基本原则

在评估缓解拥堵的策略时，要认识到一个重要的问题，即交通会受四个基本原则的影响，而它们通常被忽视。

6.2.1　三重集聚（Triple Convergence）

大多数汽车司机都会寻找最快捷的路线，即比其他路线更短或更少被障碍物（如交通信号或十字路口）阻碍的路线。最直接的线路通常是那些限制通行的道路，如公路、高速公路或环城公路等，如果不拥堵的话，它们比城市内部的街道要快很多。大多数司机都认可这一点，所以他们出行时，往往会选择这些"最佳"的路线。

在工作日的交通高峰时段，许多司机聚集在这些最佳路线上，导致交通拥堵，尤其是在大都市地区。最终，这些"最佳"路线的交通运行速度变慢，与其他路线相比，毫无优势可言，有时可能比其他道路更慢，于是一些急于节省时间的司机会改变路线。很快，这两种路线上的出行时间在边际上又大致相等了。如果在替代道路上的行驶速度比在高速公路上慢，就会发生相反的情况。

关于这种平衡状态，我们可以观察到以下几点：① 由于大多数司机的出行惯性，这种情况往往会反复出现；② 在平衡状态下，那些限制通行的道路每小时的载客量要远大于城市内部的普通道路，因为它们的车道更多，路线更直接，障碍也更少；③ 有一些司机不喜欢将时间浪费在交通拥堵上，于是出行时刻意避开高峰时刻；④ 在这种高峰时段的平衡状态下，大多数高速公路的实际运行速度远低于其设计速度。

现在假设限制通行的路线有了巨大的改进，例如，它的 4 条车道被扩展到 8 条。一旦它的承载能力增加，使用它的司机比那些使用替代路线的司机开得快得多。但这种不平衡不会持续太久，因为消息很快就传开了，高速公路上的条件是优越的。

因此，在改进后的高速公路上出现了三种类型的集聚：① 许多以前在高峰时段使用替代路线的司机转向使用改进后的高速公路（空间集聚）；② 许多以前在高峰时段前后出行的司机开始在高峰时段出行（时间集聚）；③ 一些过去在高峰时段乘坐公共交通工具的通勤者现在转而开车，因为它变得更快了（方式集聚）。

这种三重集聚使得越来越多的司机在高峰时段使用改进后的高速公路。因此，它的交通量不断上升，直到车辆再次在高峰期缓慢地"爬行"。如果高峰时段的交通拥堵在高速公路改善前就已经存在，那么这种情况几乎不可避免。如果在高峰时段，这条直达路线的交通速度比"爬行"速度快，那么它的用户仍然会比城市街道的用户更快地到达目的地，因为城市街道不那么直接，而且更多地受到信号和交叉街道的阻碍。这两种道路的总行驶时间只有在限制通行的道路超载，车辆行驶速度比正常街道慢的情况下才会平衡。三重集聚在高峰时段就产生了这样的效果。

即便如此，提高高速公路每小时的通行能力依然能带来社会效益。每个高峰时段前往目的地的车辆总数将比以往更多。因此，更多的通勤者将能够在他们最喜的时间出行。如果每天出行的总人数没有增加，高峰交通拥堵的时间将会缩短，因为该系统每小时可以运载更多的车辆。交通将在高峰期前后变得更快。随着通勤者在高峰时段出行比例的增加，通勤者的福利将会得到改善，因为更多的人将在最方便的时间出行。由于越来越多的通勤者转向高速公路，替代路线和公共交通的高峰时段拥堵将会减少。如果总收入下降，这甚至可能导致公共交通系统减少其服务的频率。除了公共交通服务可能减少外，该地区整体的交通环境可能会更好。

三重集聚的影响是短期的，因为它们涉及的是那些每天在高峰时段或高峰时段前后不久出行的人。但是，提高主要道路的通行能力可能会产生长期的影响。例如，拓宽高速公路可能会鼓励其服务的主要目的地（通常是一个地区的中央商务区）进行更密集的房地产开发。每小时会有更多的通勤者到达目的地，但他们会遇到和以前一样严重的交通拥堵。因此，道路改善可能会刺激更多的房地产开发，而不是减少拥堵，或将减少拥堵和加强开发相结合。这种影响显然需要相当长的时间才能发生。另一个更重要的长期影响是，道路的改善可能会导致更多的居民和企业沿着道路两侧落户，以享受便利的道路服务。这些新来者也会使用扩建后的道路，从而增加总的交通量。这些增加的交通量将抵消原本用户寄希望于从道路改善中获得的一些好处。这种由道路改善带来的长期需求增长被称为诱导需求。但不管道路改善是否会诱发长期需求，但它肯定会导致短期内需求的增加。这种由聚集引发的短期需求增长也被称作诱导流量。

因此，由于三重集聚的原因，扩大道路的容量并不能完全消除高峰时段的交通拥堵，甚至在最拥挤的时段也不能降低交通拥堵的程度——尽管这些时段会更短。事实上，一旦一个规模不会变小的社区已经出现高峰时段的限制通行道路上的交通拥堵，那就几乎不可能通过提升来消除。从理论上讲，只有当这些道路的容量增加到足以让每一位通勤者在高峰时刻同时以每小时 35 英里或更快的速度开车时，拥堵才有可能被消除。在几乎所有的大都市地区，这是不可能的。因此，无论道路提升（在可行的限度内）多大，都不可能完全消除在高速公路上以令人沮丧的低速爬行的时期。

除了后面将要讨论的一个显著的例外，任何旨在提升高峰时段公路通行能力的措施都会立即引发三重集聚效应。这是一项重要的原则，它会极大地降低各种缓解高峰时段交通拥堵措施的实施效果。集聚会使高峰时段的交通拥堵快速恢复，当然拥堵的时间有可能会缩短。例如，一条新的轨道交通开通可能会吸引一些高峰时段的通勤者，这将初步减少高峰时段高速公路和普通街道的交通拥堵。一旦司机意识到高速公路现在允许车辆更快行驶，许多人就会从正常的街道和非高峰时段汇集到这些高速公路上。这反过来又会使这些高速公路在这段时间内迅速超载，迫使交通恢复缓慢。除非新的公共交通系统能吸引大量的通勤者离开汽车，否则高峰时段不会缩短很多。没有证据表明，华盛顿和旧金山湾区的新建轨道交通缓解了高速公路在高峰期的拥堵。当然，这些公共交通系统在高峰时段运送了很多乘客。通过让这些人离开道路，公共交通系统可能缩短了每个地区高速公路上最严重的拥堵时间。但那里每天仍然会出现严重的交通拥堵，与公共交通系统建成之前没有太大差别。然而，其他因素也在起作用，我稍后将对此进行讨论。

同样，如果许多人决定每周在家工作一天或多天来"远程办公"，那么这将在一开始减少道路高峰时段的交通。但是，在高峰时段，三重集聚很快就会部分地抵消道路拥堵状况的改善。尽管如此，对严重的交通拥堵采取的许多补救措施无疑是值得追求的。关键是，初期的改善不能被认为是对拥堵的永久性解决——至少在高峰时段是这样。此外，对所提出的补救办法究竟会产生什么影响的任何现实分析都必须考虑三重集聚的原则。

6.2.2 三重集聚的反面：三重疏散

三重集聚在实际过程中也会产生反作用。任何加剧高峰时段交通拥堵的因素都可能导致驾驶者从高峰时段的拥堵道路转移出来，或者避开高峰时段出行，或者选择其他路线，或者选择公共交通。这三种疏散具有非常重要的政策含义。

快速发展的大都市地区的居民尤其希望限制交通拥堵，因为他们希望阻止高速公路上的交通进一步蔓延到邻近的地方街道。对许多居民来说，这种溢出效应和高峰时段的通勤时间损失一样令人担忧。

人们普遍认为，高峰时段的高速公路拥堵将刺激公共交通的使用。这就是许多大城市已经扩大或正在考虑扩大其公共交通系统的规模，以缓解高速公路拥堵的原因。然而，那些建造了新的公共交通系统的社区并没有在高峰时段的交通拥堵问题上得到多少缓解。

三重疏散实际上是所有严重拥堵中所固有的一种无意识的需求管理形式。每当高峰时段的交通拥堵情况变得更糟时，在高峰时段使用道路的意愿就会下降，这促使一些司机转向其他路线、其他时间或其他方式。这减少了高峰时段对道路的需求，从而部分抵消了恶化的拥堵，直到达到新的平衡。因此，通过三重疏散，拥堵在一定程度上是可以自我校正的。这说明了拥堵作为供需平衡机制的基本性质。

6.2.3 避免三重集聚的补救措施：道路收费

除了迁移住宅或变更工作地点外，还有一个建议的补救措施是道路收费，它不会受到三重集聚的抵消影响。如果司机在高峰期使用高速公路时必须支付相对较高的通行费，那么这些道路的拥堵最初将会得到缓解。此外，收费还会使现在使用其他路线、其他时段和其他交通方式的通勤者在交通高峰期不愿集中在这些高速公路上。因此，这些收费公路上的高峰期拥堵将保持在较低的水平，尽管一些司机将被三重疏散分流，许多以前在高峰时段开车上班的通勤者将被诱导到其他时间，转向非收费线路和公共交通。

6.2.4 增长面临的双重压力

如前所述，交通拥堵最严重的地区是人口和车辆使用总量绝对快速增长的地区。事实上，人口的迅速增长往往会抵消为减少交通拥堵而采取的任何具体补救措施的有益影响。如果使用中的车辆数量以每年 2.5% 的速度增长，那么在第一年成功地将高峰时段的出行减少 5% 的补救措施，到第三年时可能就没有明显的效果了。每天增加的车辆将使交通状况恢复到采取补救措施之前的水平，即使补救措施仍然有效。当然，如果没有采取补救措施，在第三年情况会更糟，但仍然出现了增长。因此，这种补救措施不会完全无效。

然而，如果居民支持的所有减少交通拥堵的政策（比如修建昂贵的新道路等）都没能产生任何明显的改善效果，他们就会变得越来越沮丧。然而，这正是南加州等快速增长地区所发生的事情，因为快速增长淹没了大多数此类补救措施。在许多情况下，这是一个恶性循环的一部分：政府改善高速公路以应对交通拥堵，但这些改善又会刺激人们增加汽车的拥有量和使用量，并导致住宅和非住宅增长的地点和形式发生变化。从长远来看，这些行为都会加剧交通拥堵。这种交通拥堵的增加是由道路改善所引起的需求诱导造成的。但是一旦更多的人口到来，他们的存在可能会促使政府建造更多的道路——这种结果有时被称为诱导增长或诱导发展。

例如，州际高速公路系统和美国大都市地区的许多其他高速公路的建设是导致更多公民购买和使用汽车而不是乘坐公共交通工具上下班的主要因素。此外，这些道路的改善促使许多企业选择高速公路沿线高度分散的地点，而这样的工作场所很难通过公共交通和铁路到达。因此，越来越多的商人开始使用卡车运货，越来越多的工人开始使用私家车上下班。随着工人拥有汽车的现象越来越普遍，住房进一步延伸到人口密度较低的郊区，在那里使用公共交通更加不可行。

道路的改善当然不是车辆拥有量和使用量增加的唯一原因。汽车制造商的人规模广告宣传、美国联邦政府为单户住宅提供的抵押贷款保险、美国联邦政府对自有住房的税收优惠，以及实际收入的不断增长，也起到了重要作用。此外，将新高速公路沿线的所有人口和就业增长都归咎于新公路的建设是不准确的。任何大都市地区的增长都主要是长期扩大就业力量的结果，而不是修建新的高速公路。后者只是决定了增长发生的具体位置，而不是其总量。的确，对于增加工作岗位而言，拥有充足道路容量的大都市地区比没有道路容量的地区更具吸引力。但这只是控制该地区总体增长的一个因素。尽管如此，过去的道路扩建无疑加剧了目前困扰美国许多大都市地区的交通拥堵。

工作岗位增长的地区也会影响人们的出行方式。如果它位于高速公路沿线，而不是位于具备良好公共交通服务的老的、较近的社区，就会产生更多的交通量。

如果就业增长是由交通设施以外的因素造成的，那么快速增长所造成的交通拥堵是极难缓解的。南加州人口最近的快速增长是由良好的天气、靠近墨西哥和提供移民的环太平洋国家、大量低薪劳动力和许多受过高等教育的工人，以及当地市场的巨大规模等因素造成的。尽管日益严重的交通拥堵已经使当地的出行体验变得越来越令人沮丧，效率也越来越低，但这些因素的吸引力仍然很强。因此，这些拥堵的加剧并没有产生任何自我校正的过程。显然交通状况还没有糟糕到足以阻止其他因素促进城市增长的程度。

快速增长还会加剧与交通拥堵相关的溢出效应。自 1970 年以来，公共政策极大地减少了每辆汽车、工厂和其他固定污染源排放到大洛杉矶地区大气中的空气污染物量。结果，在过去的三十年里，尽管汽车数量有了很大的增长，但那里的空气污染总量还是下降了。但是这些收益可能会被2020年出现的大量人口和车辆增长所抵消。处理空气污染的有关部门已经感到，他们是在逆流而上。高峰期的交通拥堵也会受到影响。

6.2.5 增长与地方政策的不渗透性

前述分析表明，在一个快速增长的地区，防止生活质量恶化的一种方法就是减缓其增长速度。这就是"无增长"或"反增长"倡导者的做法。完全停止该地区的增长确实会减少上述一些问题，但这样的政策是非常不切实际的。

首先，如果条件有利于工作机会的增加，任何郊区社区都不可能希望阻止整个大都市地区的发展。一个特定的社区可以禁止在其边界内的所有住房和工作场所的扩张，但这并不会阻止附近的社区接受更多的工作和居民。几乎每个美国大都市地区至少都有一些社区鼓励进一步发展。即使没有人这样做，新来者也会继续到来，只要他们相信良好的经济机会是存在的，历史已经多次证明了这一点。这些移民将居住在大都市的郊区，住在没有任何反增长政策的地方，或者他们会在禁止进一步增长的社区内非法聚集。

这些观察表明，区域增长不受地方公共政策的影响。也就是说，没有一个郊区能够通过自己的政策对整个都市圈未来的增长率产生实质性的影响。因此，任何一个郊区试图在自己的边界内停止增长，结果都只是把潜在的增长连同它的问题转移到附近的社区。即便如此，问题也不会局限于产生这些问题的地方。它们将不可避免地蔓延到周围的社区，这一点从空气污染和车辆交通的问题中就可以清楚地看出来。

反增长策略尤其难以维持，因为增长会带来经济效益。随着收入的增加，购买力的增强，更多的钱花在当地的商店和企业。随着新商业的发展，地方税收收入增加，减轻了现有居民的房产税负担。此外，新增的工作岗位为许多现有居民提供了收入。尽管发展也有它的缺陷（更严重的交通拥堵和空气污染只是其中的两个），但完全禁止一个社区的进一步发展会对它的许多企业造成相当大的影响。

6.2.6　100个小切口

没有任何一项政策能够完全解决大都市地区的交通拥堵问题。事实上，大多数单独的政策甚至无法在这些问题上有所作为——尤其是在快速发展的地区。这意味着各种补救措施必须结合起来才能达到治愈的效果。那些努力这样做的人就像樵夫必须用一把小斧头砍倒大树一样，他不可能一挥斧头就把树砍倒，甚至砍不出一个大口子来。但他最终可以通过100个或更多的小切口将其砍掉。要想显著减少交通拥堵，或者至少减缓其未来的增长速度，唯一的希望是采取多方面的措施。

然而，由于三重集聚的影响，即便是挥动一万次斧头也不能完全消除高峰时段的拥堵。因此，不应指望拥堵补救措施能完全消除这个问题。相反，他们应该致力于缩短最严重拥堵的持续时间，减少通勤所需的平均时间，提高通勤的平均速度，减少通勤者的沮丧程度，并为通勤者提供更多关于如何及何时上下班的选择。快速增长的地区可能会发现不可能实现这些目标。即便如此，他们的情况也可能比采取拥堵补救措施之前要好。

7

减少偶发事件导致的交通拥堵

偶发事件（包括交通事故）是造成交通拥堵的主要原因。因此，减少事故数量和更好地控制事故的影响可以显著减少拥堵。

7.1 应对由偶发事件引起的交通拥堵

人们提出了许多应对交通拥堵的策略和手段。详细分析它们不在本书的讨论范围之内。但是，下面列出了一些重要手段，以说明各种可能的办法。

7.1.1 改善现有道路的物理设计

该策略通过以下方法来降低事故发生的概率：

·重新设计出入口匝道，并降低弯道的设计车速；

·增设隔离带，分隔相反方向的移动车流；

·使现有道路的弯道更加平缓；

·拓宽车道过窄的道路；

·在局部路段窄于其他路段的道路上，加宽车道以匹配其他路段的宽度，消除瓶颈；

·在主要道路的相交位置修建更多的苜蓿叶立交或其他互通立交；

·用四车道以上的道路取代现有的两车道道路，而且最好设置中央分隔带来分隔对向交通流。根据美国国家公路交通安全管理局的数据，两车道公路上发生交通事故的死亡率是四车道公路的两倍多；

·尽可能为所有道路铺筑足够宽的路肩带（应急车道），以便发生故障的车辆能够尽快驶离行车道。

7.1.2 更好地协调交通流

通过控制匝道、交通干道或街道上的信号系统，采用以下策略可以更好地协调交通流：

·主要高速公路在高峰时段实施匝道流量控制；

- 在交通干道安装信号灯协调控制系统，使交通更顺畅。例如，在达拉斯县，6个地方政府在一条交通走廊上运行224个未经协调的交通信号灯。经谈判后，他们同意对整个交通走廊的信号灯进行统一控制。下面是评估人员对信号灯协调效果的评价：

> 该道路的行程时间减少了6%，车辆延误时间减少了34%，停车时间减少了43%。燃料消耗和排放估计减少约5%，估计每年效益为2600万美元，费用为400万美元。这个项目真正的好处之一是它表明了达拉斯县可以进行多司法管辖区协作的尝试，而该县可以和六个目标、重点不同的城市协同工作。因此，下一次债券选举将该项目扩展到该县的其他地区，并为事故响应中心建立了400万美元的种子基金。

- 当次要街道与主要道路相交时，只有车辆在次要街道上等候时，其信号灯才会被激活，这种做法能尽量减少对主要道路交通流的影响；
- 在主要收费公路加装"智能卡"系统，提升持"智能卡"的车辆通过收费站的速度；
- 通过车道信号灯实现对可变车道的控制，以应对交通流在工作日的潮汐特征。

7.1.3 提供实时的交通拥堵信息

- 通过可变电子信息指示牌，提醒司机前方拥堵，以便其提前转换到其他线路；
- 通过电台播报实时交通情况，方便司机在出行途中收听；
- 通过互联网提供当前路况和天气信息，以便司机在通勤或其他行程出发前查阅；
- 通过更加显眼的标志或信号灯来提醒司机进入办公聚集区，应降低车速，据调查该地区交通事故率很高。

7.1.4 开展反对酒后或吸毒后驾车行为的教育活动

- 在高中校园开展宣讲教育活动，向学生展示酒驾导致的严重交通事故；
- 制定严格的法律条文，对酒后驾车的司机处以高额罚款，并吊销执照；
- 在法律允许的范围内，在交通事故多发地带随机对司机进行酒驾检测；

- 在主要媒体上公开酒驾人员名单。

7.1.5 更严格地执行现有的交通法规

交通法规可能是美国社会中最常被违反的条例，但它们可以通过以下策略来实施。

- 将限速控制在合理的水平，而不是低到大多数司机肯定会忽略它们的程度。
- 在主要路口安装摄像头，识别闯红灯的司机，并通过邮件对不交罚款和吊销驾照的司机进行重罚。这一策略已在澳大利亚成功实施，并开始在美国城市中执行。美国联邦公路管理局表示，闯红灯每年造成 8 万多起交通事故，造成 8 万多人受伤，近 1000 人死亡。
- 在繁忙的街道上安装限速报告标志，显示过往车辆的速度。经验表明，这样的标志可能会暂时降低司机的开车速度，尤其是在学校区域。
- 在住宅区街道采取"交通稳静化"设计，以降低司机的开车速度。这些包括减速带、在居民区街道上形成死胡同的障碍物、交通环岛和狭窄的车道。
- 更有效地执行限速令，在经常发生交通意外的地区，增加使用巡逻车。但是，这种高强度的强制措施难以维持。正如交通研究委员会在其 1998 年的详尽研究中所说，传统执法的问题在于，它们在阻止违规者方面的效果是短暂的。延长执法效果通常需要一定的执法力度，这超出了为警察提供的限速执法和其他优先事项的资源。政策制定者可以增加用于限速执法的资源，但提供足够高的执法水平是昂贵的。

7.1.6 建立交通管理中心

这些中心将收集和传播有关当前交通状况的信息，并向交通事故现场协调派出修理、救援和转移车辆。

7.2 建立和运作交通管理中心（TMC）

在过去的十年里，数十个州和地方政府都建立了正式的交通管理中心，以帮助减少交通拥堵对安全、环境和交通便利的负面影响。一个很好的例子是由马里兰州协调公路行动反应小组（CHART）运作的交通管理中心，这是马里兰州交通局和马里兰州警察局共同努力的结果。该中心的总部位于巴尔的摩华盛顿国际机场南部的一座特别设计的大楼里，这是一个宽敞的空间，墙上装有 5 个巨大的电视屏幕和 12 个较小的屏幕。8 个主要的和更多的小型计算机控制台在这些屏幕前排成半圆形。该小组在其管辖范围内的主要公路上的关键节点安装了大约 50 个闭路电子监控摄像头，并可以旋转角度和放大。来自这些摄像机的实时图像可以传送到计算机控制台，并根据需要投射到墙上的屏幕上。该中心还每五分钟从其埋在主要高速公路路面下的电子线圈中接收一次车速数据。因此，该中心的操作人员可以实时查看其管理道路的路况。此外，他们还和与交通流有关的所有其他州和地方机构保持直接的无线电和电话联系。该中心还控制着 8 辆在高峰时段在这些高速公路上巡逻的救援车辆，其中 4 辆在华盛顿地区，4 辆在巴尔的摩地区。他们帮助遇到麻烦的司机，并帮助清除任何交通事故或其他事故造成的车道堵塞。

这个中心一天 24 小时开放。2003 年 12 月担任运营经理的阿尔文·马奎斯从中心成立初就参与其中，他显然非常熟悉并强烈支持该中心的活动。CHART 团队成立于 20 世纪 80 年代中期，1990 年在巴尔的摩开设了分部，并于 1994 年搬入现在的现代化办公区域。它的"战备室"在严重暴风雪、大型体育赛事和其他不寻常的情况等紧急事件期间，人员配备最为密集。在华盛顿和巴尔的摩环城公路附近的警察总部有两个偏远的交通管理中心，在华盛顿和巴尔的摩的两个主要足球场也有规模较小的管理中心。在 2001 年夏天，CHART 有大约 50 人被分配到该中心，并处在马里兰州公路局的管辖之下。

交通管理中心的主要目标是，主要通过尽快处理阻塞道路的事故来保持主要道路上的交通畅通，并促进这些道路上的安全。要有效地实现这些目标需要至少完成五个方面的工作。

交通管理中心的第一项任务是通过协调州、地方及私营机构之间的合作，维持道路交通的高效运行。CHART 主要与四种类型的机构进行合作：州警察部门（和一些地方警察部门）、地方消防部门、许多公共和私人医疗机构，以及州环境部门。与环境部门的协作主要是与清理有害物质泄漏有关。CHART 与这些合作机构建立初步联系，制定在事故和其他事件现场由哪些机构承担哪些责任的协议，并根据实际情况调整它们之间的协议，这些都是运作一个高效的 TMC 的重要因素。与地方警察部门相比，马里兰州的 CHART 与州警察部门的关系更密切，因为它的管辖范围主要是州际公路，而州际公路处在州警察的运行控制下。

在很长一段时间内保持与所有有关机构的有效协调特别困难，原因有三。第一，每个相关的机构都从不同的年度预算中获得资源，并且必须继续从每年的预算中拨出足够的资金用于事故管理，以保持有效参与，尽管对这些有限的资源有许多竞争需求。第二，所有机构都经历了人员的不断变化。这经常导致最有效的支持者和最有经验的事故管理实践者的频繁流失。人事变动也产生了一种经常性的需要，即使新来的人相信事件管理是他们机构的一项重要职能。第三，技术上的不断变化，如越来越多的人使用手机来报告偶发事件，加上反应程序的创新，使得有必要不断地改进和修订各机构之间关于谁应该在什么时候对谁做什么事的基本协议。然而，由于官僚们——无论是公共机构还是私人机构——都有"保护自己地盘"的内在倾向，这样的谈判总是很微妙。因此，对高速公路、事故和应急管理进行详尽分析的作者指出，事故管理面临最大的挑战是机构整合，即将事故管理纳入主流的运输规划和程序编制过程，并将事故受理程序跨司法管辖区进行整合。

交通管理中心的第二项任务是安装和维护电子监控设备，这些设备可以提供其管辖范围内的道路状况的连续图像。如前所述，这些电子设备包括公路上的远程控制摄像头、埋在道路下的探测线圈、用于驾驶员报告异常交通状况的电话热线，以及移动巡逻车和其他相关机构的无线电通信设备。在某些情况下，交通管理中心会从飞机或直升机接收信息，这些飞机或直升机被当地电台用来向驾车者广播交通报告。许多交通管理中心都有互联网网站，市民可以在网站上浏阅从远程电子监控摄像头传输到交通管理中心的实时交通动态图像。TMC 能够以非常及时的方式从这些来源获得准确的数据，这使得 TMC 能够更快地安排各种人力物力来清除交通流障碍。

美国不同地区的交通管理中心之间质的区别在于，它们的上级部门（通常是州公路局）愿意在这些方面投入的资源数量。

1999年对交通管理中心各方面的详尽调查得出的结论是："交通管理中心最难应对的经常性挑战与运营和维护人员有关。"

交通管理中心的第三项任务，是派遣适当的反应小组前往发生重大事故或其他阻碍交通的事故现场。这就需要决定需要通知哪些机构，通知的顺序是什么，如果可能的话，与机构进行沟通并跟进，以确保其能够及时、恰当地履行职责。通常情况下，TMC本身只直接控制应对重大事故所需车辆的一小部分，通常只控制其负责的巡游式修理和移除车辆。所有其他需要的车辆都由其他机构控制，除了对这些事故作出反应外，还有许多其他责任。在许多事故现场，救援和修理车辆阻塞交通车道的时间比事故车辆本身要长得多，而且堵得更彻底，有时堵的时间也比绝对需要的时间长得多。虽然在某些情况下这可能是不可避免的，但是TMC的职能之一是尽量减少这种结果。

交通管理中心的第四项任务，是在偶发事件可能导致长时间交通延误的情况下，将交通流引导至其他路线。这就需要决定事故是否会造成不可接受的延误，预先计划好绕行路线，以便在这种情况下使用，包括使用适当的路标来引导要改道的司机，并协调改道计划的执行。过去的经验可以作为决定应预先规划什么分流路线，以及需要什么标志和其他指示装置使其有效的依据。

交通管理中心的第五项任务是收集关于TMC遇到和应对的事件的频率和性质的信息，并评估包括TMC本身在内的所有有关机构应对措施的有效性。这是最常被TMC忽视的主要责任，原因有三。第一，它的实施转移了TMC有限的可用资源，使其无法直接应对当前的交通问题。在几乎所有的人类活动中，"扑灭今天的火灾"通常比"衡量昨天的火灾处理得如何"优先获得资源。第二，与成本或其他标准相比，人类有一种天生的厌恶情绪，不愿评估自己的努力有多有效。第三，这样的评估并不容易，而且它们需要的技术能力不同于那些成功实施的交通管理活动。因此，许多交通管理中心在技术方面不具备进行可靠评价的资格。这就是为什么这样的评估通常会委托给附近的大学或咨询公司去做。

交通管理中心的最后一项任务仍在发展中：将整个都市地区内交通管理的所有

方面集成到一套先进的交通管理系统中。在美国的大多数地区，这更多的是一个理想的未来概念，而不是可操作的现实。从理论上讲，它包括所有本地交通信号系统集成和计算机协调、所有高速公路匝道流量控制系统、所有交通管理中心及其复杂的传感器和通信系统、所有可编程的电子道路标志和向驾车者广播当前状况的无线电广播、所有可能阻碍交通的道路维修计划，以及任何其他可用于影响和协调交通流的设备或程序的综合和计算机化协调。显然，这一目标需要系统具有一定程度的复杂性，以及在组织、设计、体制合作、运作和维护方面的大量资金投入，而这在许多地区（如果有的话）都没有实现。然而，这是许多交通管理专家宣称的目标。

7.3 交通管理中心是否物有所值？

对 TMC 成本和收益的大多数评估都得出了这样的结论：它们的收益远远大于成本。这些研究确定了几个主要的好处。

·缩短了维修和救援车辆到交通阻塞事故现场的反应时间。反应速度比没有 TMC 之前要快很多。这一结果减少了许多车辆"堵在路上"的总时间，因此也减少了燃料消耗和空气污染。例如，1995 年对加利福尼亚州海沃德市高速公路服务巡警（FSP）的评估显示，FSP 协助处理偶发事故的数量增加了，在 FSP 的协助下，车辆故障的平均响应时间缩短了 57%；对于所有偶发事件，响应时间减少了 35%。然而，交通事故和故障清除时间与之前大致相同。反应速度更快的主要原因是救援车辆已经在相关道路上巡逻。

·减少了事故发生率。交通管理中心提供服务的道路上的事故率低于未提供类似服务的道路。据推测，较低的事故率是由于比以前更快地清除了阻塞车道的障碍物，因为这些障碍物常常会导致"二次撞车"。

·提高了高峰时段高速公路的运行速度和通行能力。交通流更快，因为车道被事故阻塞的时间比交通管理中心存在之前更短。

在许多州和城市，包括马里兰州、明尼苏达州、洛杉矶、休斯敦、亚特兰大、底特律、长岛、波士顿、北加州、奥兰多、芝加哥、西雅图、凤凰城、圣安东尼奥和密尔沃基等地，都对交通管理中心进行了评估。在我所能追踪到的所有案例中，评估人员都得出结论：这些交通管理中心产生的总效益远远超过它们的成本。例如，洛杉矶自动交通监视和控制系统（ATSAC）被用来管理地面交通。1993年对其评估的结果显示，在受控街道上行驶的时间减少了18%，停车时间减少了41%，废气排放减少了35%。该研究估计，该系统的总体效益成本比为23∶1。正是因为有了这样的成功，才有那么多其他地区开始创建自己的TMC。

8

提高道路通行能力

对交通拥堵最直观、最明显的应对措施是，提升该地区交通系统（尤其是道路和街道）在高峰时段的承载能力。这种供给侧策略可以通过许多方式来实施。然而，它们的长期效果有时与预期相差甚远，因此，在采用它们之前应该仔细分析。

8.1　建造更多的道路

在缓解交通拥堵的各种供给侧策略中，在那些经历过或正在经历人口快速增长的地区，修建更多道路或拓宽现有道路似乎特别合适。当一个社区的居民、工人和车辆的数量增加时，它就更容易受到交通拥堵的影响。例如，从1980年到2000年，如果一个社区的人口增长了10%，那么该社区汽车行驶的总里程通常会增长61.6%，因此，至少在交通高峰时段，交通拥堵可能也会加剧。

正如前面所指出的，美国在过去20年里的道路建设速度一直落后于大多数车辆和出行者出行增长速度。从1980年到2001年，车道总里程只增长了4.2%。郊区车道里程在2001年占所有车道里程的76.2%，实际上同期下降了3.7%，而城市车道里程增加了41.0%。但是美国的常住人口增长了25.3%，机动车登记数量增长了45.7%，车辆行驶里程增长了82.1%。因此，即使在大多数新道路建设已经发生的都市地区，每英里道路使用的强度也在显著增加。

正如前面所提到的，不管人口增长发生在都市地区的什么地方，人口的快速增长都会大大增加整个大都市地区的交通负荷，因此，那些试图减少高峰时段交通出行量的需求侧策略很可能会被都市地区进一步的增长所淹没。这就是为什么许多人认为提高交通系统的承载能力是对交通量增加的必要反应。

不幸的是，一旦某一地区道路网络的关键部分在高峰时段出现严重拥堵，那么从长远来看，修建新道路或扩建现有道路并不能有效缓解拥堵。一旦通勤者意识到特定道路的通行能力已经提高，他们就会迅速改变出行路线、时间和方式，在高峰时段转移到这些道路上，从而填补提高的通行能力。

正如第6章所解释的那样，由此产生的三重集聚将很快使高峰期的拥堵恢复到其最高水平。的确，由于道路容量更大，交通拥堵的高峰期可能会更短，更多的司机可以在这段时间使用道路——这段时间是他们出行最方便的时间。此外，由于更多的车辆可以在高峰时段和非高峰时段使用扩建后的道路，该地区的整体流动性有所增加。因此，扩大现有的道路容量确实会带来显著的好处，即使它不会终结或大大减少高峰时段的拥堵。

然而，如果整个大都市地区快速发展，因发展所增加的交通量很快就会超过新建道路新增加的容量，而高峰期的交通拥堵时长又会回到原来的水平。此外，增加的道路承载能力可能导致更多的人和公司搬到该地区，或者可能导致更多已经生活在那里的居民购买和使用汽车。

在采取修建更多道路作为一种策略时，必须在规划和管理方面作出相当大的努力。因此，规划、建造或扩建一条主要道路需要许多年的时间。大都市地区的交通往往在整个区域的路网系统中进行流转，涉及地区、城市之间的穿越，因此，有关道路建设计划和融资等内容在区域间的协调就显得尤为重要。事实上，大多数州政府都在其公路局设有区域公路建设机构。然而，在1991年，美国国会扩大了它在1962年《高速公路法》中设立的大都市规划组织的权力。大都市规划组织负责规划各大都市地区地面公共交通设施的建设。

8.2 扩大道路容量是否会引发"诱导需求"？

许多环保主义者和其他反对修建更多道路的人声称，修建更多道路是一种自取灭亡的策略，因为这样做会引发"诱导需求"，抵消了道路容量增加所带来的好处。诱导需求指的是由于道路本身的扩展而增加的使用欲望。一些观察人士甚至声称，诱导需求可能超过道路增加的容量，导致提升后的拥堵比以前更严重。真的有诱导需求这种东西吗？它能超出诱导需求的能力吗？

正如刚刚所提到的，提升一条最初被高峰时段拥堵所困扰的道路的通行能力，确实会导致更多的车辆驾驶员转向这条道路，因为这条道路现在有了更高的通行能力。扩大的容量被司机视为提高的移动速度，这会吸引他们转向这条道路。这是根据第6章已经描述过的三重集聚原理得出的。在短期内，这条道路的额外需求与其说是通过扩大其容量来创造的，不如说是从其他路线、时间和方式转移到扩大容量的道路上。这一结论源于对"短期"的定义，即家庭的居住地点和经济活动的空间分布以及就业空间分布三者保持固定的时期……因此，短期内减少出行需求的机会可能仅限于将个人出行连接成链条、改变通常的出行路线，或改变出行方式。

另一个减少的机会是改变一天的出行时间。这种改变导致的道路使用量增加，涉及本应发生在该地区的出行——但是发生在其他时间、其他路线或其他模式上。运力提升最初重新分配了这种预先存在的出行流动，而不是增加其总数。这实际上引发的不是长期需求的增长，而是短期交通的增长。

在短期内，这种改道的交通增长不会导致提升后道路的拥堵比提升前更严重。对在此之前已经上路的司机来说，只要这条路上的交通速度比他们原来的地方快，他们就会从其他路线、时间和方式转移到扩展的道路上。当车辆在扩展的道路上行驶的时间不等于替代方案上的时间时，从那些替代方案转移的集聚效应将停止。但在那个平衡点上，由于那些替代方案将会造成交通流失，因此它们的行驶时间将会比公路扩建前更短。因此，提升后的道路拥堵情况肯定不会比提升前更严重，甚至可能会变得不那么严重。然而，这种降低的程度最可能表现为峰值拥堵持续时间的缩短。

从长期来看，道路扩建会使交通拥堵比最初更严重。长期包含了足够长的时间，以致员工和工作都可以改变地点，家庭可以购买或出售汽车，公司可以迁入或迁出一个地区等。因此，出行需求和行为在长期内比短期内变化更大。任何道路的扩建都会增加该地区道路网络的总容量。这里有两个长期的影响，可能会产生对扩建道路的诱导需求。首先，运力提升增加了该地区现有居民的潜在流动性，因此，这可能会驱使他们中的一些人比扩建之前出行更多。更重要的是，更多的人和公司可能会被吸引到这个地区，或者更靠近扩建的道路，因为道路的容量更大。随着时间的推移，这将增加这条路的总使用量。因此，可以想象，从长期来看，诱导需求可能会为扩建后的道路增加足够的交通量，从而使其高峰时段拥堵程度高于扩展前的水平。

然而，这种程度的增加很可能会导致更长时间的严重拥堵，而不是在最糟糕的时期达到更高的程度。这是真的，因为在扩建发生之前最糟糕的拥堵水平很可能是可能发生的最高程度，也就是说，车辆几乎不动。这种扩建不会让最糟糕的时刻来得更慢，尽管它每天都会制造出更多这样的时刻。

不幸的是，很难事先，甚至事后确定，从长期来看，扩建道路所带来的好处会在多大程度上被增加的需求所抵消。问题是，虽然更好的道路可以促进更多的增长，但更多的增长也会促使政府修建更多更好的道路。所以因果关系是双向的。正如 Don Pickerell 所说，将提高出行速度和降低整体价格对交通系统使用的长期影响，与影响出行需求的人口和宏观经济因素的外生变化区分开来是极其困难的。事实上，衡量整体价格变化（可以导致更高的出行速度）导致的需求反应，更加重了这种困难；这种价格变化主要是由提升路网通行能力的投资所导致的；往往是人口和宏观经济增长最快的地方，最有可能混淆对价格反应的衡量。

此外，任何地区的人口增长除了受到该地区道路容量的影响外，还受到许多其他因素的影响。由于规划和建造一条主要道路或扩建道路需要数年时间，而这一提升需要更长的时间来影响区域增长，因此在规划道路和感受到其最终影响之间的这段时间内，许多不可预测的力量会影响该区域的增长。

最近的一些研究试图通过比较长时间内的人口增长、道路容量和车辆行驶里程来解释这种双向因果关系。Robert Cervero 和 Mark Hansen 从 1976 年到 1997 年研究了加利福尼亚州的 34 个市辖县。他们得出结论，在其他条件相同的情况下，车道里程容量每增加 10%，车辆行驶里程就会增加 5.6%。相反，在其他条件相同的情况下，车辆行驶里程增加 10%，车道里程容量也相应增加 3.3%。在一项后续研究中，Cervero 发现，在高速公路扩建后的 6 到 8 年时间里，大约 20% 的新增容量被"保留"了（也就是说，没有被诱导需求或其他增长所抵消），大约 80% 的容量被吸收或耗尽。耗尽的那部分，其中一半是由于外部因素，如人口增长和收入增加；另一半是由于诱导需求效应，主要是更高的速度，但也包括更为密集的建筑活动。

Cervero 还发现，道路扩建不会影响交通量，除非它们至少能在短期内提高交通速度。他们发现，车道容量每增加 100%，相关道路上的交通量就会增加 40%，这是由于行驶速度提高和沿路建筑增多，即诱导需求。对于经常被重复的"我们无法通过建设来摆脱拥堵"这一说法，上述分析意味着什么？如果这句话的意思是"一旦交通拥堵出现，提升道路通行能力并不能完全消除高峰时段的拥堵"，那么这句话就是正确的。如果这句话的意思是"当一个不断增长的地区提升道路通行能力时，至少从长期来看，一些好处可能会被诱导的需求抵消"，这句话也是正确的。但如果这句话的意思是"提高道路通行能力不可能降低整个路网中现有高峰拥堵的程度"，那么它就是错的。或者，如果它被理解为"增加道路容量永远不会改善交通状况，因为所有的好处总是会被诱导的需求抵消"，那么它也是错误的。事实上，重要的是，要认识到，诱导需求不仅仅是一种社会成本，因为它抵消了一些新增容量；它还为那些对新增容量作出反应的人提供了好处，因为它提升了他们的出行体验。即使在交通高峰期，扩建后的道路上的交通速度没有比以前更快，但在这段时间里，更多的人能够在最喜欢的时段使用那条路和其他的路（他们的收益是否抵得上扩建道路的成本，这是本书无法分析的另一个问题）。

总之，提高道路通行能力几乎总会对最初存在的拥堵有一些有益的影响。然而，从长期来看，这些好处通常也会在一定程度上被诱发的需求反应抵消。可以想象，在不寻常的情况下，特别是在迅速增长的地区，这些好处可以被完全抵消或吸收。然而，正如 Don Pickerell 总结的那样，交通系统（包括道路和公共交通）提升的潜力，将带来更多的出行需求，但这并不是放弃投资于提高运力的实体设施或新技术……具体的投资建议是否如此，只能通过仔细的分析来确定。这不是一个可以或应该通过对运输能力扩张的笼统指责来解决的问题，这种指责根植于一些模糊的看法，即出行是令人反感的，无论这种看法有多么根深蒂固。

8.3 高速公路的匝道流量控制

目前广泛使用的提升现有高速公路交通处理能力的方法是匝道流量控制，它利用匝道上的信号灯来控制车辆进入高速公路的速度。如果不采取控制手段，车辆会从特定匝道密集驶入高速公路，从而导致主路现有交通流速度减慢。为了避免这样的情况，匝道上的信号灯可以实现让新驶入车辆以 5～20 秒的间隔排队驶入主路。

匝道流量控制还可以控制某一时间段内高速公路上行驶的车辆总数，从而确保交通车辆以最高速度移动。正如附录 A 所述，在任何一小时内，许多车辆净驶入公路（进入某一英里公路的车辆比离开该英里公路的车辆多）都会导致车辆的平均时距和车距减少，迫使司机为了安全而减速。但这样的减速会导致每小时的交通量减少，因此只要这种拥堵持续，每小时的道路承载能力就会降低。为了防止这种情况的发生，匝道流量控制可以通过延长车辆进入主路的间隔时间，来限制在任意一小时内使用主路的车辆总数。

然而，如果大量的人想要在高峰期进入高速公路，这样的流量控制可能会导致在每个入口匝道排长队。从本质上讲，匝道流量控制不过是将主路上的拥堵转移到匝道上。在某些情况下，高速公路入口坡道上的延误会长达20分钟。

如果道路的入口坡道很长（就像在明尼阿波利斯和圣保罗高速公路上一样），这种拥堵导致的排队往往只局限于坡道本身。但是，如果这些坡道很短（就像达拉斯和休斯敦的高速公路一样），这样的排队可能会把拥堵的交通挤到主干道附近的道路上。匝道流量控制的支持者称，在主要道路以外导致的高峰时段拥堵对社会的影响远小于将该道路的交通速度降至最佳速度和移动水平以下。然而，这一说法在所有条件下都不容易证明是正确的。

匝道流量控制对司机在高峰期使用收费高速公路的意愿有两个相反的影响。一方面，采用匝道流量控制的高速公路车速更快，这会鼓励更多的人尝试在高峰时段进入高速公路。另一方面，由于流量控制会导致匝道拥堵，这会使一部分司机选择其他路线或时段出行。从这个意义上说，匝道流量控制是一种增加高峰时段差异的需求管理形式。在任何特定的情况下，很难预先知道这些迥异的效果中哪一个会起主导作用。然而，大多数使用匝道流量控制的地区认为，这对其道路系统的效率有积极的影响。

2000年，剑桥系统科学公司对双子城匝道流量系统进行了一次科学的评估。明尼苏达州交通局在一个半月的时间里关闭了双子城高速公路上的匝道流量控制系统，然后比较了四种主要的高速公路通道中有无匝道流量控制的交通状况。

在没有匝道控制的情况下：

· 高速公路的流量下降了9%，高峰时段车辆行驶里程下降了14%。

· 高速公路行驶时间延长了22%，据明尼苏达州的官员说，这样一来，损失的时间大大抵消了匝道流量控制时减少的延误时间。

· 高速公路的速度下降了14%。

·连环交通事故增加了26%。

·汽车排放量净增长相当大。

·由于减少了在匝道处的等待时间，燃料消耗量减少了550万加仑。

明尼苏达州交通局据此得出结论，匝道流量控制有很高的成本效益比，因此它恢复了匝道流量控制在整个高速公路系统中的使用。

这项研究还包括收集其他区域匝道流量控制的影响数据。该研究发现，安装了匝道流量控制系统的地区，人们能够节省22%的出行时间，高速公路的交通量和吞吐量平均也增加了18%。在长岛、凤凰城和波特兰等这种设置了50多个匝道流量控制系统的地区，其平均吞吐量增长了38%。所有地区的数据都表明匝道流量控制系统能够带来巨大的效益。

匝道流量控制最常用于高速公路路段，这些路段在高峰时段的速度低于每小时30英里，每车道的交通量为每小时1200至1500辆，事故率相对较高，并且存在严重的并道问题。在这种情况普遍存在的地区，除非坡道需要加长以容纳更长的队伍，否则匝道流量控制应该被认真考虑作为一种提高现有高速公路高峰时刻通行能力的手段，而不必修建更多的道路。

8.4 使用HOV车道

高峰时段交通拥堵的一个最大原因是通勤者希望独自驾乘私家车。如果这些"独行侠"中的很大一部分人参与拼车，高峰时段的交通量就可能会大幅减少。的确，三重集聚的原则仍然有效，因此在高峰时段可能会出现一些严重的拥堵。但这些严重拥堵的时间将比现在普遍的拥堵时间短得多。

鼓励拼车的一个方法是为乘坐高载客量车辆的人留出专用车道。"高载客量"在华盛顿特区指的是3人或3人以上乘坐，但在南加州的许多地区和使用HOV车道的大多数地方，是指2人或2人以上乘坐。如果HOV出行者的移动速度明显快于独自开车的司机，人们将被鼓励转向HOV出行。

许多地区已经为小汽车和公交车建立了HOV车道。1999年，约瑟夫·绍弗(Joseph

L. Schofer）和爱德华·切斯皮埃尔（Edward J. Czepiel）进行的一项研究发现，北美现有的 HOV 设施约有 150 个，服务里程超过 1200 英里。后来又计划建造更多的 HOV，现在已经投入使用。但在大多数地区，在高峰时段行驶的车辆中，HOV 只占一小部分，因此这些车道通常不像其他车道那么拥挤，HOV 出行者可以移动得更快，花在通勤上的时间也更少。

从 1998 年到 2000 年，西雅图地区在 5 号、405 号和 90 号州际公路，以及 520 号和 167 号州级公路的 HOV 车道上取得了显著的成功，在这些车道上使用共享乘车方式（包括拼车和公共交通）的人数比例显著上升。平均而言，高峰时段 HOV 车道上的人流量在两年内增长了约 17%，车流量增长了约 16%。到 2000 年，在这些车道的所有高峰时段出行者中，似乎有三分之一的人使用 HOV 或使用 HOV 车道的公共交通工具。在研究的 10 个州际路段中，使用这些出行方式的所有高峰时段出行者的比例在上午高峰时段的 6 个路段超过了 30%，在下午高峰时段的 9 个路段超过了 30%。区域 HOV 政策咨询委员会制定了一个目标，即在 90% 的时间里，所有 HOV 车道的车行速度都要达到每小时 45 英里或更高。这一目标并没有在所有路段得到实现。其中一个原因是，当通用车道出现严重拥堵时，HOV 司机往往会减速，尽管相对于前者，后者仍保持着显著的速度优势。即便如此，在分析的 10 个路段中，有 9 个路段的 HOV 车道相对于通用车道保持了较明显的速度快和行驶时间短的优势。简而言之，这种策略在西雅图很有效。

华盛顿特区大都市地区也因其在主要州际公路上广泛的 HOV 车道网络而取得了良好的成果。HOV 性能评估包括以下结论。"所有这些 HOV 设施目前都在以高服务水平运行着，可以节省大量时间。以每英里计算，每英里节省的时间从 0.5 分钟到 1.4 分钟不等。对于充分利用这些设施的出行者来说，在 270 号州际公路上节省 5 到 12 分钟，在 66 号州际公路上节省 17 到 28 分钟，在 95/395 号州际公路上节省 34 到 39 分钟……一般而言，HOV 车道每小时的通行人数显著高于非 HOV 车道。HOV 车道的通行能力为每车道每小时 2200 至 4700 人，而非 HOV 车道的通行能力为每车道每小时 1400 至 2000 人。"

HOV 专用车道的一个目的是减少独自驾乘固有的节省时间的优势，这是因为搭载和卸载多名乘客会增加出行时间。那些高度重视时间的人很可能会为了节省时间而独自开车，尽管他们每天可能要支付 1.80 美元的通行费和 5.00 美元的停车费，这比花费 2 美元但单程要多花 20 分钟乘坐公交车更有意义。通勤者要多花 4.80 美元来节省 40 分钟的时间，这相当于每个人每小时的时间价值为 7.20 美元（这还没有考虑独自开车的更大舒适度和隐私性）。对于那些不那么重视时间的通勤者来说，乘坐公交车在经济上更划算。如果把独自开车节省的时间减少到 15 分钟，其隐含价值将上升到每小时 19.20 美元。毫无疑问，很少有人会这么重视他们的时间。因此，一个人开车的时间优势越小，就有越多的通勤者愿意选择拼车或公交车。

此外，当大量的通勤者在一个地区独自开车产生高峰时段拥堵时，就有机会为共享车辆和使用 HOV 车道的人创造驾驶时间优势，如上所述。只有在通用车道在高峰时段非常拥挤时，才有必要考虑建立或增加 HOV 车道。如果通用车道畅通无阻，那么 HOV 车道就不存在节省时间的优势。

8.5　HOV 车道应该通过提升整体道路通行能力来创建

从 HOV 车道获得的经验表明，将现有车道从普通车道改为专用车道不一定能缓解拥堵，相反，这会降低道路在高峰时段的通行能力，因为 HOV 车道每小时的汽车载客量通常比正常车道更少。因此，普通车道上的拥堵加剧会导致独自开车的机动车司机通过作弊的方式在 HOV 车道上开车。而且，这还会激怒成千上万的独自开车的司机，他们发现通勤情况比以前更糟糕。当这一策略首次在洛杉矶地区繁忙的圣莫尼卡高速公路上试行时，司机们的消极反应非常强烈，不到一个月 HOV 车道就被取消了。

创建 HOV 车道的最佳方法是在现有道路上增加新的车道，即利用以前的路肩部分，或者拓宽路面。新的可以高速行驶的 HOV 车道不会使其他车道减速，而是将车辆从常规车道上引开，从而提升普通车道的运行速度。

因此，新建或扩建 HOV 车道的最有效方法是增加一个地区整体的道路通行能力。这一事实激发了那些认为需要更高道路通行能力的人对这一政策的支持。但它也可能引起那些认为提升道路通行能力不可取的人的反对，因为提高通行能力会产生更多的交通、更多的空气污染和更高的基础设施成本。因此，环保主义者和那些对地区的额外增长感到不安的人常常反对通过提高道路通行能力来创建或扩建 HOV 车道。

经验表明，承载较轻交通负荷的 HOV 车道会产生一种空车道综合征，即邻近拥挤的普通交通车道上的司机会觉得 HOV 车道没有得到充分利用，从而导致普通车道上的拥堵加剧。

当 HOV 车道上的交通量低于每小时 800 辆时，附近普通车道上的司机对 HOV 的不满情绪往往会上升到一定高度，从而引发取消该车道 HOV 标志的政治反应。这种情况曾发生在新泽西北部的 287 号州际公路上，很少有人使用 HOV 车道。人们对这些 HOV 车道的消极反应如此之大，导致附近 80 号州际公路上 HOV 车道关闭，尽管后者正在被大量使用。

对 HOV 车道的一个重要关注点是公共交通工具对该车道的使用强度。当公交车在高峰时段使用 HOV 车道时，其每小时的载客量会大大高于邻近通用车道的载客量。这是因为 HOV 车道的车速更快，每小时容纳的车辆更多。

对 HOV 车道的另一个关注点是每辆车需要搭乘多少人才具备使用该车道的资格。因为大多数司机都不愿意与他人共乘，所以要求越高，愿意满足要求的司机就越少。因此，降低 HOV 要求可以大大增加使用 HOV 车道的车辆数量。在弗吉尼亚州北部的 66 号州际公路上，1995 年 3 月将 HOV 要求从 3 人或 3 人以上放宽到 2 人或 2 人以上，结果车道利用率增加了 60%，达到每小时 1700 辆。有些 HOV 车道一开始就限制在每辆车 8 人或 8 人以上——这实际上意味着只有公交车可以使用它们。但是今天，几乎没有限制超过 3 人或更多的人的情况，大多数都是 2 人或以上。

经验还表明，HOV 车道需要严格的监管，至少在刚建立时是这样，以减少作弊。如果侵犯 HOV 空间的罚款足够高，而且经常处罚，那么独自开车的人就更有可能置身其外。另一项发现是，大多数使用 HOV 车道的人之所以这样做，似乎是因为这样做可以省钱，而不是因为 HOV 车道加快了他们的通勤速度。这意味着，当沿线的许多公司正在实施交通管理计划，说服员工参与拼车时，HOV 车道将被频繁使用。

由于增加 HOV 车道是建设新道路的一种形式，它的局限性与所有道路建设策略差不多。然而，HOV 车道可以鼓励每辆车乘坐一人以上，因此在缓解交通拥堵方面比简单地提升道路通行能力更有潜力。但是，只有在许多人采用 HOV 出行的情况下，这种潜力才有可能发挥出来。如果他们参加了由雇主赞助的共乘项目,他们最有可能这样做。否则,使用额外的车道作为 HOV 车道与允许所有车辆通行相比,可能并不能提升高峰时段总的通行能力。因此,应持续监测 HOV 车道的实际使用情况,并与其作为普通车道的使用情况进行比较。

HOV 车道的另一种使用形式是,如果 SOV(单人车)司机支付可变的通行费,则允许 SOV 司机在高峰时段使用它们。这一收费必须设置得足够高,以限制车道上的车辆总数,从而保证持续的高车速。这些车道被称为 HOT 车道。

8.6 拼车

从 1990 年到 2000 年,美国人口普查局统计的美国通勤者总数增加了 1320 万人,即 11.5%,但通过拼车通勤的人数只增加了 25.6 万人,即 1.6%。因此,尽管 20 世纪 90 年代 HOV 车道的使用比以往任何时候都多,但采用拼车上下班的通勤者比例从 1990 年的 13.4% 降至 2000 年的 12.2%。20 世纪 90 年代的普遍繁荣所带来的更大的家庭购买力,似乎使更多的通勤者放弃了与他人共享交通工具的经济模式,转而选择具有强大吸引力的独自驾车。乘公共交通工具通勤者的比例也从 1990 年的 5.3% 下降到 2000 年的 4.7%,这一事实进一步说明了这种吸引力的强度。步行上班的通勤者比例和绝对人数都略有下降。

不幸的是,从缓解交通拥堵的角度来看,美国社会的一股强大力量正在削弱拼车的吸引力。其中包括:

·当很多通勤者在同一个起点或目的地时,拼车最有效,但就业和住房正变得越来越分散,因为新的增长地区主要是低密度的居住点;

·灵活的工作时间和越来越多的人在家工作,使得越来越少的员工在相同的时间和地点上下班;

·更多的工作需要员工在白天前往多个地点,拼车变得不切实际;

·越来越多的人成为独立工作者,或兼职工作,他们的工作时间与其他人的工作时间不同;

・随着实际收入的增加，时间变得更有价值，拼车往往比独自开车花更多的时间。

为了鼓励员工拼车，在同一地点管理大量员工的雇主应该为尽可能多的员工制定相同的工作时间。然而，在许多小公司聚集的地方，雇主应该鼓励灵活的工作时间，这样来自不同公司的人可以安排在同一时间出行。

从 1990 年到 2000 年，97.6% 的新增通勤者都独自开车上下班，2000 年独自开车上下班的人占所有通勤者的比例为 75.7%。因此，在经济困难时期，当更多的家庭需要节约开支时，增加拼车的尝试似乎比在经济繁荣时期更有效。在经济繁荣时期，人们可以更自由地享受独自通勤的"奢侈"。这在一定程度上是正确的，因为拼车在低收入工人中最为常见，与收入较高的工人相比，这些工人买不起自己的车。

鼓励拼车的有效方法之一便是雇主提供的免费停车折现。这为那些可以免费停车的 SOV 司机提供了经济上的刺激，让他们转而选择拼车或乘坐公共交通工具。

另一组可能促进拼车的因素是高峰时段的拥堵和可以快速驾驶车辆的 HOV 车道。在旧金山湾区，东湾一侧设立了至少三个"临时拼车"点，旧金山一侧设立了一个"临时拼车"点，SOV 司机可以在这里停下搭载两位乘客，然后就可以使用免费的 HOV 车道以更快的车速通过湾区大桥的收费区。大多数乘客都是由其配偶开车送至这些拼车点，也有一些是为了节省车费乘坐公共交通工具辗转而来。这种方式在早高峰时段能够节省 30 ～ 40 分钟的出行时间，但只有司机和乘客确信他们彼此不会给对方造成安全威胁，该策略才有效。

8.7 提高道路效率的其他策略

交通工程师们还想了许多办法来使现有道路上的交通运行得更快、更顺畅。这些策略并没有改变总交通量，但减少了某些阻碍交通顺畅运行的问题。

・对现有的高快速路和城市内部道路进行修缮和改造，同时避免在交通繁忙时期实施这些措施。

・协调交通干道的交通信号灯时，将旧的信号灯更新为现代化的信号灯以提高车速。

- 增加高峰期主要道路上事故处理车辆的数量，以保证迅速处理交通事故。
- 在主要道路沿线增设电子监控设备，实时掌握交通状况。
- 将"普通"城市街道或主要干道升级为更宽的"超级街道"，并部分限制其使用权限。
- 将双向道路调整为单向道路。
- 通过可变电子信息牌和电台广播，为司机提供即时交通信息。
- 改变街道停车模式，为司机进出停车位时的车流提供更多空间或缩短延误时间。

这些策略的组合可以显著地影响高峰时段道路交通的运行速度。例如，华盛顿州交通局制定了一系列措施来调整西雅图地区5号州际公路上的交通量，包括安装匝道流量控制系统、电子监控设备、可变信息牌，设立停车和换乘点和增设HOV车道。1981年实施匝道流量控制后（当时HOV车道尚未开通），一段6.9英里长的车道在高峰时段的行车时间从22.0分钟降至12.0～13.0分钟。而驾车者在进入高速公路前的匝道信号灯前的平均等待时间不到3.0分钟。在之后的六年里，整个项目的改善措施（包括增设新的HOV车道）进一步将该路段的高峰时段驾驶时间减少到9.5分钟，匝道平均等待时间减少到不到2.0分钟。同时，在5号州际公路的这一部分，同期的交通总量均有大幅提升，其中北向增加了86%，南向增加了62%。

提升公共交通的承载能力

本章探讨如何通过提升公共交通承载能力来应对高峰时段的交通拥堵。许多城市规划师、政府交通部门、公共交通设备的制造商、试图限制机动车增加或希望减少空气污染的环保主义者、无法拥有或不能驾驶机动车的人，以及无法通过其他方式缓解拥堵的政府管理者，往往比较倡导采用这一策略来应对交通拥堵。

9.1 公共交通和交通拥堵

公共交通具有某些基本特征，这些特征直接影响其应对高峰时段交通拥堵的能力。在分析提升公共交通承载能力对拥堵的影响之前，有必要了解其重要特征。

在美国占主导地位的公共交通形式包括公交车、地铁、通勤铁路、重轨和轻轨系统。公共交通只有在它的起点或终点或两者都服务于相对高密度的区域时才能有效发挥作用。然而，在几乎所有美国大都市地区占主导地位的居住模式都涉及相对较低的密度，特别是在大多数美国人居住的郊区。

由于刚刚提到的第一个特点，公共交通设施和服务主要集中在美国的少数几个地区，而许多大都市地区的大部分地区，以及几乎所有的农村地区都没有公共交通服务。公共交通设施主要分布在高密度的大城市及其周边的一些郊区。

如表9-1所示，仅在纽约和芝加哥两个大都市地区，2000年就有超过10%的工人乘坐公共交通工具上下班。在美国280个这样的地区中，只有13个地区（统一的大都市统计区或大都市地区）有超过5%的工人乘坐公共交通工具上下班。这13个地区容纳了25%的美国工人，却拥有美国72%的公共交通通勤者。相比之下，在141个大都市地区和所有非大都市地区，只有不到1%的工人通过公共交通工具通勤。这些公共交通使用率低的地区拥有全美32%的劳动力，但只拥有3.4%的公共交通通勤者。

以2000年所有大都市地区通勤者中使用公共交通工具的比例为因变量和四个自变量进行回归分析，调整后的 R^2 值为0.874，在没有纽约的情况下为0.800。到目前为止，中心城市人口密度是最大的因变量。无论是否包含纽约，大都市地区的总人口数均无统计学意义。然而，如果使用中心城市的总人口数而不是大都市地区的总人口数，则具有统计学意义。

表 9-1 2000 年乘坐公共交通工具上下班的工人数据

乘坐公共交通工具上下班的工人比例/（%）	地区数量/个	16 岁及以上的工人		公共交通通勤者	
		数量/人	占比/（%）	数量/人	占比/（%）
在大都市地区					
≥10	2	13,537,326	10.55	2,804,990	46.23
5.0~9.99	11	18,596,145	14.50	1,552,299	25.58
3.5~4.99	12	15,924,316	12.41	684,692	11.28
2.0~3.49	36	17,747,306	13.83	486,122	8.01
1.5~1.99	26	11,390,493	8.88	200,011	3.30
1.0~1.49	52	10,489,431	8.18	133,334	2.20
0.5~0.99	95	13,415,888	10.46	101,442	1.67
<0.5	46	4,076,731	3.18	13,578	0.22
总计	280	105,177,636	81.99	5,976,468	98.50
大都市地区外①		23,101,592	18.01	91,235	1.50
总计②		128,279,228	100.00	6,067,703	100.00

资料来源：美国人口普查局，2000 年数据，表 DP-3,"2000 年选定经济特征概况，地理区域，都市圈内"，以及表 P-30,"16 岁及以上的工人上班的交通工具"。
①乘坐公共交通工具上下班的比例为 0.39%。
②乘坐公共交通工具上下班的美国工人比例为 4.73%。

这种集中使得美国交通数据、公共交通量和私家车使用的比较几乎毫无意义。美国大部分地区的居民无法有效地利用公共交通工具进行通勤或其他出行，因为公共交通对他们来说是不可行的。相比之下，几乎整个国家的居民都可以使用私家车和他们使用的道路系统。

公共交通在每天的高峰时段也存在相同的集中。与道路交通类似，大多数公共交通设施在高峰时段会出现过载的现象，而在一天的其他时段，则出现运力利用不足的情况。

例如，从 2000 年 4 月到 2001 年 4 月，在旧金山湾区捷运系统中，54% 的工作日出行发生在上午 6:30—9:30 和下午 4:00—7:00 这两个高峰期。这与 1995 年美国个人交通调查报告中 40.7% 的工作出行发生在上午 6:00—9:00、下午 4:00—7:00 的情况十分相似。而该时段内约有 39.7% 的非工作出行采用公共交通。

2002 年 10 月，芝加哥交通管理局的公交车和地铁每天客流量的 47.5% 发生在上午 6:00—9:00、下午 4:00—7:00 的高峰时段。

因此，目前乘坐公共交通工具的人往往不得不在高峰时段排队等候，或在这些时段一旦进入公共交通工具，就不得不忍受它非常拥挤的情况。

2001年，超过60%的公共交通出行采用常规公交车，而且公交车使用的街道与大多数私家车使用的街道相同（除非公交车使用专用车道或HOV车道）。因此，乘坐公交车的人经常会遇到与私家车同样的交通拥堵。此外，公交车是相对较大的车辆，需要经常停站。因此，公交车本身是造成道路交通拥堵的重要因素，尤其是在公交线路密集的地区，如大型商业区。

公共交通出行的时间通常比私家车出行要长得多。这是由公共交通某些基本特性决定的。公交出行的时间包括从出发点到公交站的时间、等车的时间、公交车在其他车站停靠的时间、从下车站点到最终目的地的时间。私家车出行一般不涉及这种时间损耗。

因此，在2000年，美国公共交通通勤的平均时间为47.7分钟，而私家车出行的平均时间仅为24.1分钟，拼车出行的平均时间约为28.5分钟。

9.2 为什么减少交通拥堵不是提升公共交通承载能力的正当理由

提升公共交通承载能力的最有力的理由是它为人们提供了除私家车以外的更多的出行方式的选择。更多的选择对那些自己不能驾驶这些车辆的人来说尤其重要，例如非常年幼、非常年老或患有严重残疾的人。2000年，大约26%的美国居民年龄在16岁或16岁以下（24.2%）和85岁或85岁以上（1.5%），总计7230万人。还有一些人，他们的日常出行往往会遭遇严重的交通拥堵，他们宁愿乘坐公共交通工具，而不是继续在令人沮丧的交通拥堵中开车。毫无疑问，增加这些人的出行方式选择，是提升公共交通承载能力的绝佳理由，尤其是在目前公共交通服务很少的地区。

然而，提升公共交通的承载能力对已经处于严重拥堵的道路交通并没有明显的缓解作用。这个结论似乎有悖常理。如果所有通往市中心的高速公路在高峰时段每天都异常拥堵，那我们就有理由认为，建设一条通往市中心且拥有独立路权的大运量轨道系统能够从现有道路上分流大量的通勤者，从而缓解拥堵。

事实上，自 1950 年以来，旧金山、华盛顿和亚特兰大等地区已经建立了这样的大运量轨道系统。但是这些地区高峰时段的拥堵并没有减少；事实上，情况变得更糟了。由于三重集聚的原则，这种从现有道路分流至新交通系统而带来的车速提升并不具备持续性。用不了多久，那些从道路上分流出去的通勤者就会被其他路线、其他时段或其他出行方式的通勤者所取代。从长远来看，每个地区交通网络承载能力的提升（包括在同一时期修建更多的高速公路），都有助于鼓励更多的人和公司在这些地区落户。由此所产生的出行"诱导需求"填补了区域内所有交通系统提升的承载能力。这一结果当然不是仅仅由于公共交通承载能力的提升造成的。但这种提升显然无法让人感觉到它能够减少日益严重的道路拥堵。

诚然，承载能力提升后的公共交通系统增加了人们的出行选择，为那些真正使用它们的人带来了好处。它们使更多的人能够在交通高峰期出行，当然也包括那些在道路上自驾的通勤者。但这些措施并没有缓解高峰时段的交通拥堵。

一些公共交通的支持者认为，如果这些公共交通系统没有建成或扩建，所有使用它们的人现在都将在高峰时段开车。其结果将是道路拥堵比现在严重得多。因此，这些公共交通系统一定减少了高峰时段的拥堵。但这种观点至少在一定程度上是错误的。如果没有建立这些公共交通系统，每个区域的交通系统在高峰时段的接待出行者的能力就会低一些。因此，原本在高峰时段通过高速公路或公共交通工具出行的很多人会选择其他路线或其他出行时间。而高峰期的拥堵程度将与现在一致，并不会更糟。的确，如果一个地区目前的高峰拥堵程度较低，那么该地区不断提升的运输能力可能会导致拥堵程度进一步下降。在这种情况下，提升运输能力可能是可取的，因为它可以防止出现严重的高峰时段拥堵。但是，一旦高峰时段的交通拥堵在任何主要道路上都变得长期严重，每天都要有一段时间的交通"爬行"，那么提升更多的公共交通承载能力来吸引司机离开这条道路并不会缩短这种交通"爬行"的时间。的确，如前所述，更大的公共交通承载能力能够为居民提供更多的出行选择，这是一种社会效益。但从长远来看，整体的运力提升可能也会导致更多的出行，从而至少在一定程度上抵消其对拥堵的积极影响。

简而言之，扩建现有的公共交通系统或建设新的公共交通系统往往是有正当理由的。但缓解现有的严重交通拥堵并不是这些原因之一。

9.3 通勤交通中的公共交通使用比例

在大多数人上下班的高峰期，交通拥堵通常是最严重的，因此公共交通与通勤的关系对缓解拥堵可能起到至关重要的作用。除了几个大城市拥有大规模的公共交通系统外，公共交通在美国还没有被广泛地用于工作出行。主要原因是在美国的很多地方都没有公共交通工具。因此，在了解公共交通的真正作用方面，全美数据一般不如区域性数据有用。

然而，对全美数据的粗略分析确实提供了一些总体的观点。在全美范围内，2000 年所有 16 岁以上的工人中，只有 4.73% 的人使用公共交通通勤，而其驾乘私家车通勤的比例为 87.89%（约 18.6 倍）。16 岁以上通勤者中公共交通的出行比例从 1990 年的 5.27% 下降到 2000 年的 4.73%，其绝对数量甚至下降了 1886。与之形成对比的是，十年间，工人总数增加了 1320 万人，其中 99.5% 的人采用私家车通勤方式（自驾或拼车）。

公共交通通勤主要集中在中心城市，尤其是少数大城市。2000 年，10.5% 的中心城市工人乘坐公共交通工具出行，相比之下，只有 2.9% 的郊区工人和 0.6% 的生活在大都市地区以外的工人乘坐公共交通工具出行。事实上，纽约过大的公共交通出行比例导致整个中心城市的公共交通出行数据失真（偏高）。纽约大约有 52.78% 的工人使用公共交通通勤，他们占美国所有通勤者的 27.8%，占中心城市所有通勤者的 42.3%。在除纽约外的所有中心城市，公共交通通勤者仅占所有工人的 6.6%。如果将纽约排除在 2000 年的全美数据之外，16 岁以上的公共交通通勤工人所占比例将从 4.7% 下降到 3.5%。

在其他几个大城市，也有相当一部分工人乘坐公共交通工具上下班。表 9-2 列出了 1990 年和 2000 年主要城市的公共交通通勤数据。它列出了乘坐公共交通工具上下班的通勤者占所有城市工人的比例。在包括纽约在内的 6 个城市中，这一比例超过了 20%；在其他 9 个城市，这一比例在 10% 到 20%。2000 年，这 23 个城市的通勤者在占全美公共交通通勤者的比例为 50.6%，尽管他们只占美国所有工人的 10.3%。从 1990 年到 2000 年，这 23 个城市中只有 5 个城市人口减少，但其中 18 个城市公交通勤的工人比例下降了，14 个城市公交通勤人数的绝对数量出现了下降。

因此，在 20 世纪 90 年代，这些城市通勤出行中采用公共交通的比例整体约下降了 4.7%。剔除这 23 个城市之后，2000 年全美乘坐公共交通出行的工人比例仅为 2.4%。

表 9-2　1990 年和 2000 年主要城市的公共交通通勤数据

城市	乘坐公共交通上下班的人数/人		百分比变化/（%）	占所有城市工人的比例/（%）	
	1990	2000		1990	2000
1. 纽约	1,701,192	1,684,850	−0.96	53.45	52.78
2. 芝加哥	351,059	310,924	−11.43	29.71	26.08
3. 费城	183,715	144,936	−21.11	28.68	25.44
4. 洛杉矶	171,746	152,435	−11.24	10.54	10.20
5. 旧金山	128,160	130,311	1.68	33.52	31.13
6. 波士顿	89,096	89,906	0.91	31.54	32.29
7. 华盛顿特区	111,422	86,493	−22.37	36.60	33.15
8. 巴尔的摩	67,817	48,573	−28.38	22.04	19.48
9. 休斯敦	50,359	49,441	−1.82	6.52	5.87
10. 西雅图	44,416	55,652	25.30	15.88	17.58
11. 奥克兰	28,637	29,728	3.81	17.88	17.44
12. 波特兰	23,672	33,410	41.14	11.05	12.33
13. 亚特兰大	34,340	26,893	−21.69	19.96	15.03
14. 丹佛	18,500	23,487	26.96	7.99	8.43
15. 克利夫兰	24,998	21,092	−15.63	14.06	12.00
16. 达拉斯	33,349	29,361	−11.96	6.66	5.47
17. 圣地亚哥	23,773	24,236	1.95	4.24	4.18
18. 明尼阿波利斯	30,214	29,681	−1.76	16.02	14.55
19. 圣何塞	14,084	17,482	24.13	3.51	4.09
20. 凤凰城	15,620	19,564	25.25	3.30	3.26
21. 底特律	34,933	27,634	−20.89	10.75	8.65
22. 迈阿密	19,133	14,382	−24.83	12.93	11.37
23. 圣安东尼奥	19,479	18,632	−4.35	4.93	3.79
总计	3,219,714	3,069,103	−4.68		

资料来源：美国人口普查局 1990 年和 2000 年的数据，表 DP-1 "一般人口特征概况"和表 DP-3 "选定经济特征概况"。

早期人口普查的数据显示，最有可能使用公共交通工具通勤的人具备以下特征：家里没有汽车、工作或生活在中心城市、居住在高密度社区。但是，随着人口居住模式的变化，这三个因素变得都不那么重要了。没有私家车的家庭绝对数从 1969 年的近 1300 万户下降到 2000 年的 1090 万户，约占所有家庭的 10.3%。在过去的十年中，中心城市和中心城区的就业比例稳步下降。这些趋势极有可能持续下去。

9.4 有多少人乘坐公共交通工具？

上述由 2000 年人口普查所得的通勤数据，并没有考虑接下来乘坐公共交通工具出行总人数的增加，而该数据是根据乘客人数和里程信息计算出来的。图 9-1 显示，从 1990 年到 1995 年，所有公共交通方式的乘客总里程保持相对稳定，约为 400 亿英里。从 1995 年到 2000 年，公共交通里程稳定增长至 477 亿英里，增长了 19.25%。

图 9-2 显示 1990 年公共交通的总使用量比以前高，到 2001 年，非联程公共交通出行比 1995 年增加了 24.4%，比 1990 年增加了 9.7%。

图 9-3 按交通类型列出 2000 年所有公共交通方式的统计数据。它还显示，虽然近年来轨道交通里程所占比例有所上升（2000 年 60% 的非联程公共交通出行由公交车提供），但公交车的总里程几乎达到了所有公共交通的一半（2000 年为 44.6%）。公交车、重轨和通勤铁路的合计里程比例达到 93.3%。轻轨仅占 2.8%，但正以引人注意的速度增长。

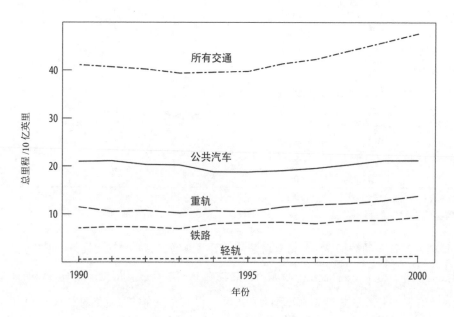

图 9-1 1990—2000 年按交通工具类型分类的乘坐公共交通工具的乘客总里程
资料来源：美国公共交通协会，《美国公共交通协会公共交通实况书》，表 8[www.apta.com（2004 年 2 月）]。

这些数据加上前面提到的人口普查通勤数据表明，公共交通客流量的增加显然不是由于通勤数量的增加，而是由于其他出行目的，例如旅游、购物、出门办事、健身、上下学。目前还不清楚这些新增的行程中有多少发生在交通高峰期，是否有助于缓解高峰时段的拥堵。然而，许多大城市的交通拥堵近年来在非高峰时段也在加剧。因此，这些公共交通客流即便在非高峰时段，也会影响交通拥堵。

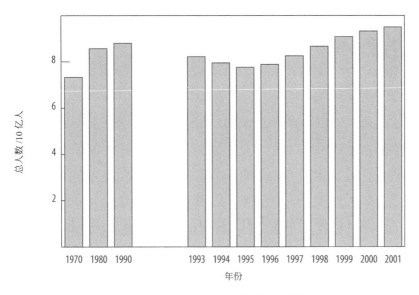

图9-2 1970—2001年非联程公共交通的总人次

资料来源：《美国公共交通协会公共交通实况书》，表5。

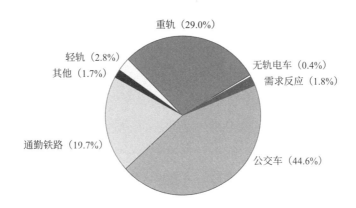

图9-3 2000年公共交通按交通类型划分的乘客里程分布[①]

资料来源：《美国公共交通协会公共交通实况书》，表8。

①出行总里程=477亿英里。

9.5　公共交通和私家车出行总量对比

如前所述，大多数美国通勤者驾乘私家车出行，包括小汽车、轻型卡车和运动型多用途车。

在所有地面出行中，私家车的主导地位甚至比通勤更显著。在 1990 年至 2000 年的十年中，高速公路客运里程达到 98.8%，而公共交通里程只占 1.2% 或更少。从 1990 年到 1995 年，高速公路出行里程的百分比增长甚至超过公共交通。然而，在 1996 年和 1998—2000 年，公共交通里程的百分比增长大于高速公路。这一事实导致一些公交支持者声称"公共交通出行的增长超过了驱车出行的增长"。但是，在这四年中，高速公路里程的绝对增长与公共交通里程的绝对增长之比是 50∶1，这表明，这种说法被夸大了。

9.6　为什么美国公共交通的地位这么薄弱？

出国旅游的美国人常常会被公共交通在美国以外的地面交通中所扮演的更重要的角色所震撼。为什么美国人的出行如此依赖私家车？有两个基本原因。

最重要的原因是，大多数美国人生活在低密度社区，目前占主导地位的公共交通工具无法有效地为其提供服务。这些公共交通工具包括固定线路的轨道系统和规模庞大的公交车，它们需要在几个站点或目的地聚集并运送大量乘客，从而实现规模经济。但美国人的住宅往往在大片的区域内分散、低密度分布，工作地点也类似。因此，除了市中心的商业区，很难在任何地点聚集大量的乘客。

在对居住密度与公共交通使用之间的关系进行详尽的研究之后，鲍里斯·普什卡廖夫（Boris Pushkarev）和杰弗里·祖潘（Jeffrey Zupan）认为，公共交通要求最小住宅密度为每英亩（1 英亩约为 4046.9 平方米，后同）7 个住宅单位，即每平方英里 4200～5600 人，在该规模以上，公共交通的使用率会大幅提升。因此，"每英亩 7～15 套住宅的中等居住密度能够支撑中等规模的公共交通服务，包括快速公共交通系统、公交车和出租车"。

2000年，在478个城市化地区中，只有18个城市的人口密度（包括中心城市）超过每平方英里4000人。这18个城市化地区有4400万居民，占全美人口的15.4%。其中至少有7个城市的边缘地带（中心城市以外）人口密度（新增人口最多的地方）远低于每平方英里4000人。全部478个城市化地区的平均总体密度为每平方英里2656人。460个人口密度低于每平方英里4000人的城市化地区的平均总体人口密度为每平方英里2051人。这些地区有1.52亿居民，占全美人口的54.0%。因此，在2000年，只有不到六分之一的美国人口生活在人口密度足以在经济上维持公共交通运营的城市化地区。

还有许多公共交通倡导者抱怨说，人们越来越不喜欢使用公共交通出行的原因是公共交通不方便。"地面交通政策项目"指出："在全美400万英里的道路中，只有4%能够提供公交车行驶线路或提供了平行的火车线路……只有不到一半的美国人（49%）称自己住在中转站0.25英里的范围内，只有8.3%的受访家庭有地铁服务。"

如前所述，缺乏通达性的主要原因是公共交通运营的经济性与美国普遍的低密度居住模式不相容。交通运输的支持者认识到这一事实，他们认为，未来的居住模式应该比过去50多年来主导美国城市和郊区发展的模式具有更高的平均密度。

在美国，公共交通出行比例低的第二个原因是，私家车出行比公共交通出行更具优势。

首先，与许多公共交通工具相比，私家车提供了更强的舒适性和私密性。公共交通工具往往很拥挤，可能需要很多乘客站着进行长途出行。而驾乘私家车出行的人可以在自己最方便的时候开始和结束他们的行程，也不需要调整他们的出行时间来适应公共交通时刻表。这就是大多数公共交通通勤出行要比开车通勤花费更多时间的原因。图9-4显示了公共交通和所有其他方式的通勤时间分为四类。在通勤时间为60分钟或以上的被调查者中，占公共交通出行者的比例是占所有其他方式出行者的比例的近6倍。

驾乘私家车出行的人对他们的路线也有灵活的控制，因此他们可以很容易地实现多目的出行，比如在上班或下班的路上接送孩子或购物。这种"出行链"很难通

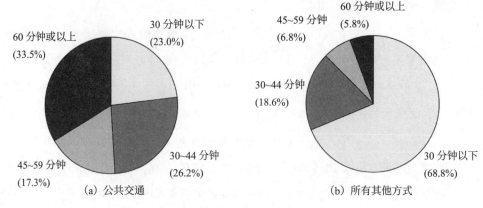

图 9-4 2000 年平均单程通勤时间

资料来源：2000 年美国人口普查。

过公共交通完成，因为公共交通的路线过于固定。一项基于 1995 年美国个人交通调查的出行链分析显示，超过一半的女性和近一半的男性会在上下班途中停靠一次。

重要的是，私家车让驾驶者拥有了积极的行动自由感和对自身环境的掌控能力，而这正是公共交通所缺乏的。这种心理动机是全世界如此热衷于拥有私家车的一个关键原因。驾乘私家车出行的人可以听收音机或听唱片、抽烟，甚至打电话，而不会打扰附近的陌生人。

对于由雇主提供免费停车的通勤者来说，开车的运营成本通常比乘坐公共交通的成本要低，尤其是当通勤者因为其他原因不得不拥有一辆车的时候。市区的停车费通常是每天 10 美元或更多；汽车每 20 英里消耗 1 加仑汽油，每加仑汽油成本为 1.5 美元，而每天行驶 30 英里汽油成本只要 2.25 美元。在没有免费停车的情况下，很少有往返的公共交通票价接近或超过 12.25 美元的驾驶成本。

最后，许多人享受他们在车流中独自开车的时间，即使他们不得不忍受延误，因为他们可能在生活中很少有其他完全私密的时刻。帕特里夏·穆赫塔利安和伊兰·所罗门曾对旧金山湾区的 1427 名通勤者进行了调查，发现其中 19% 的人非常喜欢通勤，而 40% 的人认为"我的通勤之旅是一次从家到工作地点的有益过渡"。

这些优势导致说服大多数美国人从自驾或拼车转向公共交通非常困难。

9.7 提升公共交通承载能力的几个理由

提倡提升公共交通承载能力的人士提出了几个与交通拥堵没有直接关系的论点。这些论点应该还会影响交通运输资源在不同方式之间的分配。

- 美国社会的人口结构变化使得越来越多的家庭希望住在交通便利的靠近市中心的社区。这些家庭包括来自国外的移民、婴儿潮一代的"空巢老人"和年轻的专业人士。他们支持在需要改善公共交通设施的靠近市中心的社区新建住宅。

- 在大多数美国家庭的预算中,交通支出排第二(仅次于住房)。减少家庭对汽车的依赖将有助于他们减轻这一预算负担,因为公共交通出行成本通常低于汽车出行成本。75%的交通成本是由购买汽车和保险等固定成本构成的,因此车主没有动力减少开车以节省运营成本。向更多地区提供更多的公共交通服务将帮助许多低收入家庭减少交通支出。

- 当同时考虑住房和交通成本时,某些地区较高的交通成本往往被这些地区较低的住房成本所抵消。图 9-5 显示了 28 个大都市地区家庭住房和交通方面支出的平均百分比数据。在许多平均交通支出比例较低的地区,如纽约,住房支出的比例很高。因此,住房和交通支出的总百分比在各个地区之间的变化要比每个组成部分的总和小得多。但从长远来看,对低收入家庭而言,住房支出比汽车支出更有回报(如果他们拥有住房,尽管多数贫困家庭是租房者)。汽车贬值很快,而自有住房通常会随着时间升值。因此,公共政策应该通过提供更多的交通机会,帮助低收入家庭增加自有住房支出。

- 以公共交通为导向的发展(transit-oriented development,TOD),尤其是在轨道系统周边,可以增加地方政府的财产税收入,减少政府对以汽车为导向的基础设施的支出需求。TOD 投资可以由私人提供资金,并通过公共支出来扩大这类交通系统。TOD 地区还提高了公交车站附近的土地价值,并可提供与公共交通使用有关的经济适用房。提升公共交通承载能力能鼓励高密度的住宅和其他开发,并减少人口增长所带来的基础设施总成本。因此,建设公共交通设施能够吸引更多的人口,这对整个社会有益。当然,这也将减少驾车出行,从而减少汽车排放和燃料消耗。

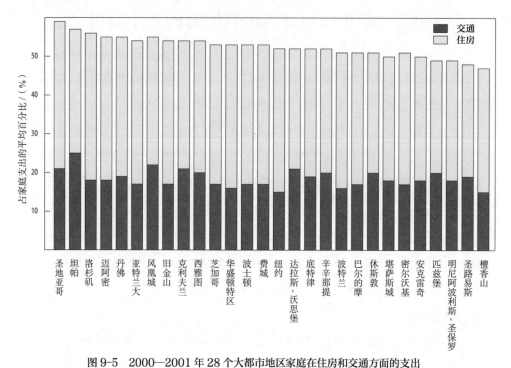

图 9-5 2000—2001 年 28 个大都市地区家庭在住房和交通方面的支出

资料来源：美国劳工统计局地面交通政策项目数据，《交通成本与美国梦》，表 1（www.trmsact.org）。

·城市低收入家庭的就业机会也往往集中在城市。其中多数都是一些可替代的工作种类，与郊区的"新工作"不同。城市里的工作者需要充足的公共交通来将他们与这些城市工作机会联系起来。

·修改美国联邦立法，使雇员的公共交通出行费用可以抵税，就像许多公司提供的免费停车一样，这对促进公共交通出行和小汽车出行间的平等是有益的。

因为本书的重点是分析提升公共交通承载能力与高峰时段交通拥堵之间的关系，所以没有深入分析这些方式对提升公共交通承载能力的促进作用。

9.8 在一种情况下，提升公共交通承载能力可以缓解严重的交通拥堵

对于提升公共交通承载能力不能缓解已经存在的高峰时段交通拥堵的说法，在理论上存在例外。这是由马丁·莫格里奇提出的。然而，他的分析只适用于那些高峰时段通勤交通主要由快速公交系统（拥有独立路权）完成的区域。以伦敦中心区为例，2011 年，高峰期约 85% 的通勤者使用公共交通工具（其中 77% 拥有独立路权），11% 的通勤者使用私家车。当地铁系统和主要通勤道路在高峰时段的交通量达到平衡时，同一行程上两种出行方式的出行时间大致相等。

这是必然的，因为出行者可以自由转换出行方式。如果机动车出行需要的时间更少，那么人们将从公共交通系统转移到道路上。增加的道路交通会减慢道路上机动车的平均行驶速度，也就是说，增加特定行程的出行时间。因此，道路上的机动车不能长期保持出行的时间优势。即使扩大道路容量也不会永久地加快道路上的机动车移动速度。相反，这样做只是吸引更多的乘客从公共交通转移出来，直到道路变得拥挤，最终与公共交通的出行时间相同。由于使用公共交通出行的出行者比例足够高，有源源不断的乘客可以转向道路，从而抵消了因修建更多或更宽的道路而带来的速度上的任何提高。这就是这种情况与除纽约以外的其他美国城市的普遍情况的不同之处。

然而，如果公共交通出行时间（包括从出发点到达车站、等待、公交车在其他车站停靠的时间和从下车站点到达最终目的地）比私家车出行要短，那么人们就会从道路上转移到公共交通系统上。但与道路不同的是，拥有独立路权的轨道交通系统不会因为乘客增多而变慢——它只会变得更加拥挤。地铁车厢里挤满了只能站着的人群，越来越拥挤，但火车的速度还是一样快。在某一时刻，公共交通系统在高峰时段会达到最大容量。例如东京地铁系统，它拥挤到需要用工作人员将乘客推进车厢。这时，人们就会停止从道路转向公共交通，因为公共交通已经没有更多的空间（这是在投入运营的列车数量达到最大后，以尽可能短的路轨投入运营的情况下发生的）。只要载客量没有达到最大值，就会不断有人从道路转向公共交通，直到达到平衡。

如果一开始小汽车和公共交通出行就已达成平衡，但公共交通的一些改进使其出行时间减少，这将使公共交通相较于机动车更具吸引力。通勤者将由道路转向公共交通，直到达到其容量限值，但其出行时间仍然很短。因此，公共交通系统的改善必须减少出行时间，这样的方式才能产生效果。仅仅增加交通系统每小时的载客量并不会使公共交通出行比机动车出行更具吸引力，除非以前的公共交通出行就比机动车更快，只是载客量饱和。

莫格里奇的结论是，从长远来看，公共交通系统的运行速度是决定城市中所有出行方式整体速度的关键因素。其他出行方式都会根据公共交通的出行时间逐步调整，最终达到平衡。一个世纪以来，伦敦市公共交通系统运行时间并没有减少。在莫格里奇看来，这就是尽管修建了很多的道路，但机动车出行时间在一个世纪内也没有什么改变的原因。

不幸的是，想要提升某一个大区域内庞大的轨道交通系统的运行速度是极其困难的。所以说莫格里奇的结论在某种程度上意义不大，即便是在伦敦。不过，它也有一种重要的政策意义，即在类似的地区建设更多的道路并不能提升机动车或者公共交通的出行速度，它只会影响使用两种交通方式的通勤者比例。这一结论仅适用于公共交通线路规模和负荷均够大的情况。但这种情况在美国很少见，因为高峰时段采用公共交通出行的通勤人员比例很低。在美国，一旦重要的通勤道路被扩建，很快就会吸引足够的人向这些道路聚集，从而抵消其改造带来的速度提升，而且这些新被吸引的人群主要来自其他道路，而不是公共交通。

9.9 轻轨和快速公交（BRT）

除了机动车、传统的重轨系统（地铁）和通勤铁路之外，在过去的 20 年里，轻轨和快速公交也得到了快速发展。这两种公共交通形式都涵盖了一系列可能的系统，包括对城市街道上的电车系统进行细微改造和全新设计的拥有独立路权的系统。

9.9.1 轻轨

这是一种由电力驱动的轨道公共交通，通常在城市街道或独立路权的轨道上行驶。轻轨车辆通常比重轨系统（地铁）使用的车辆更小、更轻。英国轻轨交通协会主席 Mike Taplin，对轻轨与传统电车或有轨电车的区别进行了如下解读："轻轨线路通常与其他交通存在物理隔离，乘客需要在站台上下车，而不是街道上，它比汽车跑得快。而有轨电车和轻轨之间没有明确的界线——它们逐渐地融合在一起，有轨电车升级后就变成了轻轨。有轨电车被认为是老式的，而轻轨则是时髦的！"

根据轻轨交通协会（LRTA）的数据，截至 2004 年 1 月，共有 15 个国家在运作 82 套轻轨系统。日本有 11 个，瑞士有 10 个，德国有 9 个，美国有 12 个，其他国家一般只有 1 到 2 个。与全球范围内运营的 95 套重轨系统和 365 套有轨电车系统相比，上述总数显得微不足道。

轻轨交通系统的支持者认为轻轨具备下列优点。

· 与重轨或地铁系统相比，轻轨的建设和运营成本都要低得多。由于其电力驱动特点，轻轨不会排放污染物。与重轨、通勤铁路或重型机动车相比，轻轨还具有噪声低的特点。

· 轻轨通常具有独立路权，即便与机动车共用街道，轻轨往往也拥有交通信号优先权，因此不太受道路交通拥堵的影响。

· 由于需要建设轨道设施，轻轨系统比公交线路更具持久性，而开发商也更愿意沿着轻轨线路建造高密度项目。然而，很少有实际的案例证据支持这一论点。

· 轻轨系统可以在城市中心区提供集中的出行服务，从而有效地促进中心城区的繁荣和更新。

根据美国公共交通协会（APTA）的数据，2001 年美国有 26 个轻轨系统在运行。平均行程为 4.3 英里，2001 年的客运总里程为 14.37 亿英里。美国所有的轻轨系统轨道里程总计为 1078 英里。巴尔的摩、波士顿、克利夫兰、达拉斯、丹佛、洛杉矶、纽瓦克、匹兹堡、费城、波特兰、萨克拉门托、圣路易斯、盐湖城、圣地亚哥、旧金山和圣何塞的轻轨系统运行里程达到或超过 25 英里。在美国拥有轻轨系统的 16 个城市中，有 9 个城市 2000 年乘坐公共交通工具上下班的工人比例低于 1990 年。这 16 个城市的平均公共交通出行率从 1990 年的 15.2% 下降到 2000 年的 14.6%。因此，轻轨系统的存在本身对将通勤者从私人拥有的交通工具转向公共交通工具并没有明显的影响。

本章后面将讨论轻轨系统是否能减少已经存在的道路交通拥堵。

9.9.2 快速公交系统

与开私家车相比，传统的公交车系统有几个主要的缺点。在普通城市街道上行驶的公交车通常比私家车要慢得多，因为它要在车站停靠、上下客、帮助残疾乘客上下车等，这都会导致延误。

快速公交系统正变得越来越普遍，因为它们采用了各种各样的策略来减少公交车的延误。

- 设立拥有独立路权的公交车道。
- 设立双公交专用道。这种车道允许一些公交车在不停靠的情况下超车行驶。
- 跳站运行。这使得一些公交线路能够跳站运行，尤其是快速公交线路。
- 设立专用路。在明尼阿波利斯市和丹佛市的中心城区，整条街道都只供公交和行人使用；休斯敦有许多与 HOV 车道类似的仅供公交车使用的车道。这种设计使得公交车能够在高峰时段避开拥挤的道路。巴西的库里蒂巴广泛使用了这种设计。
- 公共交通信号优先。当公交车靠近路口时，信号灯提前进行识别，并给予公交车绿灯优先通行权。
- 使用先进的付费系统。采用智能卡付费，设置收费区，在乘客上车前完成付费，加快上车速度。

- 采用单程票回收系统。该系统采用统一计费标准，不考虑行程距离和换乘次数，从而加快车票回收速度。
- 采用特殊的站台设计。公共交通运行车道与上下客站台位于同一平面，加快上下客速度。
- 将公共交通系统建设与土地使用政策结合。通过高密度的居住模式来保证公共交通的经济可行性。巴西的库里蒂巴是个很好的例子，它开发了几个从中心城区向外辐射的高密度走廊，并在这些走廊上创建了快速公交线路，并修建环形线路串联整个区域。

这些设计策略可以以多种方式进行组合。它几乎不需要修改传统的公交车服务，只是通过专门设计的站台和提供独立的路权，就可以让公交车拥有类似于轨道系统的效果。

与轻轨系统相比，快速公交系统具有很多优势。它的交通工具更加灵活，更加便宜，也不需要专用的轨道，除了一些特别设计的车辆，一般快速公交的车辆都可以在专有路权道路和普通城市街道内自由转换。因此，随着时间的推移，快速公交有可能能够服务那些远离其专用车道的社区。根据政府审计部门的一项研究，城市内各种类型快速公交系统每英里的成本从20万美元到5500万美元不等，而轻轨系统的成本从1240万美元到1.188亿美元不等。

轻轨和快速公交的运力大致相当，每趟行程的运营成本没有明显差异。快速公交的运行速度还稍快，但它的公众形象相对较差，这在一定程度上可能是由于人们往往将常规公交与低收入人群及交通拥堵联系在一起。轻轨系统如果能成为当地的固定设施，可能会刺激更多的投资。

近年来试图建造轻轨系统的地区数量较多，美国联邦用于此领域的专用资金已捉襟见肘，更多的地区考虑采用较低成本的快速公交系统。

9.10 提升公共交通承载能力是否曾经缓解过交通拥堵？

通过提升公共交通承载能力来缓解现有交通拥堵的基本理由是，这样做会吸引通勤者和其他高峰时段出行的司机从私家车转向公交。这将减少高峰时段道路上的车辆数量，或者至少减缓未来车辆数量的增长。过去的经验是否表明，提升公共交通承载能力可以减少一个地区道路上的交通拥堵？

根据得克萨斯交通研究所的数据，2000年6个较拥堵的大都市地区中，4个有规模大、运作成功的公共交通系统。它们分别是旧金山、芝加哥、华盛顿和波士顿，在交通拥堵的关键衡量指标——出行时间指数上，它们分别排在第2、第3、第4和第5位。在得克萨斯交通研究所分析的75个大都市地区中，圣何塞和丹佛都有轻轨系统，交通拥堵都排在第8位；纽约市拥有全美分布范围较广的公共交通系统，交通拥堵排在第10位。高度重视轻轨系统的波特兰排在第11位。表9-3比较了以下7个主要都市统计区（包括其中一些地区）通勤者公共交通使用与出行时间指数。

表9-3 2000年7个主要都市统计区通勤者通勤者公共交通使用与出行时间指数

大都市地区[①]	出行时间指数		公共交通使用	
	分数	排名	通勤者百分比/(%)	排名
旧金山	1.59	2	18.81	3
芝加哥	1.47	3	12.46	5
西雅图	1.45	5	8.01	8
波士顿	1.45	5	13.86	4
圣何塞	1.42	8	3.51	18
纽约	1.41	10	47.03	1
波特兰	1.40	11	6.33	9

资料来源：David Schrank和Tim Lomax，《2002年城市出行报告》（得克萨斯大学城：得克萨斯交通研究所，2002年6月）；以及美国人口普查局，表DP-3，"2000年选定经济特征概况"。
①主要都市统计区域。

（1）达拉斯

达拉斯在1996年开启了轻轨系统，有20英里的轨道和21个车站。该系统在2002年扩展到44英里的轨道和34个车站。从1997年轻轨运行的第一个全年到2000年，在新线路开通之前，工作日乘坐轻轨的平均人数从34,500人上升到38,100人，约增长了10.4%。同期，每天乘坐公交车的平均人数（包括购买的服务）上升了 7.4%，其中 2000 年的公交车乘客数量是轻轨的 4.3 倍。

根据 2000 年的人口普查，从 1990 年到 2000 年，达拉斯市的通勤者数量下降了 12%。2000 年，所有城市通勤者乘坐公交的比例从 6.7% 下降到 5.5%。在整个达拉斯都市地区，公交通勤者的绝对数量减少了 739 人，但是公交的份额从 1990 年的 2.4% 下降到了 2000 年的 1.8%。显然，尽管轻轨系统和公交系统的载客量增加了，但在达拉斯地区，从私家车到公交通勤者并没有净转移。

此外，在达拉斯 - 沃思堡地区，从 1990 年到 2000 年，得克萨斯交通研究所出行时间指数上升了 12.7%，交通拥堵出行比例上升了 52.6%。所以尽管有了新的轻轨系统，那个地区的交通拥堵还是恶化了。

（2）波特兰

从 1996 年到 2000 年，波特兰地区的轻轨系统长度从 30.2 英里增加到 64.9 英里。部分原因是，整个地区的公共交通通勤人数从 1990 年的 39,259 人增加到 2000 年的 60,266 人，约增加了 54%。公共交通通勤的比例也从 5.4% 上升到 6.3%。在工作日，轻轨系统（也为许多郊区提供服务）的平均非联程出行人次从 1996 年的 29,857 次飙升到 2000 年的 73,562 次，约增长了 146%。

然而，常规公交的出行人次根本没有增加。这意味着，许多新增的轻轨乘客原本就不会驾乘私家车出行，而是乘坐公交车通勤。如果轻轨系统没有提升承载能力，那么常规公交的乘坐人次将与该地区 1996 年到 2000 年的新增人口成正比。2000 年，在整个波特兰都市地区共有 804,916 人驾乘私家车通勤。而将该地区的轻轨系统规模扩大一倍，似乎对减少使用私家车上下班的通勤者数量没有任何实质影响。即便将 1996 到 2000 年所有新增的轻轨出行者都看作是从机动车交通转出的，那也只是减少了 2.6% 的私家车通勤。

波特兰地区通勤行为的统计数据显示，该地区的工人在 20 世纪 90 年代增加了约 208,700 人。其中，165,000 人采用独自驾车或拼车的方式通勤，约占 20 世纪 90 年代新增通勤人数的 79%。公交通勤人数增加了 20,215 人，约占新增通勤总人数的 9.7%。公交通勤者比例从 1990 年的 5.4% 上升到 2000 年的 6.3%。然而，尽管轻轨系统增加了一倍，但从 1990 年到 2000 年，新增的私家车通勤者数量是新增的公交通勤者数量的 8 倍多。

此外，从1990年到2000年，波特兰地区的交通拥堵急剧增加，这从得克萨斯交通研究所制定的所有措施中可以看出。波特兰地区的人口在那十年里增长了26.6%。根据得克萨斯交通研究所的数据，该地区的高速公路和主干道里程也增长了25.5%，道路中线总里程增长了26.1%。但波特兰的机动车行驶里程上升了65%，拥堵出行比例增长了52%，由于交通拥堵造成的年度延误总时长增加了266%，出行时间指数从1.16上升到1.40，道路拥堵指数从1.02上升到1.27，高峰时段道路出行年人均延误时间从16小时增长到47个小时，几乎增长了2倍。此外，波特兰基础设施建设机构将其所有可用资金的很大一部分用于改善公共交通，而不是修建更多的道路。

波特兰的经验表明，即使极大地提升一个地区的公共交通承载能力，也不足以应对相对快速的人口增长所带来的额外出行需求，从而避免日益严重的交通拥堵。即使公共交通承载力提升很多，而且成功吸引了乘客，情况也是如此。新型公共交通工具（轻轨或地铁）增加的客流量会抵消常规公交的客流下降量，特别是在交通管理局调整常规公交线路来为新型公交工具提供客流的情况下。更重要的是，经验表明，在一个不断发展的地区，绝大多数新增通勤者仍将更喜欢驾乘私家车出行。

看起来，提升公共交通承载能力最多可以达到两个与交通拥堵相关的重要目标：可能能够部分（也仅仅是部分）抵消人口和收入增长带来的新增出行需求；它可能会减缓未来交通拥堵的加剧。但是，一旦交通拥堵已经很严重，那么提升公共交通承载能力可能无法降低目前的拥堵程度，甚至无法阻止情况变得更糟，除非是在增长非常缓慢的地区。

尽管如此，提升公共交通承载能力还可以增加人们出行方式的多样性。这对那些不能拥有或驾驶私家车的人来说尤为重要。这些都是提升公共交通承载能力的重要好处。这样做的其他好处，如减少空气污染、燃料消耗和事故造成的损害，也肯定具有重大的社会意义。但它们与交通拥堵本身没有直接关系，因此在这里不再进一步讨论。

9.11 资金在公共交通和公路之间的分配

许多公共交通的支持者认为，公共交通和公路两者在公共资金投入上的不平衡是造成这么多美国人无法使用公共交通的重要原因。他们声称，公路出行得到了政府的大量补贴，但公共交通在资金方面"处于不公平的不利地位"，因为它没有"一个公平的竞争环境"。本节通过调查公路和公共交通从美国联邦、州和地方各级政府获得的公共资金数额来评价这一说法。美国联邦政府还征收联邦汽油税，然后将其中的大部分作为公路补贴发放给州和地方政府。这种关系使得分析交通运输资金的来源变得相当复杂。

以下各小节阐述了政府用于公共交通和公路的资金的主要调查结果。

9.11.1 政府资金总额

在20世纪90年代，政府用于公路和公共交通的资金总额的相对比例大致保持不变。1999年，根据交通统计局的数据，各级政府在交通运输上的总开支为1548亿美元。其中，61.7%用于公路，18.7%用于公共交通，其余19.6%用于空运、水运、铁路和管道运输。在20世纪90年代，公共交通的比例平均为19.3%；公路所占比例平均为60.9%。

在这10年中，每年在所有运输方式上的绝对支出总额（以现值美元计算）从1990年的1006亿美元上升到1999年的1548亿美元，如图9-6所示。（以定值美元计算，增幅为22%。）公路支出（以现值美元计算）增长了53%，公共交通支出增长了51%。因此，在这14（1990—2004年）年中，公共交通在政府总的交通运输开支中的相对比例略有下降。

9.11.2 州和地方资金

州和地方政府为公路提供了大部分资金，并几乎花费了所有这些资金——包括美国联邦政府的贡献。1999年，公路的公共支出达955亿美元，其中大约24.7%来自美国联邦政府，75.3%来自州和地方政府。美国联邦政府的开支都是以各种形式的拨款提供给州和地方政府，然后再由它们来使用这些资金。因此，州和地方政府

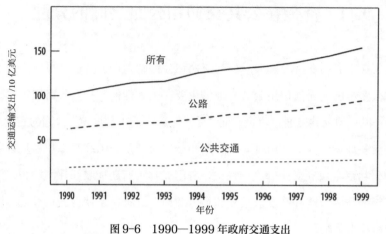

图 9-6　1990—1999 年政府交通支出

资料来源：美国交通部，《2001 年美国交通统计》，第 3 章 D 节，表 3-29a。

的公路支出几乎构成了公路的所有公共支出。然而，整个 20 世纪 90 年代，美国联邦政府对公路支出的基本贡献始终保持在 25% 左右。

9.11.3　美国联邦支出下降

随着时间的推移，美国联邦政府在公共交通上的实际支出，以及在交通总支出中所占的比例都有所下降。因此，州和地方政府为公共交通提供越来越多的资金份额。1999 年，政府在公共交通方面的总支出达 290 亿元，其中大约 14.7% 来自美国联邦政府，85.3% 来自州和地方政府。

美国联邦政府在公共交通总支出中所占的份额从 1980 年的 36.9% 下降到 1999 年的 14.7%。这主要是因为美国联邦政府以现值美元支付给州和地方政府的公共交通补贴只增长了 34%，州和地方政府在公共交通方面的支出却增加了 3 倍多，从 56 亿美元增加到 248 亿美元。按 1996 年定值美元计算，从 1980 年至 1999 年，美国联邦政府在公共交通上的总开支实际下降了 32%，而州和地方政府在公共交通开支（不包括美国联邦拨款）中所占的比例上升了 123%。因此，按定值美元计算，州和地方政府在公共交通支出中所占的份额（不包括美国联邦拨款）从 1980 年的 63.1% 上升到 1999 年的 85.3%。

9.11.4 美国联邦的公共交通补贴

长期以来，无论是从出行次数还是从乘客出行里程来衡量，公共交通在政府总资金中所占的份额远远大于其在总出行量中所占的份额。20 世纪 90 年代，公共交通获得美国联邦交通资金总额的 20%，获得所有政府交通支出的 19.3%，尽管它只提供了不到 2% 的客运里程和不到 5% 的通勤出行量（2000 年）。

从本质上讲，世界上几乎所有的公共交通系统都需要大量的公共补贴，因为它们无法通过票价或汽油税等来支付成本。这在一定程度上是正确的，因为公共交通本质上是一个成本下降的行业。这意味着，一旦交通系统建成并投入运行，运送少量额外乘客的边际成本几乎为零。在这样一个行业中，社会效率高的定价方法是接近边际成本。这鼓励了更多的人最大限度地使用已经建造的设施。但这种做法导致收入不足以完全抵得上资本或运营成本。

因此，公共交通需要与其出行产出不成比例的大量政府资金就不足为奇了。

9.11.5 公共资金和燃油税

美国公路和公共交通的整体公共资金正受到现行燃油税日益不足的影响，而燃油税的征收对象正是那些需要出行的人，这导致了经济和社会的低效运行。燃油税的征收跟不上建设、维护和运营地面交通的支出成本，原因有三。第一，发动机燃油效率的提升使得汽车每加仑油耗的行驶里程更长，但税收是按照每加仑计算的。第二，燃油税没有与通货膨胀挂钩，但是交通运输系统的运营成本会随着通货膨胀而上升。第三，出于政治原因，尽管交通系统成本不断上升，但美国国会和州立法机构一再拒绝随通胀而提高燃油税。这种情况迫使州和地方政府通过销售税和财产税为交通服务筹集更多资金，而财产税是负面的（它会给低收入家庭带来更沉重的负担）。其结果就是形成一种低效的社会资金转换，即交通运输系统的资金来源将从机动车拥有者转变为所有大众。

9.11.6 公共交通支出在政府总开支中所占的份额

一些提倡公共交通的人士认为，公共交通应当在政府的交通支出中占据更大的份额，从而改变过去那些年其资金不足的状况。20 世纪 80 年代和 90 年代，各国政府对这两种模式的实际支出进行了研究，结果只在一定程度上支持了上述观点。公共交通在政府总交通支出中所占的比例在过去只比最近略低。此外，早在 1980 年，公共交通在政府交通支出总额中所占的比例就大大超过了其在总出行量中所占的比例。

然而，从 1980 年到 1999 年，美国联邦政府用于公共交通的定值美元支出实际上约下降了三分之一，从 1990 年到 1999 年下降了 14%（相比之下，从 1990 年到 1999 年，美国联邦政府在高速公路上的开支按定值美元计算增长了 17.7%）。一个看似合理的理由是，美国联邦政府在交通方面的支出至少应该保持不变，而且考虑让更多的人享受公共交通服务的国家愿望，或许还应该扩大支出。一方面，这是公共交通倡导者提出的"奋起直追"观点似乎有道理的一个方面。另一方面，X 地区公共交通的公共支出几乎完全为 X 地区居民提供了福利。那么，为什么其他地区的居民要补贴 X 地区的公共交通呢？X 地区的居民不应该对只对自己有利的活动负责吗？美国联邦向 X 地区提供公共交通援助的唯一理由是，重新分配是国家的责任，美国各地的收入将惠及所有地区的人，特别是那些生活在经济资源低于平均水平地区的人。如果 X 地区是一个特别贫困的地区，那么美国联邦政府对该地区的服务（如公共交通）给予补贴可能是合理的，因为这些服务使 X 地区贫困的成员受益。但这意味着，地区财富应该成为影响美国联邦政府在公共交通方面支出的主要标准。目前还不清楚情况是否如此。

9.11.7　美国联邦基金提供了更多的出行方式

公共交通倡导者提出的一个关键观点是，美国联邦基金应该为美国公众提供更多的出行选择。因此他们对 1991 年关于《综合地面交通效率法案》中美国联邦立法的变化表示赞赏，该法案允许州公路信托基金的资金用于其他交通项目投资，如自行车道、人行道、反污染和安全项目，以及公共交通。这当然是一个合理的立场。问题是：与修路修桥相比，美国联邦（和州）的多少资金应该用于这些用途？没有科学或明确的方法来回答这个问题。

大都市规划组织制定的 20 个最大的大都市地区的未来交通支出计划表明，与这些地区的实际通勤出行份额相比，公共交通未来支出在总支出中的份额非常不成比例。"总支出"是指长期计划中用于扩大生产能力、经营、维修和保养的累计支出,这些长期计划一直延伸到未来。对所有 20 个大都市地区的统计数据进行整合,未来总的交通运输支出为 1.1 万亿美元。这个金额的 41% 将用于公路,57% 将用于公共交通(剩下的 2% 用于其他目的)。然而,在 2000 年,只有 3 个地区的公共交通出行比例达到 10% 以上。它们分别是纽约(24.9%)、新泽西北部(也是 24.9%,因为这两个地区在这次计算中被合并了)和芝加哥(11.5%)。其他 17 个地区的平均交通出行比例仅为 4.3%。此外,在几乎所有地方,非工作出行所占的交通比例通常比工作出行要小得多,因此,它在所有出行中所占的比例也较小。然而,这 17 个地区的公共交通计划支出的平均比例是 53%。这当然表明,在这些大都市地区,公共交通至少在支出预算中达到了所谓的"公平比例",尽管没有人能肯定这些计划将成为现实。

9.12 如何改变现有的公共交通方式来提高公共交通使用率?

提升公共交通承载能力的倡导者主要关注增加目前美国占主导地位的公共交通方式的运营数量,包括重型公交车(30 座或以上)、轻轨、重轨(包括地铁)、通勤铁路。但是,提升公共交通承载能力的最大障碍是,这些模式在经济性上不适合在低密度地区运营,而低密度地区是美国郊区和新增长地区的主力军。因此,目前提升公共交通承载能力最突出的倡议(如地面交通政策项目)十分强调改变自第二次世界大战以来,甚至在此之前美国普遍存在的基本居住模式。因此,公交倡导者是"智慧增长"积极的推动者。这项策略的重点,通常是把新开发项目的密度提升至比过去高得多的水平,并提升已建成地区的开发强度。

然而,如前所述,美国几乎所有的新开发项目,以及绝大多数已经开发的地区,其居住密度太低,不足以有效地支持这些类型的交通。产生这种状况的一个主要原因是,大多数美国家庭更喜欢住在低密度的居住点,而不是住在有足够高密度来支持公共交通的居住点。提倡公共交通的人要想成功地将新开发项目或现有的低密度居住点中任何重要的一部分，转变成足以在经济上支持这些形式的公共交通的高密度，可能性很小。

提升公共交通使用的另一种方法是推广更适合在低密度环境中运营的新交通形式。然而，这种方法需要削弱目前三种垄断或准垄断企业对公共交通运营的主导地位：区域交通机构（RTA）、公共交通雇员工会和当地出租车公司。因此，创造新的交通方式在政治上很少为这些垄断企业所接受，而这些企业正是提倡公共交通出行的主力军。因此，这种方法值得仔细研究。

过去，许多私营公交车公司在主要的大都市地区运营，大部分服务于该地区相对较小的和专门的区域。随着时间的推移，这些公司被合并为 RTA，部分原因是私家车所有权的迅速扩张使得许多小型运输公司在经济上不可行。渐渐地，RTA 在其经营的地区建立了对公共交通的实际垄断，控制着公交车、地铁、轻轨系统，甚至是通勤铁路系统。这些垄断者现在拒绝新的交通方式进入他们的私人交通运营市场，比如更豪华的郊区公交车。垄断者们担心，个体的私营经营者可能只专注于那些能够产生盈利业务的潜在交通客户的细分市场，从而从他们的各个市场中"攫取精华"，从而抢夺了 RTA 的这类客户。这与许多长途电话公司在解除对长途服务的管制后对美国电话电报公司（AT&T）所做的事情类似。

公共交通雇员工会反对任何没有其成员服务的情况下运营的公共交通形式，因为其成员薪酬较高。事实上，美国联邦政府过去在对交通运输方面的支出中，有相当一部分用于提高这些工会工人的工资，而不是提升公共交通服务。在许多欠发达国家，小型公交车通常由拥有汽车的个人司机经营。他们在主要的大街上来回开车，接载乘客，把他们送到目的地或附近，从而与当地的公交车服务和正规的出租车公司竞争。小型公交车的服务一般比公交车快，因为它不需要停那么多站。这些司机的工资也比已加入工会的公交车司机低得多，这使得他们可以收取更低的费用。诚然，小型公交车没有与大型公交车公司相同的安全、舒适和清洁标准，因此，它们可以以低得多的成本运营。

老牌出租车公司也反对将小型公交车业务合法化，而且现在美国大多数城市都禁止这种做法。但是，小型公交车可以克服两个主要障碍，使公共交通在低密度地区变得方便：大型、昂贵的公交车辆在低密度地区（尤其是在高峰出行时段之外）

经常空置，但其购买和运营费用很高，这主要是因为司机的工资；高薪司机按照 8 小时给付工资，但他们的服务主要在早晚高峰时段。这些特点使得现有的运输业务相对于生活在低密度地区的人们的需求来说相当缺乏灵活性。

正如 Dennis Polhill 和 Matthew Edgar 所描述的那样，迈阿密在 1989—1991 年出现了小型公交车服务。

1989 年，佛罗里达州的立法机关在无意中形成了一个法律漏洞，允许像小型公交车这样有竞争力的、不受监管的服务。几个月之内，20 多家小型公交车公司出现了，它们服务于意外创造的市场……新的小型公交车服务提供更快的出行和更短的等待时间，上落客地点更有灵活性，可以在深夜提供服务。在迈阿密，与大型公交相比，小型公交车服务的最大优势是速度快、上下车方便。乘客只需在小型公交车线路上的任何地方挥手就可以上车，而不仅仅是固定在不方便位置的公交车站。从这个意义上说，它更像是一种出租车服务。此外，为了让客户满意，小型公交车会按时运行。科罗拉多州对小型公交车的禁令的讽刺之处在于，按需出行（RTD）乘客的最大抱怨是：出行时间太长，公交车经常晚点，公交站位置不方便，而且 RTD 不提供深夜服务……

第一年，小型公交车服务在每个工作日吸引 4.3 万到 4.9 万名乘客。这在每个工作日为每辆车分流掉 110～115 名乘客。这些乘客中的大多数说，如果不是小型公交车，他们会开自己的车：迈阿密专门为小型公交车开辟了一个新市场……在没有政府补贴的情况下，小型公交车的服务可以收取每位乘客 1 美元，而大型公交收取 1.75 美元。RTD 对高峰时段的出行收取 1.75 美元，对非高峰时段的出行收取 75 美分（加上 4 倍于此数额的州和美国联邦补贴）……尽管有好处，迈阿密还是在 1991 年终止了小型公交车服务。各种不受监管的小型公交车服务被指控无证经营……结束小型公交车服务的原因是政治上的。政府只是不愿意让私营部门与公共部门垄断的公交系统竞争。

下面是一些专家建议的新的公共交通形式。

· 大城市或中等密度郊区的小型公交车服务。

- 放宽出租车服务管制。
- 定制小型公交车服务。美国公共交通协会认为,"按需"运输是公共服务的一个标准类别。在英国,对一些公共交通的管制放松已经使得小型公交车的使用大幅上升。
- 快速公交系统。
- 以订阅或随机方式提供共享租车服务(滴滴打车)。
- 商用货车服务(货拉拉)。
- 将公共交通部门拥有的车辆低价出租给个人,由其提供工作日的运营服务。
- 提供免费或便宜的穿梭公交,将商业区与快速交通系统车站连接起来。
- 提供连接富裕社区到中心城区的快速公交服务。
- 为居住在中心区、工作在郊区的私家车主提供补贴,以要求其须为一定数量的同行人充当拼车司机。

本书不打算详细描述或评估所有这些可能替代现有主要公共交通形式的新形式,然而,一般性的观察是要做的。

这些策略中的大多数都需要修改现有的法律法规,因为这些法规现在向 RTA 或出租车公司授权了地方或区域的公共交通服务垄断权。一些策略包括用无薪或相对低薪的劳动力来替代目前收入颇丰的公交司机。公共交通雇员工会很可能会反对这种做法,理由是实施这种做法会减少工会成员的就业机会,并降低乘客的安全性。因此,即使对这些策略进行足够的实验,以发现它们是否可有效地服务于低密度地区,也可能很难获得足够的政治支持。尽管如此,作者认为,从长远来看,通过这些设施来扩展公共交通,要比说服美国人改变他们对未来发展的偏好,从低密度的居住模式转变为足够高密度的模式,以支持当前的公共交通形式更有意义。

9.13　怎样才能提升现有公共交通工具的使用率?

第一，将美国社会的发展模式由低密度调整为高密度。

第二，大幅提升私家车的成本。许多公共交通的倡导者也认为，对于大多数美国出行者来说，私家车在多数情况下都比公共交通拥有优势。而任何可行的公共交通服务提升都不足以抵消这个优势。这一结论已被多年来公共交通服务的各种改进所证实，这些改进未能削弱私家车的压倒性优势。这些改进包括缩短公交车和轨道列车的发车间隔，更好的车站位置，更多的线路，更舒适的空调车辆，更舒适的座位和更多的座位，更低的票价，以及更方便的换乘安排。如此繁多、代价高昂的尝试都没能将公共交通的客流增加太多，尤其是在通勤出行上。然而，即使 2000 年全美公共交通出行比例从 4.73% 提高至 9.46%，但私家车的出行比例依然很高，只是从 88.5% 降至 83.2%，这对于缓解高峰时段的交通拥堵贡献并不大。因此，鲍里斯·普什卡廖夫和杰弗里·祖潘总结道："从交通的角度来看，从限制汽车使用或提高城市开发密度中获得乘客会更有利可图。"

综上所述，提高驾车成本，尤其是独自开车上下班的成本，应该从以下几点着手：

- 增加汽油税；
- 提高拥有私家车的成本；
- 增加高峰期停车费用。

10

高峰时段和其他道路收费

一个极具争议的解决交通拥堵的建议是，通过在高峰时段收取可变通行费，对主要通勤道路的通行进行配给。这些通行费的设置将使愿意支付通行费的司机人数减少到足以在相关道路上持续高速开车。因此，在高峰时段使用这些道路的车辆将比现在在免费通行但拥堵的情况下使用这些道路的车辆多。这提高了整个公路系统的效率。

这样的道路收费是有争议的，因为它让低收入通勤者处于不利地位，这是对他们现在可以在高峰时段免费使用主要道路的东西收取的"附加税"。然而，公众和政府对道路收费的兴趣正在增加，因为高峰时段的拥堵在许多地区变得更加严重和普遍。因为急需筹集更多的资金来投资地面交通设施，一些地区已经成功地实施了道路收费，而且没有出现上面提到的缺点。此外，一种新的追踪车辆和收取通行费的高科技技术已经出现，它可以对所有道路实现收费，而且不会给司机带来太多不便。

如今，道路收费已经开始向更广泛应用的方向发展。因此，理解道路收费的基本性质、它现在是如何演变的，以及它可能如何演变，是理解如何应对高峰时段交通拥堵的一个重要方面。

10.1　高峰时段道路收费的经济学原理

交通经济学家认为，尽管人们在高峰时段驾车驶入拥挤的道路，增加了他人的延误和集体成本，但他们不必为自己的行为所产生的全部成本买单。他们不得不忍受自己因为交通拥堵而造成的时间损失，但是他们不需要为他们强加给别人的时间延迟而付费。因此，个别司机会继续进入道路，即使他们使用道路的平均总成本超过了使用它的平均总收益。

因此，一些高速公路高峰时段的交通流通常会超过经济最优水平，也就是说，每个司机的平均总成本（包括运营成本、时间成本和任何通行费）等于司机使用道路的平均总收益。当交通流超过这一水平时，车辆会进一步减速，因此司机的平均总收益会进一步下降，而平均总成本则会高于这一水平。这就错配了司机的时间和投资在提高道路通行能力上的资金。如果能将交通限制在平均总成本等于平均总收益以下的水平，所有司机的收益将会更大（见附录B）。这可以通过向每位司机收取高峰时段使用该路段的通行费来实现。这个货币价格应该被设定为使每个进入拥挤的道路的人所付出的总成本等于该人强加给自己和他人施加的平均总成本。这将比现在使用限时价格来分配有限的公路空间更有效。如果每个现在在高峰时段使用这些公路的人都要为此付费，许多人就不会在这些公路上开车了。收费越高，就会有越多的人望而却步。从理论上讲，只要设定适当的高收费，就可以达到预期的高峰拥堵程度。然后，司机的数量可以保持在足够低的水平，以允许车辆在道路上持续高速移动，从而最大限度地提高每小时的车辆吞吐量。

大多数交通经济学家提倡在高峰时段收费不是为了减少交通拥堵本身，而是为了最大限度地有效利用社会经济资源。经济学家认为，如果能引导更多的驾车者将上下班时间从高峰时段改为非高峰时段，这些资源将得到更有效的利用，人们因拥堵造成的时间损失也会减少，道路将会在每天更多的时间里得到更有效的利用。但经济学家建议的这些通勤行为的改变并不会消除交通拥堵，甚至不会将其降低到非常低的水平。即使在高峰期采取最优的收费措施，高速公路的交通量仍高于非拥堵时段。对通勤者来说，进入一条交通拥堵已使车速有所放缓的高速公路是值得的，因为这条路线仍然比其他路线优越，因为它更直接，而且没有红绿灯等交通信号灯。因此，即使实施最优收费也不会结束交通拥堵，尽管它会在许多地方降低目前的拥堵的水平。

有一个更简单的方式来解释为什么道路收费可能是合理的。经验证明，任何真正需要的商品，如果数量有限，但免费提供，就会供不应求。如果"超级碗"的门票是免费的，想要得到门票的人数将远远超过"超级碗"的座位数量。在这种情况下，必须想出某种办法，把有限的好东西分配给需要它的广大民众。一种方法是先到先得，这样人们就会排起长龙来取货，直到供货耗尽，这就相当于拥堵。另外一种方法是，由于没有进入道路的障碍，人们会一直这样做，直到道路变得如此拥挤，移动速度相当于爬行。这就好像很多人挤进了"超级碗"，结果他们都跑到了赛场上，从而破坏了其他人的比赛。收取"市场出清"价格的替代方案似乎明智得多。通过适当地设置价格，可以减少愿意支付这个价格的人的数量，使他们能够在路上快速移动。简而言之，这就是高峰时段道路收费的经济学原理。

10.2 两种不同的道路收费方式

有两种基本的道路收费方式：区域收费和道路设施收费。在第一种道路收费方式下，交通主管部门首先会选择某个相对较小的、被内部拥堵严重困扰的区域，一般是城市中心区。随后，这些人员在该区域周围设置警戒线，并向任何驾车越过警戒线进入指定区域的人收取通行费。而在警戒线区域内的居民和某些类别的车辆，如出租车、公交车、警车和消防车、救护车等，通常是可以免费通行的。这种道路收费方式主要是为了缓解划定区域内的道路拥堵，通行费通常不会随时间而改变，尽管它可能会变化。

第二种道路收费方式关注的是整条道路的使用。任何在指定时间进入该道路的车辆都要被收取一定的通行费，其数额要高到足以将道路上的交通量限制在允许高速行驶的水平。因此，收费会随着时间的推移而变化，在交通量相对较低的时期，收费可能会降至零。道路设施收费的目的是加快交通设施上的交通流动速度。这种道路收费方式是大多数交通经济学家几十年来的理论。

尽管世界范围内的交通拥堵日益加剧，但还没有一个大都市地区采用全面的道路设施收费系统来缓解交通拥堵。这一系统将对进入该地区所有主要通勤路线的每条车道收取不同的通行费，以使交通量保持在足够低的水平，从而保证交通运行速度。中国香港地区曾在一部分道路上测试了八个月的收费措施，但后来放弃了。

一些城市（新加坡市、奥斯陆、特隆赫姆、卑尔根、伦敦）收取了区域高峰时段通行费，以减少其市区的拥堵。然而，这种方法只适用于大城市中有广泛的公共交通网络服务的小的高密度地区。到指定区域工作或到访的人士如因收费而被劝阻驾车进入该区域，便可选择使用公共交通工具。指定区域外的交通拥堵只会因为进出警戒区的车辆减少而受到影响。

没有一个地区曾经尝试过全面的道路设施收费系统，其原因之一是许多管理交通的政府官员从未接触过这个概念，所以他们根本没有想到要使用这个概念。此外，道路收费也时常被批评为不公平、低效和侵犯个人权利的措施。

虽然没有一个地区全面尝试过这种方法，但本章的大部分分析主要集中在道路设施收费上。这是因为只有这样的道路收费方式才有可能（至少在理论上）解决整个地区高峰时段的拥堵问题。当然，现在已经有越来越多的区域收费的案例，有关这些案例的分析也肯定了该方法的有效性。

10.3 假设案例研究

刚刚提出的高峰时段道路设施收费的纯理论是相当抽象的。下面我们对一条假想的通勤高速公路进行三个场景的分析，向大家详细展示该理论的作用方式。

让我们做一些基本的假设。假设有一条 20 英里长的四车道高速公路（两个方向各有两条车道）。这比 2000 年平均通勤距离大约长了三分之一。假设在上午 6 点至 9 点单向使用这条道路的车辆数量为每车道 9000 辆，即每车道每小时 3000 辆。这些车辆的驾驶员对车速有不同的偏好，有些人愿意支付更多的钱来加快速度；有些人愿意花一些钱，但不会很多；还有许多人不愿意花一分钱来加快速度。小汽车平均长度为 17.0 英尺，卡车的平均长度为 50 英尺，其中 5% 为卡车，其余为小汽车。因此，车辆的平均长度是 18.65 英尺。假设车辆只能从这条路的一端进入，而不能从任何中间入口驶入。

进一步假设公路上的车辆以每小时 60 英里的无阻碍速度出现。这将产生每车道每小时 2000 辆车的流量，在 3.0 小时内每车道总共 6000 辆车（更快的速度可以产生更大的吞吐量，但这被认为是不安全的。较慢的速度会导致较小的吞吐量）。但这需要车辆在从上午 6 点开始的 3 个小时内稳定进入，即每小时 2000 辆，每 1.8 秒 1 辆，不允许其他车辆进入。因此，在高峰期最多有 12,000 辆车通过这条高速公路，即每条车道 6000 辆（最后一辆进入的车辆将在上午 9 点 20 分结束行程）。

由于道路上的车辆以每小时 60 英里的速度畅通无阻地行驶，或者说以每秒 88.0 英尺的速度行驶，因此车辆（从第一辆车的后部到第二辆车的前部）之间的平均间隔时间为 139.7 英尺——需要 1.59 秒。这比广泛推荐的超速车辆之间的 2.0 秒间隔要短。但是由于在加利福尼亚州高速公路上反复观察到这个比率，所以在这个分析中使用了这个比率。车辆将以每 1.8 秒 1 辆的速度进入，这比它们达到无阻碍移动速度时的间隔大,所以它们达到该速度没有障碍。表 10-1 显示了这些假设案例的定量结果。

表 10-1 速度-流量关系分析,三种假设情景

项目	情景 1	情景 2	情景 3
每车道每小时进入车道的车辆 / 辆	2000	3000	3000
车辆之间的初始时间 / 秒	1.80	1.20	1.20
初始速度 /mph	60	60	60
车辆之间的初始间距 / 英尺	140	87	87
车辆之间的调整间距 / 英尺	140	129	88
车辆之间的调整时间 / 秒	1.59	1.75	2.02
调整高速公路流速 /mph	60	50	30
调整后的每车道每小时车辆吞吐量 / 辆	2000	1800	1475
车辆之间的调整时间 / 秒	1.8	2.00	2.47
每车道 3 小时高峰时段的车辆吞吐量 / 辆	6000	5400	4425
行驶 20 英里的时间 / 分钟	20	24	40
6000 辆车辆以调整速度进入所需的时间 / 分钟	180	215	247
6000 辆车辆以该速度完成行程所需的时间 / 分钟	200	239	287
时间占道路收费情况下所用时间的百分比 / (%)	100.0	119.5	143.5
在调整速度下 1 英里内的平均车辆数 / 辆	33.3	36.0	49.5

资料来源:作者的计算。

10.3.1 情景 1:道路收费

在情景 1 下,道路收费用于防止每车道每小时进入该高速公路的车辆超过 2000 辆。入口的可变收费标准应设置得足够高,以保证进入者的数量降至该水平。同时,收费管理单位要时刻追踪每小时进入道路的车辆数。如果每小时每车道有超过 2000 名司机愿意支付初始通行费,那么通行费就会提高,直到每车道每小时几乎刚好有 2000 名司机愿意进入。如果少于 2000 人进入,则该费用将被降低。所有不愿意或无法支付设置的通行费的司机,就必须在这 3 小时高峰时段另觅其他出行方式。在积累了一些经验之后,政府将会对如何设置高收费有一个合理准确的概念,以保持每小时 2000 辆车的平均进入率,尽管这个费用每天都会有所不同。

在这一种情景下,由于每车道每小时有 2000 辆车进入公路,持续 3 个小时,每条车道将有 6000 辆车通过。它们将以 1.8 秒的间隔进入,每条线路需要 20.0 分钟。

在任何给定的时刻，每一英里的路面上平均会有33.3辆车。上午9点进入的车辆要到上午9点20分才能完成行程。所以，处理这6000辆车的高峰时段实际上是3小时20分钟。其他3000名想要在上午6点到9点（每小时1000名）使用这条路的司机（每车道），将被拒绝进入，并将不得不寻找其他时间、路线或方式。然而，他们的"被拒"是他们的偏好和选择的结果。他们根本不认为节省时间值得支付通行费。

10.3.2　情景2：不受限制地进入高速公路

在情景2下，没有设定车辆进入高速公路的障碍。在这段时间里，每条车道上9000辆车的司机想要在这条路上开车，他们以同样稳定的速度到达，但速度是每车道每小时3000辆。每个人都希望以每小时60英里的速度畅通无阻地前进。如果每小时有3000辆车进入高速公路，那就是每分钟50辆车，或者每1.2秒1辆车。考虑平均每辆车以每小时60英里的速度通过某一点所需要的时间，两辆车之间只有0.99秒的间隔。如果车辆以每小时60英里的速度行驶，这一间隔将使车辆之间的物理距离仅为87英尺。

但是司机们很快就会觉得这个距离太近，不安全，所以他们会减速以延长车辆之间的间隔时间。如果他们将平均车速降至每小时50英里，那么来自实际道路测量的数据表明，他们可能会将车辆之间的平均间隔延长到1.75秒，或129英尺。以这样的速度和间隔，每小时将有1800辆车通过高速公路。但是，这一流量不符合每小时有3000辆汽车进入每条车道的假设。事实上，当每小时有2000辆以上的车辆进入高速公路时，为了将车辆间距增大到一个安全的范围，必须将速度减慢，这会在高速公路的起点产生阻碍，也会减慢车辆进入的速度。因此，在任何一个重要的时间段内，每小时允许进入超过2000辆车的动态结果是一个反馈，它导致道路上的车速放缓、入口拥堵，以及进入车辆降至每小时2000辆以下。然而，如果车辆以每小时1800辆的速度从入口点驶入路面，它们将以每2.00秒1辆的速度进入，这比车辆以每小时60英里的速度进入的时间间隔更长。

很难精确地量化这种动态反馈是如何工作的。关于车辆之间的时间或距离间隔，很少有每一速度标准下的可靠数据。假设车速下降到每小时50英里，每小时将有1800辆汽车通过，那么在3小时内，每条车道的总吞吐量将达到5400辆汽车。每辆车在高速公路上需要行驶24分钟，比道路收费模式下的时间约延长了20%。早高峰时段，每条车道的总吞吐量比情景1少600辆。如果要满足与情景1同样的6000辆车的通行需求，需要的时间要比情景1多24分钟，即224分钟，较情景1（200分钟）增加了12%。

10.3.3　情景3：不受限制地进入高速公路，但速度较慢

在情景3下，司机们进一步降低车速，车辆间距为88英尺，以1.2秒时间间隔进入高速公路。根据经验，该时间间隔对应的车速为每小时30英里。这种情况下，该车道每小时的通行能力为1475辆车。那么，从上午6点到9点，每条车道上只有4425辆车可以通行。每辆车通过高速公路需要40分钟，是情景1的2倍。在该情景下，如果每条车道要完成6000辆车的行驶，共需要4小时4分钟。最后一辆车将在第一辆车进入284分钟后完全通过道路，这比情景1的时间增加了42%。因此，如果每小时30英里的情况实际上是道路收费的替代方案，那么道路收费将为每个用户节省20分钟的出行时间。如果这条路的收费是单程2美元，那么时间的隐含价值就是6美元/时，因为付费可以节省三分之一小时。重要的是，在较慢的速度下，在任何给定的时刻，每英里的路上有更多的车辆，因为它们比高速行驶时靠得更近，每英里停留的时间也更长。因此，如果车辆以每小时5英里的速度行驶，中间距离为10英尺，那么每车道每小时的吞吐量将为921辆。这样，每英里的道路上将有184辆车，形成一条几乎不动的爬行机器线。

要想确定交通流在什么速度下会达到某种平衡，这几乎是不可能的。但能确定的是，采用道路收费模式的道路完成6000辆车20英里的路程所需时间较短。当司机们对道路的延误时间有足够的经验可以进行预判时，许多人在高峰时段出行会重新选择路径，从而减少进入该道路的车辆数。

10.4 高峰时段出行和道路设施收费

不管是否采取了道路收费措施，只要试图进入某条高速公路的车辆数超过其设计车流量，就应该对其进行限制。因为，让道路通行能力满足所有潜在的出行需求，并不是解决交通需求的合理方式。不管何种情况，交通需求都是超负荷的，而道路设施的承受能力有限，因此高峰时段必定会有一部分车辆被高速公路拒之门外。

当存在对道路的超额需求时，必须对寻求使用道路的人进行空间配给，或对道路进行收费（情景1），并将价格设置到允许最高车速和通行能力的标准，否则车辆继续驶入，道路会被完全"塞满"（情景2和3）。

从车辆通行的整体效率来看，道路收费是一种比拥堵更有效的道路空间配给手段。允许更多车辆进入道路而不考虑车速对通行能力的影响，将不可避免地使交通量低于设计的最大值。

从驾驶员的角度来看，道路收费条件下个人偏好与实际行为之间的匹配优于拥堵条件下的个人偏好与实际行为之间的匹配。当道路收费时，那些希望在高峰时段快速开车并拥有足够资源的司机能够获得这样的开车机会，而那些不在乎这种快速出行且没有足够资源的司机在高峰时段则不能快速开车。但在交通拥堵的情况下，无论他们的意愿或资源如何，两组人都无法在高峰时段实现快速开车，当然两组中都有部分人可以在高峰时段实现慢速开车。在高峰时段，这些群体中的哪些成员可以开车，这是一个机会的问题，取决于谁第一个到达那里，而不是他们的偏好程度或资源数量。在道路收费和拥堵的情况下，许多想在高峰时段加快速度的人无法做到这一点。但是道路收费使那些有强烈愿望和支付手段的人能够实现他们的目标，而拥堵阻碍了每个人快速开车，阻碍了许多司机在高峰时段完成他们的行程。

简而言之，除了分配公平之外，道路收费在社会和个人方面都比拥堵更能有效地分配稀缺的道路空间。

10.4.1 公平性问题

在高峰时段对主要高速公路收取足够高的通行费，以保证道路以最大流量和车速运行，这肯定会使收入较低的出行者处于不利地位。此外，如果高速公路高峰时段的超额需求变得很大，那么在该高速公路的潜在用户中，因道路收费而被拒之门外的比例可能超过50%。如果一个大都市地区所有主要的高速公路都实行类似的道路设施收费，那么"不收费道路"的替代方案将会大大减少。诚然，如果收取通行费的净利润足够多，"超额"收入就可以用来改善其他道路或交通设施。但是，这种替代交通方式的改进不太可能完全抵消那些不能或不愿在高峰时段在收费设施上开车的人所遭受的不便。这将使相当比例的通勤者感到失望和沮丧。

当然，几乎所有人目前都因为严重的交通拥堵而感到失望和沮丧。可是一旦实施道路收费政策，许多人将无法在高峰时段使用自己喜欢的道路，他们会将其归咎于道路收费在经济上的歧视。他们可能会得出这样的结论：从社会的整体观点来看，拥堵配给是一种对道路资源的低效利用，但这更有可能使他们至少在某些时候有机会在他们想使用的时候使用他们喜欢的道路。这种情况可能会导致民选官员禁止所有主要通勤路线的高峰时段道路收费，就像迄今为止的情况一样。

克利福德·温斯顿（Clifford Winston）和查德·雪莉（Chad Shirley）认为，这种情况表明，主要道路应该私有化，从而退出政治舞台。他们认为，将这类道路转为私人所有，将允许他们的非民选运营商进行高峰时段的道路收费。这将大大提高投资于公路的资金在整个经济体系中的使用效率。然而，这种观点在经济上是正确的，在政治上是不成熟的。将主要道路从公有制中移除并不会使它们从公众关注中消失，因为它们是国家地面交通系统的支柱。只要绝大多数美国司机强烈反对高峰时段的道路收费，美国民选官员就永远不会允许广泛采用这种收费方式，无论谁拥有这些道路。根据2000年的美国人口普查数据，89.7%的家庭至少有一辆私家车。1995年，大约74%的低收入家庭拥有至少一辆汽车。1995年，生活在低收入家庭的工人中，84%的人驾乘私家车上班。因此，认为道路收费会给其带来不便的人数要远远多于那些愿意支付费用的人数。

在实践中，人们反对道路收费政策的强烈程度在一定程度上取决于拥堵收费的标准。为了缓解重要道路高峰时段的拥堵，收费标准通常需要设置在很高的水平上。纽约市曾将桥隧通行费提高了一倍，但跨河交通量没有明显下降。纽约市曾在交通高峰期对哈德孙河收取更高的通行费。它将跨哈德孙河的通行费提高至6美元，但对于使用快易通电子收费系统（智能卡）的用户给予1美元的折扣，如果其在高峰时段以外出行，还将再额外获得 1 美元的折扣。这项措施将一部分高峰时段的出行量转移到了其他时段。据估计，南加州地区有效的道路收费标准为中心城区 0.65 美元 / 英里，郊区 0.21 美元 / 英里。这个标准远高于目前大多数已经实施的收费标准（0.02～0.04 美元 / 英里）。这样，郊区一条 15 英里长的通勤公路的收费为 3.15 美元。很少有政客愿意将这些成本强加给大多数开车的选民。

反对道路收费的第二个主要理由是，它只是政府向公民征税的一种方式。通过对以前在高峰时段免费在高速公路上行驶的车辆收费，政府剥夺了公民原本可以自行消费的收入。这引起了一些人的反感，他们认为我们社会中的政府过于庞大和干涉太多。这一反对意见会有多强烈，部分取决于如何处理从道路收费中收取的钱，以及汽油税等其他道路收费是否被消减或取消。

高峰时段拥堵收费的广泛实施可能带来巨额的收入。一些报告估计，在全美范围内实施拥堵收费每年可能会带来 540 亿美元的收入（以 1981 年的美元计算）。在净收益方面，这可能相当于每年 200 亿到 600 亿美元。即使考虑运行这些系统的成本，这也会为政府带来大量的资金。

一些道路收费的拥护者认为，这些钱可以被重新分配给低收入家庭或司机，以抵消道路收费政策的不公平影响。帕特里克·德科拉 - 索萨（Patrick DeCorla-Souza）曾建议用部分收入补贴小型公交的保险费用，这些小型公交可以免费使用快车道。他还建议给在不收费的车道上开车的司机提供"收费积分"，使用这些积分他们可以大约每周在 HOT 车道上开一次车。

从道路收费获取的资金最主要的用途便是改善该地区的交通运输系统，包括为道路、公共交通及其他与交通相关的设施提供资金，比如自行车道和人行道。改善后的交通系统可以取代低收入通勤者高峰时段的私家车出行。然而，许多通勤者不能使用公共交通，因为他们的行程不会在公共交通路线附近开始或结束。即便如此，合理使用从道路收费中获得的资金，再加上从快速驾驶车辆中节省的时间，可能会让所有收入阶层的司机都过得更好，即使是在支付了道路通行费之后也是如此。节省的通勤时间的金钱价值——尤其是在改善了现有的交通系统之后——将超过高峰时段收取的费用这一成本。

一些经济学家认为，从高峰时段收费中获得的收入用于政府的一般支出会更具经济效益。但是，这样做法往往会被民众认为道路通行费不过是一个新的税种。根据以往各类新税种的经验可知，当新增税收用于与征税活动相关的内容时，民众的感觉往往会更好。此外，高峰时段的高速公路通行费如果被视为一种使用费，可能会收到更好的效果。如果部分资金用于改善公共交通，则可为因高峰时段收费而被迫离开高速公路的司机提供更多的出行选择。

另一个对该政策公平性的回答是，高峰时段的交通正变得如此拥堵，以至于大多数人，都愿意付出一些代价（更大的不便）来改善它。

10.4.2 效率问题

还有人说，向司机收费会影响道路的运行效率，但是技术的发展提供了克服这些障碍的方法。

许多地区已经开始使用一种类似快易通电子收费系统的智能卡来支付道路通行费，它包含预付的信用额度。这个装置大约有一副扑克牌那么大，固定在挡风玻璃的内侧。当装有该装置的车辆驶近收费站时，收费站内的电子设备将读取智能卡上的信用卡余额，并从该金额中扣去通行费。该设备位于收费站较高的位置，以保证车辆不用停车就可以完成缴费。当缴费卡的信用总额低于指定的水平时，系统就会向持卡人发出通知，要求尽快购买额度。该系统不记录每辆通过该系统的车辆的牌照或信用卡号码，除非该车辆的信用总额低于指定的水平。因此，与记录每辆车通过每个收费站时的身份的系统相比，这种方法较少因为隐私问题遭到反对。智能卡系统也避免了账单收取的问题，因为没有及时保持信用额度的持卡人必须停止使用并以现金支付通行费。因此，用户必须提前付费才能享用收费区域的快速通道。

另一个电子追踪及计费系统在香港运行了八个月。经过仔细的评估，证明它是有效的。然而，香港拒绝更广泛地使用道路收费，部分原因是市民认为收费不过是另一种形式的税，尽管当地政府试图解释该系统如何提高了经济效率。

人们认为，这样的税收，一旦建立，将永远不会被废除，甚至可能会增加。人们还认为，用来监控交通违规的电子监控摄像头可以用来追踪政府想要逮捕的人。

虽然很少对道路收费进行成本效益分析，但安装一个系统的成本肯定可以通过高峰时段的收费迅速得到补偿。

10.5 HOT 车道——道路收费的一种不完全形式

HOT 车道（高载客量收费车道）是一种不完全的道路收费形式。其最初的想法是允许单人车（SOV）通过支付通行费来使用 HOV 车道，至少在高峰时段是这样。这一概念最初是一种增加 HOV 车道客流量的手段，因为 HOV 车道在高峰时段并没有满负荷运行。它为每天使用非常拥挤的高速公路的通勤者提供另一个选择，要么在收费的单独车道上开得更快，要么在不收费的缓慢拥堵的车道上开车。

HOT 车道是指供 HOV（高载客量车辆）免费或低收费行驶的车道，但 SOV 通过缴费也可通行。不同的 HOT 车道运营商收取不同的通行费，以使这些车道的总交通量保持在足够低的水平，从而保证不间断的高速交通。HOT 车道总是与不收费的"常规"高速公路相邻，如果通勤者不愿意缴费的话，可以选择常规高速公路，但需要忍受拥堵。

91 号公路是位于南加州的一段公路，曾进行过 HOT 车道试验，这是一段长 10 英里的东西向高速公路，最初为双向 8 车道（每个方向有 4 个车道），1995 年，利用原本中央隔离带的空间为两个方向分别新增 2 条车道，并对载客量 3 人及以上的车辆免费开放，其他车辆使用则需要付费。然而，1998 年以后，开始对载客量 3 人及以上的高载客量车辆收取半价的通行费。这些新增的 HOT 车道当时由私人资本投入 1.34 亿美元，该部分资金将通过道路收费得到补偿。所有使用 HOT 车道的车辆都必须购买预付费的智能卡，这样他们才能在不停车的情况下通过收费站。当时，该区域共向当地司机发出了 36.4 万个智能卡装置。

通过对普通高速公路和收费公路进行全面评估，加利福尼亚州运输局得出了以下结论。

- 在收费快车道开通之前，91 号公路是一条拥挤不堪的高速公路，高峰时段的行程时间要比平时多一个多小时。在开通新车道的 6 个月内，这条公路上所有用户（包括免费车道上的用户）的行程延误从 30~40 分钟减少到 10 分钟以内。

- 新车道开通一年后，91 号公路的总交通量增加了 17%。1998 年底，附近另一条高速公路通车，将 91 号公路上的一些司机分流，91 号公路的总交通量有所下降。

· 1999 年高峰时段，每条收费快车道每小时可容纳 1400 至 1600 辆车。快车道的通行能力与相邻的免费车道在该时段的通行能力大致相同，但这个通行能力远高于收费快车道开通前那些车道的通行能力。因此可以说，HOT 车道增加了道路的总通行量，大大减少了所有车道的拥堵。

· 收费车道的使用率取决于免费车道的拥堵程度。在中午非高峰时段，只有大约 7% 的车辆使用收费车道。在晚高峰时段，大约 35% 的司机使用收费快速车道。此外，随着时间的推移，免费车道的拥堵状况有所加剧，使用收费快速车道的司机比例也有所增加。

· 高收入人群（收入超过 10 万美元）使用收费车道的概率是低收入人群（收入低于 2.5 万美元）的 2 倍多（23% 对 10%），而不使用的概率只有低收入人群的一半（37% 对 73%）。即便如此，约有一半的高收入通勤者很少使用收费车道，而约四分之一的低收入通勤者经常如此。

· 女性比男性更喜欢使用收费快速车道。

HOT 车道可以通过两种方式创建。第一种是建设额外的车道，并用于此目的，如 91 号公路。第二种是将那些实际使用率不足的 HOV 车道改造成 HOT 车道。HOT 车道不应该使用现有的免费车道来设置，因为这会降低剩余免费车道的容量，进一步加剧免费车道的拥堵，激化矛盾。只有邻近的免费车道非常拥堵，司机才有动力花钱使用 HOT 车道。

从这个角度看，HOT 车道的设计并不是为了消除拥堵，它也根本无法做到这一点。相反，它的设计是为了实现另外两个目标。一个是让那些希望快速开车的通勤者通过选择付费方式来达成目的。这种选择对所有收入阶层的通勤者都有潜在的好处，而不仅仅是富裕阶层。即使是不富裕的司机有时也强烈地需要在高峰时段快速开车——这种强烈的需要使他们愿意支付 HOT 车道通行费。但如果主要高速公路的所有车道在高峰时段都非常拥挤，这些需求就无法得到满足。另一个目标是扩大相关道路的总容量，从而使所有的用户——包括那些在免费道路上的用户——过得更好。

与高峰时段对所有道路进行收费的方式相比，HOT 车道拥有一个潜在优势，即 HOT 车道很少被认为对低收入司机不公平。高峰时段，对一条道路的所有车道都收费，大大降低了低收入司机在高峰时段使用这条道路的能力。相比之下，如果高速公路上的大部分车道在高峰时段都能免费使用，那低收入用户也可以像以前一样使用这些车道。此外，只要通过新建或改造现有未充分利用的 HOV 车道来设置 HOT 车道，就能增加道路的整体容量，从而也有利于免费车道的使用者。通过设置 HOT 车道来提升道路通行能力的做法，远比在高峰时段对所有车道收费更容易被大多数美国司机接受，从而减轻目前阻止任何形式的高峰时段收费的强大政治压力。的确，有人批评 HOT 车道是"雷克萨斯车道"，偏袒富人。这一观点甚至导致马里兰州州长禁止在该州兴建 HOT 车道。但一个更有说服力的例子是，HOT 车道对所有收入群体都有利，胜于对所有主要道路的车道都征收高峰时段通行费。

HOT 车道能够收取通行费，因此，它获得的收入可以为其建设提供资金。加利福尼亚州 91 号公路的经验表明，私营公司可以从高速公路运营中获得足够的收入来补偿建造高速公路所需的资金。不过，这条公路使用公有的隔离带空间设置 HOT 车道，在一定程度上节约了土地成本。此外，如果私营企业以利润为导向，它可能会反对任何减少免费车道拥堵的公共政策，因为较低的拥堵会降低司机支付 HOT 车道通行费的意愿。私营企业的这种态度引发了公众的强烈抗议，于是州政府不得不从私人所有者手中购买车道并接管其运营。因此，由私人非营利组织或公共机构拥有这样的项目可能比由私营企业拥有更好。

肯尼斯·奥斯基（Kenneth Orski）和罗伯特·普尔（Robert Poole）提议建立整个区域的 HOT 车道网络，主要是通过将目前未充分利用的 HOV 车道改造成 HOT 车道。他们建议快速公交车辆免费或低收费使用 HOT 车道，SOV 付费使用 HOT 车道，这种方法能够为整个区域面临严重拥堵的驾驶者提供快速出行的选择。

10.6　一种基于新技术的道路收费方式

一种更为激进的道路收费方式是使用 GPS 和车载计算机对所有行驶在道路上的车辆进行收费。车载计算机将根据 GPS 信息记录车辆行驶轨迹，只要行驶到收费的道路上，相应的行驶数据就会由 GPS 系统及其计算机测量，结果将被连接到预置的计费系统中。最终的费用将被计算并存储到车载计算机，然后被转存到智能卡上。车载计算机会根据道路经过的行政区来分别保存单独的计费信息。司机每个月都需要将智能卡的信息上传至终端处理器，形成最终的账单。终端处理器则会根据车辆在各个区域行驶的信息，将不同的费用份额分配至不同的管辖单位。

与现有的道路收费方案相比，该方式有以下几个主要优点。

·行政区可根据车辆在其区域内行驶道路的比例来收取相应的费用。因此，它有可能取代燃油税，成为为道路提供资金的一般手段。

·不会影响任何车辆的行驶，因为不需要停下来缴费。

·不需要建造收费站、收费亭、电子线路系统或其他收费设施。因此，只要将 GPS 数据连接至车载计算机，各行政区的管理部门就可以对其辖区内道路上的车辆收取通行费。

·各个建设和维护道路的管辖区有权对所有使用这些道路的人收费。

·能够保护个别车主及使用者的隐私。准确的路线信息只保存在车载计算机中。每台这样的计算机为车辆通过的每个管辖区编制单独的总体收费，并只将总体收费信息传递给中央系统计算机，而不传递具体的路线数据。每月的收费一旦上传到中央系统电脑，便会由车载计算机清除。

·允许对不同类型的车辆（如卡车、公交车和小汽车）和不同类型的道路实施差别化的收费方案。

·它将允许公路管理部门使用可变的高峰时段道路收费来应对拥堵问题，方法是在实施这种收费的道路入口处设置电子标志，并在互联网上提前传送收费数据，而不要求车辆停下来领取收费单或缴纳通行费（然而，该系统的发明者不建议使用这种方法，直到该系统主要被建立为一个增加收入的系统，以防止系统变得过于复杂，从而不被公众接受）。

· 由于重型卡车不太涉及隐私因素，所以其收费信息会更加详尽，包括所有的行驶轨迹，甚至重量信息。

这一系统所采用的技术已经成熟，得益于大规模的生产和安装使用，其成本也大大降低。类似的 GPS 跟踪和信息收集系统已经在欧洲和美国的私人卡车公司中使用。

该系统的支持者认为，当越来越多的汽车开始使用燃料电池或其他新的能源作为动力时，这个系统的重要性就会更加凸显，因为这些车辆不需要缴燃油税。但是，要使这套系统广泛推广，需要在很多方面作出巨大改变，也要花费很长的时间。

因此在这个时候，这个系统的广泛使用在发明者眼中是一种光芒，而不是不久的将来的真正前景。然而，道路收费最终可能会朝着这个方向发展。

10.7 其他形式的道路收费案例

除了上面描述的 HOT 车道外，有些地方还采用了一些其他的道路收费形式来应对道路拥堵。区域收费已经在挪威的奥斯陆、卑尔根和特隆赫姆实施了好几年，在新加坡市实施了 25 年以上，并于 2003 年初在伦敦开始实施。

（1）新加坡市

为了缓解中央商务区、唐人街及乌节路等片区的交通拥堵，1975 年 6 月，新加坡市开始实施"区域通行证制度"。该制度规定，所有车辆（除获豁免类别的车辆外）若于上午 7:30 至 9:30 进入限定区域，必须按照按每日 3.00 新加坡元或每月 60.00 新加坡元的标准缴纳通行费。很快，缴费时段就延长到了上午 10:15。1975 年中期时，中央商务区的车速仅为每小时 12 英里。到 1975 年底，进入限定区域的交通量下降了 44%，私家车数量下降了 73%。到 1988 年，新加坡市的车辆总数比 1975 年增加了 77%，但高峰时段进入限定区域的车辆总数比 1975 年初减少了 31%。汽车流量下降的同时，通勤者大量转向公共交通和拼车。1989 年，进入限定区域的收费时段增加了晚高峰，即下午 4:30 至 6:30。

但是，1992 年的研究表明，一些交通出行从限定时间段转向了其他时间，主要是从中午到下午 4:00。在限定区域以外的 19 条道路上，该时段的车速甚至比收费时段都低。为了应对该情况，新加坡市政府于 1994 年增加了另一项费用，即上午 10：15 至下午 4：30 进入限定区域的车辆须缴纳每日 2.0 新加坡元或每月 4.0 新加坡元的费用，同时公司车辆的收费标准比原来提高了一倍。所以说，新加坡市的收费系统会根据不同时间段的交通拥堵情况进行差异化收费。

这个系统在限制市中心的交通方面非常有效，但这是由于新加坡市的公共交通系统非常发达，而且通过其他措施严格限制了私人拥有汽车（车牌照拍卖和超高燃油税）。

（2）伦敦

伦敦的限定区由金融城和威斯敏斯特的大部分区域（办公室和政府中心）组成，占地约 8 平方英里，约占伦敦 622 平方英里的 1.3%。上午 7：00 到下午 6：30 进入这个区域要收取 5 英镑的费用。一旦收费，司机可在该日随时进出该区域，不需要再缴纳费用。费用可以通过电话、网络、邮件或智能卡支付。摄像头会记录所有进入该区域的车辆，并在凌晨时段与付款名单进行比对。那些没有付款的人会收到违章通知，并被罚款 80 英镑，如果及时付款，罚款将减少 50%。限定区内居民拥有的车辆可以获得九折优惠，公交车、新能源车辆、出租车、摩托车和路边救援车辆进出该区域免费。

伦敦的收费政策开始于 2003 年 2 月 17 日，托德·利特曼（Todd Litman）的报告描述了该系统的效果。收费实施之前，每天高峰时段约有 110 万人进入中心城区，其中 84% 的人采用公共交通（地铁 42%，国家铁路 35%，公交车 7%），12% 的人采用私家车，约 10 万辆私家车。此外，还有 3 万辆私家车在高峰期之外进入了该区域。收费刚刚实施时，每天约有 11 万辆车（包括那些在高峰时段以外进入的车辆）付费进入，其中包括 9.8 万名个人司机和 1.2 万辆服务车。但是现在每天只有不到 2 万辆车进入该区域。每天约有 4000 辆车被罚款，不过这个数量正在下降。该区域内车辆的平均行驶速度已从每小时 8 英里上升到每小时 11 英里。高峰期拥堵延误减少了 30%，公交车延误减少了 50%，由于延误减少，出租车费用减少了 20% 到 40%。公交客流量增加了 14%，地铁客流量增加了 1%。周边道路的交通量增加了 10%，但是延误并没有增加。对此，公众已经从强烈反对转变为多数人支持，尽管该地区的一些企业声称销售额下降了。

简而言之,这种限定区域的进入收费政策对该地区的交通状况产生了显著影响。不过,伦敦的收费政策没有针对高峰时段、车流量及车辆类型制定差异化的收费标准。该系统每年收取的费用总额为 6800 万英镑,低于最初的预期。

除了中心城区的交通量明显减少外,这一系统并未对伦敦大部分地区的交通量产生影响。2001 年,整个伦敦拥有 730 万名居民和 430 万个工作岗位。约 43% 的伦敦上班族乘车上下班,每辆车约有 1.4 名乘客。这相当于每天有 132 万辆私家车供通勤者使用。伦敦中心城区的道路收费计划使得进入该地区的车辆数减少了 2 万辆,仅使得伦敦通勤者每天使用的私家车数量减少了 1.5%。在非市中心的非高峰时段,伦敦的平均交通速度约为每小时 22 英里,高峰时段为每小时 16 英里。

(3) 佛罗里达州莱克县

佛罗里达州的这个县在 1999 年对两座连接迈尔斯堡和科拉角的桥梁采取了浮动定价的收费政策。这些桥梁的正常通行费是每辆小汽车 1 美元。桥梁的使用者分为两类:一类是使用预付电子智能卡的使用者,另一类是在收费站用现金缴费的使用者。年卡和半年卡可以获得 50% 的折扣。只有使用智能卡的司机才有资格享受浮动收费折扣。在高峰时段前后出行的智能卡司机可以享受 50% 的折扣。非高峰时段,没有智能卡的出行者仍然需要支付 1.00 美元,但智能卡出行者只要支付 0.50 美元,年卡或半年卡出行者仅支付 0.25 美元。这些折扣适用的四个非高峰时段是上午 6:30 到 7:00,上午 9:00 至 11:00,下午 2:00 至 4:00,下午 6:30 至 7:00。

这个政策的初衷是激励那些在高峰时段出行的人稍微改变出行时间,从而支付更低的通行费。这个奖励机制并不好,因为 0.50 和 0.25 的差别仅在于是否为折扣卡。在非高峰时段对正常收费打折,而不是提高高峰期的收费,这种做法完全是政治性的。负责推广对大桥收费的民选官员只能通过承诺绝不将通行费提高到 1 美元以上来获得足够的支持。那他们能做的只能是降低"非高峰时段"的通行费。

通过比较实施可变定价方案前后数月内的车流变化,可以对该收费政策对驾驶员的影响进行分析。在上午 6:30 到 7:00 的折扣时段,两座大桥的交通量在开始浮动收费后大幅上升,其中一座桥增加了 22%,另一座增加了 17.5%。在上午 7:00 至 9:00 的高峰期,两座大桥的交通量在 7:00 至 7:30 的下降幅度最大。其中一座桥下降了 10%,另一座下降了 12%。在高峰时段最后三个半小时的下降幅度较小。交通量在高峰时段之后的上午 9：00 到 11：00 也有所增加，但与高峰时段之前相比要少得多。下午和晚上的影响也是明显的，但在"肩"期和高峰时段都明显低于上午。对于没有使用智能卡的车辆，该调查显示一座桥的交通量在早高峰时段略有增加，但其他时段的变化很小，另一座桥的交通量在任何时候的变化都很小。具有讽刺意味的是，在引入浮动价格后，一座桥的总交通量在早晚高峰时段上升了 1% 到 2%，而另一座桥的总交通量在两个高峰时段都略有下降。可以看到，出行高峰期中没有收费折扣的出行人数有所增加，从而抵消了哪些因收费折扣而更改出行时间的交通量。因此，可以看出，高峰时段交通总量的减少很小，或者根本不存在。

很明显，即使是这个方案提供的很小的经济刺激也确实影响了在这些桥梁上出行时间的改变。然而，对使用这些桥梁的人的调查显示，省钱并不是他们改变出行的主要动机。当被问及浮动价格是否曾导致他们改变出行时间时，92% 的人说没有。为了使浮动价格更有效地影响司机的行为，避免高峰时段的经济效益可能比这些桥梁的经济效益要大得多。

10.8 维系地面交通所需的更多收入

正如在第 9 章中所阐述的那样，来自汽车燃油税的收入最近一直跟不上扩建和维护国家地面交通系统的成本。的确，2000 年燃油税和汽车税在公路总收入中所占的比例（59.3%）高于 1990 年（55.2%）。但是，这主要是由于 1983 年和 20 世纪 90 年代初美国联邦汽油税大幅度提高。1993 年以后，美国联邦天然气税收稳定在每年 200 亿美元左右。从 2000 年到 2001 年，公路总收入增长了 3.2%，而燃油税和汽车税下降了 4.1%，仅占总收入的 54.6%。但那一年，债券发行收入增长了 12.2%，其他税费（包括销售税）增长了 37.7%，普通基金拨款增长了 18.1%。其结果是，后三种收入占总收入的比例从 2000 年的 26.6% 上升到 2001 年的 30.5%。

马丁·瓦克斯认为，这可能预示着一种趋势，即由燃油税产生的公路总资金份额将下降，而由贷款、销售和财产税产生的资金份额将上升。政府似乎不愿意提高燃油税，尽管更经济的发动机意味着车辆每行驶一英里从燃油税中获得的收入比以前要少。通货膨胀进一步侵蚀了燃油的购买力，同时增加了道路建设和维护的成本。

长期来看，汽车能源将不得不从汽油和化石燃料转向燃料电池和其他不太适合从燃油税中筹集资金的能源，这一前景强化了上述短期趋势。瓦克斯认为，增加公路收费对地面交通的资金流动将产生两种积极的影响。2001 年，公路收费仅占公路收入的 6.6%。它将有助于增加短期的公路资金，并为通过前面讨论的高科技手段收取的用户费用来完成资金筹集的长期举措奠定基础。否则，州和地方政府将继续增加销售税、借款和财产税，为地面交通提供资金。这将把这种资金的负担从本来应该由地面交通的使用者转移到普通大众身上，低收入家庭的负担相对较重。为了避免这种结果，可以进一步增加通过各种类型的道路收费计划收取的使用费。

10.9　道路收费的未来趋势

随着全美各地交通拥堵的加剧，各种道路收费的压力将会增大。如前所述，利用道路收费而对交通量造成最小干扰的技术手段现已发展成熟，并在实践中得到检验。在美国，最可能被认真考虑的形式是 HOT 车道，以及对少数主要高速公路实施高峰时段浮动收费的政策。这是因为美国最严重的高峰时段拥堵主要发生在高速公路上，而不是闹市区。当然，美国一些大城市的市中心除外，尤其是纽约、波士顿、旧金山和芝加哥。新加坡市、伦敦和挪威使用的区域收费政策主要适用于大城市的中心区域。实施上述三种收费措施获得的收入都足以负担实施它们的成本，也可以用来改善其他交通设施。HOT 车道和所有车道的浮动收费能够通过提升道路的通行能力或加快现有车道上车辆的流动来减少拥堵。区域收费系统并不会提升道路的通行能力，但它们确实会加快目标区域内的交通运行速度。

未来，HOT 车道最有可能被公众接受。它的好处包括自筹经费，所有人都可以选择快速驾驶车辆，增加道路容量，甚至对使用普通车道的驾驶员也有益处。因此，与其他两种方式相比，HOT 车道更接近于一种"共赢"的策略。事实上，这些措施并不能消除实施它们的道路上的高峰时段的拥堵，毕竟是经济的繁荣才导致了拥堵。但是，收费措施让愿意付费的人能够快速驾驶车辆，这确实为缓解高峰时段的交通拥堵提供了解药。

区域收费或区域限制性进入对整个大区域的交通拥堵影响最小，因为它们是如此紧密地集中在小区域。一些美国城市的中心城区已经开始采取限制性的措施，如禁止私家车进入，仅允许公交车辆通行。还有一些地区在某一区域内完全禁止机动车，仅允许步行。但这些措施并没有减少限定区域外围的拥堵，那里的拥堵已经变得和大多数市中心一样严重。而且它们可能会对限定区域内的许多商家产生负面影响。因此，这种策略似乎不太可能在美国广泛使用。

在主要高速公路的高峰时段，对所有车道都采取统一的浮动收费似乎是最不可能被广泛采用的，因为它们对收入较低的出行者不利，因此在政治上不受欢迎。即便如此，这一策略可能也会在一些严重拥堵的高速公路上实施，因为附近有可供不愿或无力支付通行费的出行者选择的替代路线。但是，几乎不可能对大都市地区的所有主要通勤高速公路采用这种策略。

除了卡车公司使用的私人运营系统，高科技 GPS 系统通过车载计算机将通行费与个人出行者的行为联系起来，这可能只会在很长一段时间后才能广泛使用。这样的系统可能是逐渐从汽油发动机向燃料电池或电动发动机转变的一部分，而这些都是梦想家们预见到的。但这还有很长的路要走。

在将来，即使 HOT 车道可能会被扩建，也不可能通过道路收费来消除高峰时段的交通拥堵，特别是在拥堵已经变得严重的道路上。

10.10　道路收费政策的其他影响

高峰时段的道路收费政策还引发一些其他方面的讨论。

（1）隐私

有些人认为，如果车辆轨迹收费系统使政府能够在整个大都市地区追踪个人活动轨迹，那么这个系统就会侵犯他们的隐私。这是中国香港拒绝采用该系统的主要原因之一。然而，有一些方法可以在收集通行费的同时，不需要精确地记录每个司机在任何特定时刻的具体位置，正如前面关于高科技 GPS 系统的讨论中所提到的那样。因此，这个问题可以在技术上得到解决。

（2）交通分流

许多司机不愿支付限定区域系统或全车道浮动收费系统的道路通行费，于是他们会把车开到附近没有这种通行费的街道上。这可能会导致这些街道（包括居民区街道）在高峰时段严重拥堵。这将使居住在那里的家庭感到不适。当地的政府已经采取了各种各样的"交通稳静化"措施来减缓车辆在这些街道上的行驶速度，从而阻止它们被用作替代的通勤路线。这些设备包括狭窄的街道、减速带、死胡同、中心岛、S形弯道等。

（3）收费公路私有化

这样的道路只修建了几条，但计划了许多条。然而，这并不意味着该措施能够缓解高峰时段的交通拥堵。几乎所有的公共收费公路都采用固定不变的收费标准，以实现收入目标。我们没有理由认为，私人所有的收费公路会与公共所有者的不同。因此，大多数私有收费公路不会对拥堵产生太大影响。然而，从理论上讲，只要这些道路与免费车道相匹配，或者附近有免费车道，私人运营商就没有理由不修建收费公路，并设定可变的高峰时段收费。这样一来，可变的高峰时段收费车道就不会受到关于他们强迫所有低收入司机完全离开这条路的批评。

（4）土地价值

高峰时段的拥堵收费会影响地价，尤其是在采用这种收费的道路沿线。肯尼斯·斯莫尔（Kenneth Small）、克利福德·温斯顿和卡罗尔·埃文斯（Carol Evans）观察到："征收新税或对用户收费产生的负担通过价格调整在整个经济过程中得到转移。如果采用拥堵收费，随着各种竞争力量作用的发挥，地价和工资将会发生变化……城市土地所有者尤其可能受到不利影响，这至少会将部分负担从道路使用者身上转移到土地所有者身上，令人更加怀疑低收入工人会受到更大伤害。"

许多这样的长期调整是不可预测的，因此不清楚哪些社会群体会受益，哪些会受损。然而，令人怀疑的是，这些影响是否大到足以影响道路收费的政治可接受性。

10.11 有必要建立一个区域性的管理机构吗？

由于每个大都市地区的道路网络都超越了任何一个地区的界限，因此不可能计划和使用一个有效的高峰期拥堵收费系统，除非是以大都市地区为计算单位。纯粹由地方政府自愿组成的联盟，也不太可能作出创建这样一个地区体系所需的艰难的资源分配和选址的决定。但是，区域性的大都市规划组织可以履行这一职能，国家机构也可以这样做，它可以组成一个分配到特定区域的小组，与当地政府合作。

当然，高峰时段的交通拥堵收费可以完全在一个大城市范围内的有限区域内实施，比如伦敦，但这并不能缓解整个大都市地区的交通拥堵。

11

需求侧行动策略

一些反拥堵策略试图改变人们在现有交通系统和居住模式下的行为方式。这些策略大多数都有同样严重的缺点：它们只减少了很小比例的每日开车通勤者，因此这种减少很可能被三重集聚原则所抵消。每有一个通勤者通过其中一种策略从交通中解脱出来，另一个正在使用其他路线或其他模式，或在其他时间上班的司机，就会进入这个人空出来的空间。因此，高峰时段拥堵的程度将基本保持不变，尽管发生最严重拥堵的时间可能不会持续那么久，因为道路上的总出行量将会下降。尽管如此，我们还是对这些策略进行了分析，因为它们经常被提议作为应对高峰时段拥堵的一种手段。

11.1 将高峰时段的出行安排在一天中的其他时间

通过错开工作时间、采用弹性工作时间政策，或让一些组织采用每周四天工作制等方式，将许多高峰时段的出行转移到一天中的其他时间。

根据1995年美国个人交通调查，在1995年的一个工作日，只有17.1%的出行发生在上午6：00到9：00的高峰时段，而23.1%发生在下午4：00到7：00的高峰时段（表11-1）。

上下班仅占所有日常出行的19.0%，但占所有高峰时段出行的47.2%（早高峰占45.4%，晚高峰占49.0%）。所有与工作相关的出行——包括上班出行，与工作相关的商务出行和下班回家出行——几乎占高峰时段所有日常出行的一半。因此，与工作相关的出行在1995年所有高峰时段的公路出行中占据了非常重要的份额，尽管其中约有一半与工作无关。

如果通过改变工作时间，将上班或下班回家的高峰时段出行的10%转移到其他时间，那么当前的高峰时段出行总量将在上午减少4.5%，在下午减少4.9%。然而，这个结论假设这些减少不会被三重集聚原则所抵消。因此，通过改变工作时间来减少拥堵的可能性是有限的。即便如此，作为鼓励拼车和设立HOV车道这一更大战略的一部分，这种策略或许值得一试。

改变工作时间可能不需要在大都市地区范围内建立一个统一的管理机构，因为强制所有人都遵守这样的政策是不明智的。可以在每个大都市地区设立一个非公共的组织，以鼓励更多的组织采用不同的工作时间，但它应在自愿的基础上实施。

表 11-1　高峰时段工作日出行的目的和比例　　　　　　　　　（单位：%）

出行目的	上午 6:00 到 9:00 高峰时段		下午 4:00 到 7:00 高峰时段	
	占所有日常出行的比例	占在此期间的所有出行的比例	占所有日常出行的比例	占在此期间的所有出行的比例
上班出行	6.4	37.7	0.7	3.1
下班回家出行	1.3	7.7	10.6	45.9
小计	7.7	45.4	11.3	49.0
与工作相关的商务出行	0.7	3.8	0.4	1.8
以上三项小计	8.4	49.2	11.7	50.8
其他	8.7	50.8	11.4	49.2
总计	17.1	100.0	23.1	100.0

资料来源：美国联邦公路管理局，《1995 年全国个人交通调查数据手册》，第六章．"工作之旅"，第 6-17 号表，第 6-30 页。

11.2　鼓励更多的人在家工作

许多过去在办公室度过每个工作日的员工现在全部或部分时间在家工作。这使他们能够减少每周往返于家和工作场所之间的次数。如果这一趋势影响到足够多的工作者，它可能会显著减少每日工作出行的总数，从而可能有助于缓解交通拥堵。

计算机和电子通信使在家工作比以往任何时候都更加可行。它们使员工可以将在家完成的工作立即传送到办公室，并通过电子邮件、电话线、调制解调器和传真机接收信息。这就让"远程办公"的人感觉像在办公室一样。

尽管在家工作有很多好处，但很少有人愿意一直在家工作。大多数人喜欢与同事进行社交活动，并发现面对面的会议对于保持与组织的密切关系至关重要。而想要升职的人需要随时与上级保持联系。因此，普遍的家庭就业可能主要是一种兼职安排，尤其是因为大多数雇主认为，他们无法像在办公室或工厂工作的人那样密切地监视或控制在家工作的人。

根据美国联邦交通管理局的数据，1992 年，大约有 400 万人在远程办公。2001

年，国际远程工作协会和理事会从一项全美电话调查中推断出2880万人在远程办公。但是这个总数包括了那些在路上、卫星办公室和远程工作中心工作的人。由于这些人必须到他们工作的地点工作，他们的远程办公并不一定会减少高峰时段公路上工作出行的次数。然而，大约有624万远程办公者有时在家工作——通常是一周一天。他们这样做确实至少减少了高峰时段的工作出行次数。他们占所有非农就业人口的4.86%。

然而，假设2000年非在家工作的所有工作者最终能够在一周中有一天或一半时间在家工作。表11-2（根据2000年的美国人口普查数据）列出了若所有员工每周有一天或一半时间在家工作可能抵消的所有上午高峰时段出行的比例。表11-2显示，如果现在非在家工作者中有25%的人有一半的时间远程办公，那么每天高峰时段所有出行（包括非工作出行）的总数将仅减少4.58%。但在2001年，只有4.86%的员工在家工作。因此，将远程办公时间增加25%，将是行为上的一个巨大变化。

因此，远程办公必须变得更加普遍，才能对上午高峰时段的交通产生重大影响。此外，如果远程办公一开始确实减少了高峰时段的出行，那么一些现在因为交通拥堵而避开高峰时段的出行者就会开始开车，因为有三重集聚的原则。这将导致该策略的效果不能持久。

表11-2　远程办公及其对公路出行的影响　　　　　　　　　　　　　　　（单位：%）

远程办公的非在家工作者	占所有远程办公者的百分比	工作出行占所有早高峰出行的百分比	在家工作减少的早高峰出行百分比	
			每周一天在家工作	一半时间在家工作
10	9.67	37.7	0.73	1.83
15	14.50	37.7	1.10	2.75
20	19.34	37.7	1.46	3.65
25	24.18	37.7	1.83	4.58
30	29.01	37.7	2.19	5.48
35	33.84	37.7	2.55	6.38
40	38.68	37.7	2.92	7.30
45	43.51	37.7	3.29	8.22
50	48.35	37.7	3.65	9.13

资料来源：作者的计算；美国联邦公路管理局，《1995年全国个人交通调查数据手册》，第六章．"工作之旅"，表6-17，第6-30页。

尽管如此,由于远程办公可以减少每天工作出行的总次数,解决拥堵的公共政策应该鼓励更多的人至少在某些时候在家工作。这些政策可能包括针对在家工作的税费减免,避免通信公司调高家庭网络收费,修改健康和工伤保险赔付政策,以解决在家工作的问题等。

远程办公政策必须在一个州或某个大都市地区的全部或大部分范围内实施,而不是只在某个社区内实施。同样,鼓励远程办公的税收政策只能由州或美国联邦政府颁布。

11.3 限制机动车出行

一些社区已经考虑限制人们在特定日子(如周二)驾乘机动车出行,要求那些车牌号以特定数字结尾(如 1 或 2)或以特定字母结尾(如 A 到 E)的人在这些日子里不要上路。违反者将受到重罚。

理论上,给每个工作日分配两个数字和五个字母,可以使五分之一的汽车在每个工作日保持闲置状态。停牌的车主将不得不拼车、乘坐公共交通工具或待在家里。这种武断的方法没有考虑那些无法轻易避免一周五天都开车的通勤者。因此,这种策略很可能在美国通勤者中非常不受欢迎。因此,它被采纳的政治可能性非常小。

11.4 鼓励拼车

减少高峰时段拥堵比较有效的方法是说服个人司机拼车出行。在 2000 年,87.9% 的早高峰通勤者驾乘私家车,75.7% 的人独自开车。由于通勤者开车去上班占所有早高峰时段行程的 37.7%,这些"孤独的流浪者"占所有此类行程的 28.5%(或 34.3%,包括通勤者在早高峰时段开车回家)。说服他们中的大部分人两个人坐一辆车上下班可以减少上午的交通拥堵。

问题是如何说服人们拼车,因为这样做不如独自开车方便。可以通过几种方式增加拼车者的数量。也许最有效的方法是提高停车费用，尤其是在目前由雇主提供免费停车的情况下。

11.4.1 地方政府设置障碍

政府规定，只有开发商减少其配建停车位，才能获得建设许可证。例如俄勒冈州波特兰市对市中心写字楼开发商提供停车位进行了严格限制，这在一定程度上是为了刺激更多人乘坐该市轻轨系统。来自布林克霍夫帕森斯的朱迪·戴维斯（Judy Davis）指出："自 20 世纪 70 年代中期以来，市中心的开发项目已经对其配建停车位的数量进行了限制。轻轨车站周边办公楼每 1000 平方英尺（1 平方英尺约为 0.093 平方米）只能提供 0.7 个停车位，而远处的建筑可以提供更多停车位，但每 1000 平方英尺不能超过 2 个停车位。这些限制使得市区停车位的供应从 1973 年的每 1000 平方英尺 3.4 个停车位减少到 1990 年的每 1000 平方英尺 1.5 个停车位。"

11.4.2 雇主劝说

1987 年，南加州空气质量管理区通过了 15 号条例，其中提出了鼓励拼车的方法。它要求所有拥有员工 100 人以上的企业雇主鼓励其员工在上午 6：00 到 10：00 到达公司，减少使用私家车出行。这些雇主必须把减少行程的计划提交给空气质量管理区批准。15 号条例的目标是将洛杉矶市区的通勤车辆平均载客量提高到 1.5 人，将洛杉矶中心城区的平均载客量提高到 1.75 人。这意味着后者需要 60% 的拼车比例。然而，这项规定引起了雇主和工人的强烈反对，很快就被废除了。

11.4.3 交通管理协会

加利福尼亚州还通过了一项全州范围内的交通拥堵管理规定。该规定要求开发商和雇主成立交通管理协会（TMA），旨在鼓励员工共享交通工具和使用公共交通。这些组织采取了以下方式来减少员工的私家车出行。

·不向独自开车上下班的员工提供免费车位。
·为拼车的员工提供免费停车场。
·将最方便的停车位分配给拼车的员工。

・允许员工采用弹性工作时间，以促使员工与同一栋建筑中的其他人共享交通工具。然而，弹性工作制使得拼车变得更加困难，因为它分散了工作时间。

・建立数据中心，为来自不同公司的潜在拼车者寻找同行者。

・由公司提供班车。

・设置专职岗位，专门监督所有共乘安排和奖励措施实施。

・在早晚高峰时段提供免费穿梭公交，把楼宇与附近的公共交通路线连接起来。

・为乘坐公共交通工具上下班的工人提供车费补贴。

・说服公共交通供应商按指定路线将公交车或其他公共交通服务发送到公司的办公地点或就业中心。

交通管理协会的一个严重缺陷是其官僚作风会对其会员组织造成干扰。为了提高效率，TMA 必须对这些组织施加压力，迫使其员工转为拼车，并监控他们的表现。到目前为止，TMA 主要是在新开发的地区成立。因为，只有成立这样的组织，政府才会向开发商提供建设许可。

但在地方政府采取这些规定之前就已经发展起来的大楼里的雇主们呢？在大多数地区，他们占所有雇主的 90% 以上，但他们不会受到鼓励拼车的法律压力，除非他们所在的州或地区采用类似于南加州现已失效的 15 号条例。即使他们所在的州或地方政府采取强有力的措施来促进拼车，也不清楚谁会执行这些措施。要做到这一点，就需要政府加强对私营企业的监督。仅仅是让现有的公司大力推广拼车服务就需要很大的努力，而大多数公司到目前为止还没有采取任何行动。谁将作出这样的努力？

这些问题还没有得到 TMA 的发起人的回答。没有任何一个 TMA 能够有效地在整个大都市地区发挥作用。要做到这一点，它必须与成千上万个极为多样化的组织直接互动。这将需要巨大的努力，几乎肯定会陷入官僚主义的繁文缛节。因此，区域 TMA 只有作为一个伞形机构才有意义，它为特定就业中心的许多较小的 TMA 提供资源和鼓励。即便如此，大多数现有的雇主可能也不会自愿加入当地的 TMA，除非交通拥堵变得更加严重。因此，只有在两种情况下拼车才能有效：正在建设中的新开发地区，政府可以通过建设许可来要求开发商成立 TMA 组织；某个存在严重交通拥堵的郊区就业聚集点，企业有强烈的合作动机来减少交通拥堵。但这些情况只覆盖了一小部分现在独自开车上下班的工人。因此，TMA 鼓励广泛拼车的潜力相对有限。

11.4.4 使用 HOV 车道

HOV 车道是为载客量为 2 人或 2 人以上、3 人或 3 人以上的车辆（包括公交）预留的独立车道（至少在高峰时段）。HOV 车道的车辆行驶速度更快、分摊成本更低，旨在至少吸引部分独自驾驶者加入或成为乘客。HOV 车道设置的目标是让每辆车运送更多的人，这样能够提高每小时每条车道的通行能力。然而，根据调查可知，与节省时间相比，降低成本才是使用 HOV 车道拼车的更主要动机。

研究发现，拼车可以减少 17%～40% 的日常工作出行。但这是记录中的最大值，而且发生在附近有公共交通服务的地方。因此，在一个地方的大部分劳动力中，这样大幅度的出行减少是不太可能发生的。通过鼓励拼车来减少整个大都市地区 10% 的出行将是一项伟大的成就。

正如之前的讨论所显示的那样，独自通勤者减少 10%，将导致所有类型的早高峰时段出行最初减少 2.8%～3.4%。但这一小幅度的减少很可能会被随后非高峰时段的出行者集中到这一时段所抵消。不过，如果某就业中心附近的交通管理协会取得了特别的成功，拼车计划可能会减少该中心附近的高峰时段拥堵。

11.4.5 提高独自开车的成本

另一种减少高峰时段拥堵的方法是提高私家车的驾驶成本，尤其是独自开车，从而阻止人们驾车出行。这种方法是很具潜力的方法之一，但它在公民中是最不受欢迎的，也最不受民选官员的欢迎。

在所有美国家庭中，工人开私家车的比例很高，他们的收入中用于交通的部分——在 2002 年平均为 18.8%——仅次于用于住房的部分。然而，低收入家庭的交通支出实际上更低。与高收入家庭相比，低收入家庭绝对更难以承受成本上涨。低收入家庭的交通成本上升可以通过降低低收入家庭的汽车牌照费或提供特别退税来抵消。这种补偿的资金可以通过提高汽油税或高峰停车时间收费向司机收取更多的钱来筹集。但这种策略与资金的使用方式之间没有内在的联系，因此不能保证这种补偿会得到实际支付。尽管有这些缺点，但是这种方法的潜在有效性值得考虑。

11.4.6 提高汽油税

提高驾驶成本最明显的方法是大幅提高汽油税，几乎所有其他发达国家都已经这样做了。截至2003年6月，7个发达国家的优质汽油零售价格（含税）和乘客乘用车出行里程的百分比见表11-3。表11-3所列的国家通过高税收确保其驾车者每加仑汽油所花费的钱至少是美国人的2.56倍。尽管机动车出行仍占统治地位，但他们的出行比例都低于美国。

表11-3　7个发达国家的优质汽油零售价格（含税）和乘客乘用车出行里程的百分比

国家	汽油零售价格/美元	与美国零售价格的比率	1997年乘客乘用车出行里程的百分比/（%）
比利时	4.27	2.56	
法国	4.38	2.62	84.5
德国	4.79	2.87	82.1
意大利	4.58	2.74	76.1
荷兰	5.05	3.02	82.0
英国	4.67	2.80	87.7
美国	1.67	—	98.9

资料来源：每周优质汽油零售价格（含税）：gov/emeu/international/ealz1.html（2004年1月））；以及英国综合运输委员会，"已发表的报告：欧洲最佳运输实践－基准"，第三部分："输入和产出"www.cfit.gov.uk/reports/ebptbench/03.htm [January 2004]。

大幅提高汽油税会对通勤者的驾驶产生什么影响？汽油价格弹性是指汽油价格上涨1%所导致的汽油消费减少的百分比。汽油价格的长期弹性高于短期弹性，因为驾车者需要时间来调整自己的行为，以适应成本的大幅变化。价格弹性的预测值相差很大，但最近关于工作出行的长期汽油价格弹性计算值为－0.51。如果是这样的话，从长远来看，汽油价格上涨10%将导致工作出行的汽油消费量下降5.1%，尽管短期内下降幅度要小得多。

2003年6月底，包括所有税费在内的优质汽油在美国的平均售价为每加仑1.67美元。如果要使用于工作出行的汽油消费下降10%，则政府必须将油价提升19.6%，即每加仑约增加32.7美分。但提价后美国的汽油价格仍远低于刚刚讨论过的其他任何发达国家的汽油价格。如果汽油价格上涨一倍，达到每加仑3.34美元，那么从理论上讲，汽油的消耗量最终会下降大约51%。然而，考虑美国家庭对汽车的依赖，这个下降量可能过高。

此外，高油价可能会导致驾车者转向低油耗汽车。在过去的十年里，美国消费者纷纷购买耗油量大的SUV，这种车不受传统乘用车的燃油消耗规定的约束。2002年，轻型卡车（包括SUV）的销量占轻型卡车和小汽车总销量的51.5%。如果汽油价格高得多，重点可能就会改变。转向更省油的汽车将减少汽油价格上涨对总体驾驶的长期负面影响。即便如此，与其他许多策略相比，汽油价格大幅上涨可能是减少工作出行的有效方法。许多通勤者可能很难从汽车转向公共交通工具，因为他们所走的路线没有得到公共交通的良好服务。但是高得多的汽油成本可能仍然是大幅度增加通勤拼车的最有效方法。

这种策略不能仅由某一个区域或地方机构实施，必须通过提高美国联邦汽油税或外部因素（如1991年的海湾战争）导致的世界油价上涨来大幅度提高汽油价格。如果个别州将燃油税提高到远高于邻近州的水平，就会鼓励大规模的州外购买。只有统一提高全美汽油税才能避免分区域价格和市场扭曲。

然而，美国国会断然拒绝了所有提高美国联邦汽油税的提议，这些汽油税旨在减少开车、节约燃料或通过减少空气污染来改善环境。许多公民、石油工业、汽车工业、筑路工业和卡车运输业的强烈抵制，促使国会议员把保护低成本燃料置于这些目标之上。美国国会还拒绝提高适用于轻型卡车和SUV的燃油经济性标准，以使其与现行的乘用车燃油经济性标准相媲美，从而进一步表明，美国国会对节约燃油或减少空气污染的重视程度较低。除非发生某种危机，否则美国国会不太可能改变这种做法。

11.4.7 提高拥有汽车的成本

另一个策略是提高拥有汽车的成本。在一些国家，这是通过高额的销售税或进口税来实现的。例如，在1982年，丹麦对一辆新的中型客车征收相当于该车税前价格186%的销售税。在新加坡，潜在的车主必须购买昂贵的牌照才能购买汽车。它的成本是汽车公开市场价值的150%，此外还要为汽车支付45%的进口税（如果购车者处理掉现有的旧车，这项约200%的附加费可能会有所降低）。此外，有意购买新车的人必须每年出价购买一份资格证书，而这可能要多花 5 万美元。因此，只有 11% 的家庭拥有私家车，而在美国这一比例约为 90%。然而，新加坡不允许其政党之间进行真正的竞争，因此，它的政府（尽管是选举产生的）可以将这些措施强加于民众，而不必担心他们会受到敌对政党的挑战。

美国有关部门还可能征收每年 500～1000 美元的高额汽车和轻型卡车牌照费。这种策略不会只关注高峰时段的驾驶，它将阻止所有的汽车出行。因此，如此高的拥车成本将鼓励拼车。但在一个 90% 的家庭至少拥有一辆汽车或轻型卡车，50% 以上的家庭拥有两辆或更多汽车的国家，这种策略将非常不受欢迎。这些增加费用的策略也需要至少在国家这个层面实施。

11.4.8 将免费停车进行折现

雇主提供免费停车是对雇员独自开车上班的巨大补贴，特别是如果他们的工作地点位于停车市场价格较高的地方。在市区，停车位的价格高达每天 20 美元，免费停车是一种补贴，远远超过了开车的所有现金成本，包括燃料和车辆费用。由于美国公司为他们的员工提供了 8480 万个免费停车位，通过减少免费停车来减少独自驾车通勤者的可能性很大。

然而，简单地禁止免费停车可能在政治上是不可行的，因为它将在没有提供任何补偿收益的情况下，从数百万人那里拿走好处。最有希望的方法是向雇主施压或说服他们使用"折现"计划。雇主为雇员提供两种选择，一种是接受免费的停车位，另一种是向雇主支付等价于停车位费用的现金。接受"现金补贴"的员工可以选择乘坐公共交通工具或拼车，而不是开车上班。这意味着继续开车上班的员工将放弃本可获得的现金福利。所以说，他们以前的免费停车其实是支付了隐性费用的。加利福尼亚州立法机构在 1992 年通过了一项法律，要求所有从第三方租用停车位并免费提供给雇员的雇主向他们的工人提供这种现金补偿。这一法律尚未得到执行，但已积累了足够多的经验来评估其潜在的效力。

八项涉及洛杉矶地区雇主的案例研究显示，平均而言，独自开车的人数从 76% 降至 63%，降幅约为 17%。拼车人数增加了 64%，乘坐公共交通工具的人数增加了 50%。这八家公司的私家车行驶里程下降了 12%，其中两家公司用于通勤补贴的支出使每个员工每月增加 2 美元。这个计划减少了交通量和空气污染，提高了雇主和雇员的满意度。此外，该计划在不减少通勤人数的情况下，减少了停车需求，使这些公司所在的商业区受益。唐纳德·舒普（Donald Shoup）对这个计划的总结是："雇主支付的停车费是开车上班的配套补贴，它鼓励了单人驾驶。"通过将开车补贴转换成通勤（任何形式）补贴，兑现雇主支付的停车费就可以抵消无处不在的汽车补贴。

11.4.9 在高峰期收取停车费

另一种提高停车成本的方法是对在早高峰时段停放的车辆征收附加费。这些费用将影响通勤者，但不会影响大多数购物者或跑腿的人。要想有效，停车附加费必须很高，尤其是在雇主免费提供的停车位上。否则，他们就不会把净通勤收益的平衡从独自开车转向拼车或使用公共交通。然而，这种收费肯定会被公众和停车位供应商视为"另一种税"。因此，在地方或州一级通过这样的收费来减少交通拥堵的政策是不受欢迎的，因为现在有大量的通勤者独自开车，享受免费停车。

高峰时段的道路收费和停车收费之间有三个显著的不同。

第一，尽管在过去高峰时段收取停车费在技术上要比在公路上容易，但在今天，由于电子智能卡的出现，收取公路通行费可能会更容易。雇主现在免费提供数以百万计的停车位，收取停车费可能会产生一个全新的官僚机构，进一步干扰许多组织的活动，特别是小公司。

第二，更高的停车费将惩罚所有高峰时段开车上下班的人，无论他们的出行路线如何。相比之下，道路收费只会惩罚那些使用高峰期收费道路的通勤者。在这方面，停车收费似乎能更有效地缩短上下班高峰时段。

第三，停车收费只面向停下来的部分车辆，而道路收费则会面向所有经过道路的车辆。停车费的征收不包括长途卡车或其他途经某个地区的车辆，以及不需要长时间停车的司机。然而，这种非以工作为导向的出行占所有早高峰出行的 50.8%。因此，高峰时段的停车费对上午高峰时段一半的交通没有影响。此外，即使停车费导致一些独自开车的司机转向公交或拼车，他们在以前拥堵的高速公路上腾出的空间，很快就会被从其他路线、时间或模式汇聚而来的其他司机占据。

高峰时段停车费引发的另一个问题是，应该如何处理筹集到的资金。如果支付停车费的人相信，这笔钱将用于改善收费地的交通系统，那么高昂的停车费在政治上更容易被接受。

为了对整个都市地区的通勤交通产生影响，这种停车收费政策必须在整个区域全面推广。当然，不同分区的停车收费标准不一定相同，但它们之间应该有某种合理的关系，即拥堵严重地区的停车费应该相对高一些。如果不建立一套复杂的行政程序，整个区域数以万计的停车提供者之间则很难协调，因此需要建立区域性的管理机构才有可能完成。但如果各个分区采用统一的停车收费和管理标准，那么相关的管理和执行工作可以委托给地方政府。只有制定规则、条例和一般收费表，并监督其实施，才需要一个区域政府。由于覆盖范围小、行政管理复杂，以及高峰时段停车费在政治上可能不受欢迎，它们并不是一种很有希望阻止 SOV 司机通勤的方式。

11.4.10 终止税收抵扣

取消独自开车通勤者的免费停车有一种温和的方式，即取消所有与提供此类停车相关的雇主支出的所得税抵扣。这将包括修建和维护该类停车位所需的资金和运营费用。这一变化将鼓励企业减少向独自开车的司机提供免费停车。

11.4.11 提升公共交通出行比例

说服更多的人从驾车转向使用公共交通可以极大地减少交通拥堵。

11.5　智能交通系统

智能交通系统指使用先进技术（电子传感技术、计算机技术和通信技术等）来管理交通流的系统。从 1991 财政年度开始，美国联邦公路管理局已在该系统的相关研究和发展上拨款超过 10 亿美元。2002 年 7 月，参议院拨款委员会批准了一项 2.32 亿美元的预算，并列入 2003 年的财政计划中。一位消息人士称："自 1991 年以来，美国国会已向智能交通系统领域投入了 85 亿美元，包括收费系统、交通监控器和计算机辅助调度网络等。"

显然，在开发各种类型的智能交通系统方面已经花费了大量资金，它主要通过以下方式来改善交通。

· 出行和交通管理，以第 7 章讨论的交通管理中心为例。这包括先进的交通管理系统（ATMS），它们从公路网的许多点收集关于拥堵和交通状况的电子信息。它们将信息反馈给控制中心，控制中心对信息进行分析并调整整个系统的交通信号、匝道入口控制和车道方向控制，以减少延误。

· 出行需求管理旨在通过提供出行前信息和实时信息，减少单人车的出行，优化出行者的路线和时间决策。先进的出行者信息系统（ATIS）会收集交通数据，并会在司机离家前或通勤时将信息提供给他们，这样他们就可以根据当时的情况调整路线和时间。

· 公共交通业务为过境用户和过境经营者提供更好的信息。

· 电子支付使人们能够通过智能卡支付交通服务、通行费和设施费用。

· 商用车辆运营通过使用电子数据替代书面文件、在不减慢卡车速度的情况下对卡车进行称重及监测危险材料的运输，为州际货运提供便利。这一策略还包括促进司机和他们的办公室之间的沟通，使卡车运输更有效率，更好地适应当前的市场条件。

· 紧急情况管理有助于及时通知有关政府并迅速对紧急情况作出反应。

· 先进的车辆控制和安全系统通过使用碰撞预警装置、自动刹车，甚至自动化公路系统来提高道路的通行能力。

先进的交通管理系统和出行者信息系统的基本概念是，在高峰时段，有关当前交通状况的实时信息将使交通管理人员和个人乘客作出更有效的决策，从而减少拥堵。这个概念在某种程度上可能是正确的。快速反应可以帮助避免交通拥堵造成的事故和其他不可预测的事件。但高峰时段的交通拥堵并不只是由信息匮乏造成的，太多人在同一时间在同一条道路上出行，而且主要是独自驾乘私家车，这才是造成拥堵的主要原因。大多数人都很清楚他们会遇到拥堵，但这并不能阻止他们出行。提供哪里是拥堵最严重地区的信息并不一定会减少高峰时段的超载。被告知 A 路异常拥堵的司机将会转向 B 路，这就导致 B 路也过于拥堵。所有这一切意味着，在提供司机和交通管理人员信息方面的大量投资，不太可能在很大程度上缓解整个高峰时段的拥堵。

西雅图地区的经验是一个例外，它综合应用匝道流量控制、出行者信息、交通标志及附近信号灯实时管理。西雅图的智能交通系统将整个区域的路网运行速度进行了提升，并提升了几条重要道路的通行能力。

一些专家认为，如果先进的车辆控制系统能够缩短车辆在高速行驶中的车辆间距，那么从长远看，这样的系统有助于提升公路的通行能力。然而，除非这些道路出口的当地街道的容量得到极大的扩展，否则每小时向现有街道输送两到三倍数量的车辆只会在当地街道和自动化高速公路上造成大规模的交通拥堵。然而，从理论上讲，要想提高当地街道的通行能力，使之与自动化高速公路的通行能力相匹配，实际上是不可能的。这样做的代价太大，而且会破坏现有的结构，因此是不可行的。此外，如果高速公路的通行能力从目前每小时大约 2000 辆车的最高限额增加到每小时 4000～6000 辆，任何重大事故都可能涉及数百辆车和人，并造成可怕的破坏和伤害。目前还不清楚谁将为此类事件承担法律责任。但是，在我们这个爱走司法程序的社会里，让主要参与者都满意，将是采用这种技术的关键先决条件。最后，在州际公路系统的任何重要部分建立"自动化高速公路"的成本都将是巨大的。这些实际的反对意见表明，以高速的自动化公路为形式的先进车辆控制系统，至少在几十年内（如果可能的话）不太可能大规模应用。然而，一些独立的部件——例如针对个别车辆的碰撞警告装置——可能会很快被证明是可用的。

这些结论并不意味着所有的智能公路系统都是无用的或不值得支持的。但它们确实暗示，在实施高峰时段道路收费或停车费上投入同样数量的资金，甚至更少，在减少高峰时段拥堵方面会有更大的直接效果。因为它的大多数概念在实践中还没有被证明，可能需要几年的时间来建立，所以在这本书中不会进一步考虑它们。

11.6 结论

本章分析了缓解高峰时段交通拥堵的 9 种需求侧策略。其中 3 种主要是监管性的，4 种主要是基于市场的，1 种是信息性的，而第 9 种则包含了一系列的技术策略。

每一项监管类策略（改变工作时间、鼓励远程办公和鼓励拼车）似乎在减少高峰时段出行方面的作用都有限。没有一种方法能够在其实施后就能减少 5% ～ 7% 或更高比例的出行，而且它们减少的出行比例很快就会因三重集聚的原则而被抵消。因此，从长期来看，它们对高峰时段拥堵的影响可能会更小。

这 4 种基于市场的策略将提高高峰时段的开车成本，无论是对所有司机征收更高的汽油税或汽车牌照费，还是对所有通勤司机征收高峰时段停车费，或是对所有使用收费公路的司机征收高峰时段通行费。如果这些成本增加的幅度足够大，那么对许多通勤者来说，在高峰时段继续独自开车就太贵了。与监管策略相比，这将把更多的高峰时段的出行转移到其他时间，或者取消更多的出行。但这种效率对低收入通勤者的伤害将大于对高收入通勤者的伤害，除非向前者支付一些补偿。此外，只有道路收费才能避免一些集聚将抵消最初交通量增长的可能性。

然而，这 4 种基于市场的策略在政治上对大多数公民和官员来说都是不可接受的，因为它们会给高峰时段的出行增加大量的直接经济成本。这些代价越高，这些策略就越有效，政治阻力也就越大。

其中两项基于市场的策略可能需要制定区域性的法律，并组建区域性的管理机构。另外两项提高汽油税或牌照费的策略，只能通过州或美国联邦政府的行动来实现。如果监管策略在整个大都市地区都是强制性的，那么它们也需要当地政府的支持。然而，它们可能由地方政府或私营企业管理，而不会完全失效，这与基于市场的策略不相符。

最后分析的策略是智能交通系统，这是一套不同的策略，主要目的是更好地管理交通管理系统内部，以及这些系统与车辆驾驶员之间的信息流。其中一些设备已被证明在减少高峰时段拥堵方面很有用，例如，用于通勤高速公路匝道管理的信息流。但自动化高速公路或其他纯技术"疗法"的未来愿景，很可能仍将保持乌托邦式的城市神话的现状。

12

提升密度的措施

低密度且分散的居住模式是美国多数大都市地区交通拥堵的主要原因。由于住房和工作地点的分散分布，人们必须依靠小汽车完成上下班和其他日常出行。因此，许多学者建议通过提升人口密度来解决交通拥堵问题，尤其是居住区人口密度。此外，城市建设相对集中、空间紧凑、混合用地功能等理念（其实也就是提高人口密度）也是"智慧增长"运动的核心宗旨，该运动是为应对"城市扩张"所带来的弊病而产生的。这些弊病中最令人痛惜的就是日益严重的交通拥堵。因此，有两个关键的问题。城市和郊区的密度在未来能显著提升吗？如果密度可以提升，那将会如何影响交通拥堵？

12.1　新建地区高密度模式的社会效益

在未来增长的地区进行比以往更高密度的城市建设，可产生下列社会效益。

·减少人口总流动。这可能有几个附带的好处，如减少能源消耗，减少空气污染，减少交通拥堵。

·降低基础设施干线建设成本。如主要的下水道、供水、公路和公用线路。据估计，在全美范围内，未来高密度开发所节省的干线成本每年可达数十亿美元。

·提高使用公共交通工具上下班的可行性。更多地使用公共交通将减少总能源消耗和空气污染，并在某些情况下减少交通拥堵。它还将为那些无法使用私家车的人提供更多的出行选择。

·提升建设经济适用房的可行性。中密度住宅（低层公寓）的开发成本比高层住宅或低密度住宅要低。

·增强居民的社区意识。许多城市理论家认为，如果人们住得更近一些，在公共场所不使用汽车就能更容易地互动，他们就会产生更强烈的社会团结感和社区归属感。虽然这是一个有争议的结论，很难通过实证检验，但它是"智慧增长"运动经常引用的理由。

本书只对前三个与交通拥堵直接相关的效益进行了分析。通过对现有密度和高密度两种模式下的新建地区的比较，可以对上述潜在效益进行评估。这里的"密度"是指毛居住密度，即每平方英里的居民总数，与净居住密度不同。

12.2　边缘用地利用

所有提高居住密度的策略都有一个主要的缺点，即它们只能影响新建地区，对现有的低密度社区无能为力。尽管许多大都市地区都在进行城市更新，拆除了一些旧建筑，但绝大多数人现有的住宅和工作场所并不会发生变化，他们的出行模式也不会发生变化。

要改变现有的平均居住密度非常困难。例如，如果按照每平方英里 3000 人的密度计算，那么 100 万人的大都市地区占地约为 333.3 平方英里（2000 年，美国 50 个最大的城市化地区平均人口密度为每平方英里 3116 人）。根据 2000 年对美国 335 个大都市地区的统计数据得知，从 1990 年到 2000 年增长最快的 10 个区域在这 10 年间的平均总体增长率为 51.8%，也就是每年约增长 4.26 倍。如果假定某个 100 万人的大都市地区以同样的速度增长，那么在十年内将增加 518,000 人。他们当中大多数人会在建成区周边新建居住点。

如果新增人口全部在新建区居住，该地区人口密度按照建成区的两倍设计，即每平方英里 6000 人，那么新建地区约需要 86.3 平方英里，该大都市地区的总占地面积将达到 419.6 平方英里，总人口密度提升至约每平方英里 3617 人。这意味着整个地区的平均人口密度在 10 年内约增长了 21%，而人口总数增长了 51.8%。怎样才能让整个大都市地区的人口密度在 10 年内增加 50%，达到每平方英里 4500 人呢？这意味着所有的新建地区必须按照每平方英里 2.2 万人（这是 2000 年纽约市人口密度的 83%）的密度进行设计，这几乎不太可能。

为何不提升现有居住区的密度呢？正如前文已经提到的，拆除现有建筑然后建设新的高密度建筑成本不菲。改建成本较低，但不能提升密度。而且每一个现有社区的居民几乎都会反对任何类型的重大改变。它们会强烈抵制在其境内或附近提升密度，且他们有权这样做。因此，地方政府不太可能允许现有社区的密度大幅度提升，全美各地的经验都证明了这一点，唯一的例外是市中心附近社区的局部更新。

开发空置用地如何？一些研究估计，在大都市地区的居住区通常有多达10%的土地是空置的，因此可以考虑在这些土地上建设住宅，那么之前假设的社区（333.3平方英里）中有10%的空置用地，即约33.3平方英里。但并不是所有的空置土地都可以开发住宅，其中一些将用于建设街道、学校和其他功能。还有一些空地受制于地形或其他障碍，也不适合进行住宅建设。如果60%的空置土地（近20.0平方英里）以每平方英里1万人的密度（超过该地区其他地区密度的3倍）开发，则能容纳近20万居民。那么333.3平方英里的土地一共能容纳120万人，平均人口密度达到每平方英里3600人，比原来增加了20%。当然，这种开发必须得到空地周边居民的同意，毕竟其住宅周边的环境发生了变化（开发密度远高于整个社区的密度）。因此开发空置用地来提升居住密度在理论上是可行的，但极不可能实现。如果以每平方英里6000人的密度（现状的2倍）开发同样面积的空置用地，那么整个区域的人口密度将提升至每平方英里3360人。在这两种情况下，整个区域的平均密度都无法达到公共交通经济可行所要求的密度。当然，该区域的局部节点密度足够高，或许可以提供公共交通服务。

简而言之，通过在建成区周边新建高密度住区或利用空置用地开发高密度住区，都很难大幅度提升整个大都市地区的平均密度。

12.3 新建区采用更高密度

新建区采用更高的人口密度有助于减少未来新增人口的流动需求，因为按照该密度，城市建设需要的土地面积更小，新居民满足日常生活需求的出行距离更短、出行次数更少。出行减少在某种程度上是能够缓解城市交通拥堵的。

（1）区分区域和局部拥堵

与低密度社区的住户相比，高密度社区的住户汽车拥有率更低，使用公共交通工具的频率更高，但高密度社区的交通拥堵和空气污染往往比低密度社区更严重，因为每平方英里的汽车保有量和使用量都会更多。居民们很容易得出这样一个错误的结论：平均密度越高，区域拥堵和空气污染也会越严重，这一论点经常被当地居民用来反对附近人口密度的提高。空气污染和交通拥堵往往会从某一源头向整个大都市地区的其他区域扩散。因此这些问题对整个大都市地区的影响可能要比局部地区大。

（2）降低基础设施建设成本

更高的密度能够减小新建区主要基础设施建设的规模，如高速公路、主干路、污水处理厂、水厂或发电厂等。大多数既有大都市地区的布局几乎都是圆形的，人口密度与这个圆形的面积有关，而大型基础设施的规模主要与圆形的半径有关。

还以之前假定的大都市地区为例，100万居民居住在平均密度为每平方英里3000人的圆形区域内，总占地面积333.3平方英里，半径约10.3英里。如果该地区的人口以每年2.5%的速度增长，10年后，该地区的总人口将达到1,280,085人。假设新建区新增人口密度不同，则整个大都市地区的用地变化会呈现不同的结果，包括用地面积和半径（表12-1）。

表12-1 大都市地区新建区的特征：密度假设[①]

新建区特点	每平方英里新增人口情况				
	2000人	3000人	5000人	7500人	10,000人
增加的面积/平方英里	140	93	56	37	28
原始面积增加百分比/（%）	42.0	28.0	16.8	11.2	8.4
大都市地区总面积/平方英里	473.38	426.70	389.35	370.68	361.34
大都市地区新半径/英里	12.28	11.65	11.13	10.86	10.72
增加的半径百分比/（%）	19.2	13.15	8.08	5.46	4.12
大都市地区的新平均密度/（人/英里^2）	2704	3000	3288	3453	3543
平均密度百分比变化/（%）	-9.9	0.0	9.6	15.1	18.1

资料来源：作者基于美国人口普查局的计算，2000年人口普查、STF3、详细表格 [www.factfinder.census.gov（2003年11月）]。

[①] 假设初始人口为100万，平均初始密度为每平方英里3000人，圆形面积为333.3平方英里。

可以看出，边际增长的密度越高，大都市地区的新增半径就越短，重大基础设施的建设规模就越小。因此，如果把边际密度定为每平方英里2000人的低水平，那么大都市地区的半径将增大19.2%。但如果密度是每平方英里1万人，那半径只需要增加 4.12%。

不可否认，这些假设的计算过于理想，没有一个大都市地区是完美的圆形，也没有一个大都市地区以完全相同的速度向四面八方扩张。事实上，许多植物都生长在水体或山脉附近，这些水体或山脉阻碍了某些方向上的植物生长，但不管怎样，高密度开发肯定是能降低基础设施建设成本的。

（3）新建区的密度和平均通勤距离

附录 D 详细分析了密度与平均通勤距离之间的关系，得出以下重要结论。

第一，新建区不同的密度水平对整体通勤距离的影响相对有限。因为每个大都市地区已基本成形，多数的居住区已经建成，除非某个大都市地区在未来 20 年内会有翻天覆地的变化。因此，提升新建区域的密度只能影响这些新区域的交通模式，而不是整个大都市地区。

第二，一个确定的事实是，即使低密度地区比高密度地区包含更多的工作岗位，但在密度极低的新建区，因为工作岗位分布得更广，其平均通勤距离也比中、高密度地区长得多。附录 D 的模型显示，在一个大的远郊区（定义为新增长发生的远郊区域），假设每平方英里有 2885 个居民，这些远郊居民的通勤距离为 10.94 英里，比那些每平方英里只有 312 个居民的远郊区通勤距离（17.66 英里）约缩短了 38%。如果长期将这些居民的每日通勤量减少 38%，那么他们在美国主要大都市地区内开车的总里程数将大幅减少，在人口迅速增长的地区尤其如此。在今后 20 年内，新增长地区将占大都市地区人口比例较高的地区更是如此。

刚才引用的确切百分比并不重要，因为它是基于某种假设模型的结果。但这一普遍结论对全美能源消费具有重要意义。

第三，通过提高居住密度而实现的平均通勤距离减少的百分比，远小于实现这一目标所需提升的密度百分比。刚才提到的平均远郊通勤距离减少了 38%，这是因为远郊居住密度提升了 825%。另一项模拟显示，如果把远郊人口密度提高两倍以上，远郊通勤距离的平均缩短幅度将不到 22%。一个原因是，低密度模式也会产生更分散的工作地点，这些分散的工作地点减少了部分远郊居民的通勤距离，但多数居民的通勤距离更长。这意味着，新建区只有大幅度提升密度，才有可能对平均通勤距离产生相对明显的影响。

第四，对平均通勤距离影响最大的密度区间是从低密度到中密度，而不是从中密度到高密度，也就是说密度从每平方英里 1000 人提升到 5000 人，将比从 5000 人提升到 10,000 人更能减少平均通勤距离。其原因在于都市圈发展的基本方式。如果 100 万人居住在一个完美的圆形都市圈，那么密度为每平方英里 1000 人时，半径则为 17.84 英里；密度为每平方英里 5000 人时，半径则为 7.98 英里；密度为每平方英里 10,000 人时，半径则为 5.64 英里。最低密度和最高密度对应的半径相差 12.20 英里。但是约有 81% 的人口居住于密度为每平方英里 1000～5000 人的区域，只有 19% 的人居住在密度为每平方英里 5000~10,000 人的区域。因此，为了节省能源和缩短总行程，避免在非常低的密度下出现新的增长比在非常高的密度下出现新的增长更重要。

第五，减少平均通勤距离并不意味着减少交通拥堵。相对较长的平均通勤距离并不一定会导致严重的交通拥堵，如果就业地点足够分散，且整个地区拥有非常好的高速公路和普通道路服务，则通勤者就不会在某个就业点扎堆，也不会导致某条道路严重拥堵。此外，由于通勤行程占不到早晚高峰时段所有行程的一半，所以那些形成的改变只在部分程度上影响了交通拥堵。

第六，将新发展的周边地区的住宅密度控制在非常低的水平，可以显著减少那里的交通拥堵，但前提是存在某些其他条件。

12.4 使公共交通出行更加可行

更高密度的另一个潜在好处是，它使更多的居民使用公共交通上下班变得更加可行。如果更多的通勤从私家车转向公交车或快速交通系统，高峰时段的交通拥堵将会减少。鲍里斯·普什卡廖夫和杰弗里·祖潘在 1977 年进行的一项重要研究《公共交通与土地使用政策》中得出结论：任何都市地区的公共交通客流量都取决于两组因素。

第一组因素涉及居住区的特征，包括人口密度、居民车辆拥有率、收入水平、年龄和平均家庭规模、附近的商务区规模。在其他条件相同的情况下，除汽车拥有率和年龄外，所有这些变量越大，当地居民使用公共交通的倾向就越大。

第二组因素与服务该地区的公共交通设施有关，包括与最近公共交通站点的距离、公交或地铁的发车频率、票价、速度，以及其他设施的便利程度。除出行成本（时间和费用）外，所有这些变量越大，居民使用公共交通的倾向就越大。这些变量之间的具体定量关系是复杂的、不固定的，因此，必须为每个特定区域单独计算公共交通使用率。

对圣路易斯地区所作的一项研究对公交出行比例超过10%的区域和比例不到10%的区域进行了对比，其采用的数据分别为1990年和2000年的人口普查数据。在这两年中，共有86个人口普查区的公共交通使用率很高，1990年占所有普查区的19%，2000年占17%。这些公共交通出行比例较高地区的平均人口密度在1990年为每平方英里4999人，在2000年为3831人。这些地区的人口密度明显高于圣路易斯核心区的人口密度，但核心区的人口占该地区总人口的78.5%，其密度在1990年为每平方英里2771人，在2000年为每平方英里2564人。

表12-2对86个公交出行率较高地区、构成核心区的399个地区（包括86个区域中的一些区域）和整个圣路易斯地区在2000年的某些特征进行了比较。这些数据表明，在公交出行比例较高的地区，低收入家庭的比例要高于整个区域的数值。但是他们的平均通勤时间与整个地区几乎相同。

表12-2 圣路易斯地区居民的公共交通使用及其他特征

特征	高公交使用率地区	核心区	整个地区
乘坐公交上班 /（%）	16.9	3.1	2.6
占总人口的比例（2000年）/（%）	10.9	78.5	100.0
总面积占比 /（%）	1.5	16.6	100.0
无车的常住住户 /（%）	31.7	10.2	9.2
贫困率 /（%）	31.6	10.6	9.9
失业率 /（%）	16.2	5.8	5.5
空置率 /（%）	20.2	7.4	7.2
女性户主家庭 /（%）	53.2	22.4	20.3
自住房屋价值平均数 / 美元	56,160	116,884	116,864
家庭收入平均数 / 美元	22,889	46,573	47,164
每户人数 / 人	2.53	2.47	2.51
平均通勤时间 / 分钟	27.5	24.5	25.4

资料来源：作者基于美国人口普查局的计算，2000年人口普查，STF3，详细表格 [www.factfinder.census.gov（2003年11月）]。

根据 1995 年美国个人交通调查，附近有某种公共交通人口的比例与地区的人口密度有直接的关系。当地区人口密度低于每平方英里 500 人时，该比例为 24%；当人口密度在每平方英里 2000~3999 人时，该比例为 73%；当地区人口密度在每平方英里 4000～9999 人时，该比例为 88%；当地区人口密度在每平方英里 10,000 人以上时，该比例为 98%。

普什卡廖夫和祖潘较早前对公共交通和土地利用政策的研究也得出了以下几个相关结论。

· 与限制汽车使用或改变城市密度相比，提高公共交通服务的质量或数量在减少交通拥堵方面的潜力非常有限。

· 居住密度会影响公共交通的使用。在每英亩少于 7 个住宅单位的居住密度时，公共交通的使用率最低。当密度超过每英亩 7 个住宅单位时，公共交通使用率会急剧增加。每英亩 7～15 个住宅单位的中等密度区，可以支持中等便利的公共交通服务，如快速公共交通、公交车和出租车。

· 与居住密度相比，地理区位对公共交通使用的驱动性更强。中心城区的高密度住宅区比相同密度但位置较偏远的居住区产生更高比例的公共交通出行。此外，在快速公共交通站点周边 2000 英尺的范围内，其公交使用率要远远高于较远区域。因此，将高密度住宅集中在市中心或快速公交站点附近相对较小的区域内，比提高大区域的平均居住密度更能有效地增加公共交通的使用。

· 非住宅类（如大型购物中心或商业区）的高密度开发也有助于提升公共交通出行比例。但商业或办公规模需要达到 1000 万平方英尺以上，才能更好地促进公共交通的使用。而且，为了使公共交通服务更有效，非居住类空间必须聚集在距离公共交通站点不足一平方英里的范围内。

· 如果周边居住区的密度能达到每英亩 7 个住宅单位以上，则大型的郊区购物中心可提供"中等质量"的公交服务。"中等质量"的公交服务指路线间隔半英里，每天约 40 班次公交车，或至少每半小时一辆车。如果 50% 的土地用于住房（不包括街道），平均每户人口为 2.5 人，那么每英亩 7 个住宅单位相当于每平方英里有 5600 人。

· 通过降低劳动力成本来控制快速上升的公共交通成本。因为公共交通运营和维护成本的 70% ～ 85% 是劳动力成本。

·住宅密度与特定类型的公共交通出行之间的关系是可以确定的。简单来说，可以按照下面的标准来描述，即在密度相对较低的居民区，可以按照最低公交服务水平提供当地公交服务，即每天 20 班次公交车，车辆间隔 1.5 英里；在中等规模的城市，采用快速公交与停车换乘设施进行连接；而轨道交通系统只适用于大城市的城市中心。

·公共政策方面至少要有两个重大转变才可能提升公共交通的通勤出行比例。一是禁止在低密度地区修建新的办公大楼和多户住宅。二是增加土地税，但减少高密度土地开发的征税。

（1）围绕郊区公共交通站点进行高密度开发

在快速公共交通站点附近开发高密度的住宅可以显著提高公共交通的使用率。许多住在轨道站周边 2000 英尺范围内的家庭愿意步行到车站，并使用那里提供的交通工具完成日常出行，包括通勤出行。因此，一些城市设计师提出了面向行人的、由轨道交通提供服务的小型、高密度居住区，被称为步行口袋或 TOD。

然而，这种通过决定郊区公共交通站点周边的土地开发来提升公共交通使用率的方法存在固有的矛盾。一方面，许多公共交通运营商希望乘车人数最大化，包括驾车前往车站再换乘公共交通的人群，因此需要在车站周边设置大量停车位，以吸引周围大片区域的潜在乘客。另一方面，城市设计者希望在公共交通站点附近的步行距离内布置高密度的住宅和商业功能，而不是开放的停车场。

要同时实现这两个目标是可能的。在通往车站的地面层进行零售和其他有趣的活动，以保持对居住在附近的人的吸引力。同时在高密度住宅或商业建筑的地下或屋顶建设停车场，以供换乘公共交通的驾车人使用。但这种方式的建设成本非常高，降低了项目开发的经济可行性，这种矛盾使得成功的 TOD 开发案例很少。

附录 E 讨论了这种聚集在减少郊区汽车交通拥堵方面的有效性。计算结果表明，即使是规模庞大的郊区快速交通系统为其站点附近的高密度住宅区提供服务，也只能承载所有郊区通勤量中较小的一部分。与建造和维护交通系统，以及在每个郊区站点周围建造高密度住宅区所需要的经济和政治努力相比，在郊区快速交通站点周围建造高密度住宅区对缓解交通拥堵的作用相对较小。

（2）公共交通使用率和密度之间的反向因果关系

刚才讨论的大部分环节涉及不同的居住密度对公共交通使用的影响。但因果关系有时会朝着相反的方向发展。当许多通勤者使用公共交通进入商业区时，开发商可能就会提高该地区的非住宅密度。例如，当一个新的公共交通系统为市中心服务时，更多的人可以在不造成高峰时段交通拥堵的情况下通勤，因此不会提高平均通勤时间。然而通勤时间会影响员工对居住地和工作地点的选择，如果更多的工人能在与以前相同的通勤时间内到达市中心，更多的人会想在市中心工作。有一种观点认为，在公共交通服务的加持下，开发商会在市中心修建更多的办公场所或其他设施，这种观点得到了旧金山和华盛顿市中心的验证。在建设了公共交通系统后，这两座城市的办公场所大幅度增加。

因此，要想增大城市中心区的办公和商业空间需求，有一个方法便是建设大规模的非公路交通设施来为该片区提供服务。这就是为什么城市中心的商业利益集团如此强烈地支持新轨道交通系统的建设，尤其是当美国联邦补贴能够支付大部分成本时。俄勒冈州波特兰的例子就充分印证了这种情况，该市官员有意推广新的轻轨系统，部分原因就是它有助于增加该地区市中心的吸引力。居住区密度与公共交通的关系也是如此，一个居民区的公共交通服务越好，在其他条件相同的情况下，那里的住宅密度就越高，这就是为什么在多伦多和弗吉尼亚州阿灵顿县的公共交通站点周围出现了高密度的住宅群。住在那里的人可以在交通高峰期乘公交上下班，而不会遇到公路拥堵，从而鼓励更多的人住在这样的车站附近。然而要达到这样的效果，当地居民必须允许在轨道车站周边的低密度区进行高密度开发。

12.5 现有的美国居住密度因地理因素呈现差异化

提高现有居住区的密度能否提升公共交通的使用率，这在很大程度上取决于这些居住区的初始密度。美国大都市地区的居住密度差别很大，这在一定程度上与美国各个地区有人居住的最初时期有关。在汽车成为交通主要形式很久之前就建立起来的大型的、古老的城市，其密度往往比那些新建成的居住区要高得多。由于这一章的重点是新增长的地区，所以我们关注的数据主要涉及郊区。

截至 2000 年，美国人口普查局已划定 476 个城市化地区，每个地区都由一个至少 5 万人的中心城市和若干个相对发达的、远离中心城市的"边缘地区"组成。城市化地区不同于大都市地区，前者只包含相对高密度的居住区，不包括由人烟稀少的农田、农村地区、山区或沙漠地带构成的地区，这些地区构成了许多大都市地区的很大一部分。城市化地区的边缘地区往往是人口增长最快和其他城市开发发生的地区。

2000 年全美 50 个最大的城市化地区有 1.277 亿居民，占全美总人口的 45.4%。其总体密度（总人口除以总面积）为每平方英里 3307 人。这些城市化地区约有三分之一的人口居住在中心城市，尽管中心城市只占总土地面积的 26%。因此，中心城市的总体平均密度（每平方英里 4305 人）比边缘地区（每平方英里 2858 人）约高出 51%。

边缘地区人口密度最高的是圣何塞地区，每平方英里 7559 人；人口密度最低的是夏洛特地区，每平方英里 1133 人。然而只有少数边缘地区的人口密度相对较高。2000 年，在 50 个最大的城市化地区中，只有 5 个边缘地区的人口密度超过每平方英里 5000 人，包括圣何塞、洛杉矶 - 长滩、旧金山 - 奥克兰、盐湖城和堪萨斯城。

这 5 个城市化地区有 1860 万人，其中 1240 万人住在其边缘地区。但是在 50 个最大的城市化地区，85% 的居民居住在人口密度不足每平方英里 5000 人的边缘地区。这 50 个城市化地区（包括上述 5 个地区）边缘地区人口的总密度分布情况见表 12-3。

表 12-3 边缘地区人口分布

每平方英里人口 / 人	城市化地区数量 / 个	边缘地区总人口 / 百万人	边缘地区人口的百分比 /（%）
<2000	9	9.3	11.2
2000~2999	19	34.4	41.6
3000~3999	8	18.5	22.3
4000~4999	4	8.1	9.9
5000~5999	3	3.7	4.4
6000~7499	1	8.1	9.8
7500~9999	1	0.6	0.8
≥ 10,000	0	0	0
总计	45	82.7	100.0

资料来源：作者基于美国人口普查局的计算，2000 年人口普查，STF3，详细表格 [www.factfinder.census.gov]（2003 年 11 月）]。

从这些数据可以明显看出，生活在这 50 个城市化地区边缘地区的绝大多数人居住在密度较低的居住点。其中，超过一半的人住在平均密度不超过每平方英里 3000 人的边缘地区，四分之三的人住在每平方英里 4000 人的边缘地区。只有 10.6% 的人居住在人口密度大于每平方英里 5000 人的地区，包括密度最高的中心城市和大多数密度最高的边缘地区。2000 年，在美国的 601 个城市中，有 43 个城市的人口超过 5 万人，人口密度为每平方英里 1 万人或更多，所有 43 个城市都位于这 50 个城市化地区。因此余下 426 个城市化地区的人口密度大体上比表 12-3 所列的数据还低。

即使某个边缘地区的人口平均密度低于每平方英里 3000 人，其中某些地区的人口密度也可能比较高，这一点已清楚地从特定大都市地区的数据中看出。各城市化地区的郊区密度分布如表 12-4 所示，本表按居住密度分组，将各城市化地区的郊区人口密度以每平方英里 2000 人以下到每平方英里 1 万人以上进行分组（每个城市化地区的全部人口都归入该城市平均密度组，尽管该城市部分地区密度可能与平均密度相差很大）。

表 12-4　2000 年选定的城市化地区的郊区密度[①]

区域及密度/（人/英里^2）	城市数量/个	人口	
		总人数/人	百分比/（%）
洛杉矶县郊区[②]			
<2000	13	304,926	6.32
2000~2999	10	225,246	4.67
3000~3999	7	336,045	6.97
4000~4999	5	228,467	4.74
5000~5999	5	366,307	7.59
6000~7499	10	869,629	18.03
7500~9999	11	1,034,575	21.45
≥10,000	25	1,459,120	30.25
总计	86	4,824,315	100.00
河滨县和圣贝纳迪诺县			
<2000	21	554,310	21.61
2000~2999	9	449,975	17.54
3000~3999	8	868,800	33.87
4000~4999	7	593,600	23.14
5000~5999	1	20,300	0.79
6000~7499	1	33,500	1.31
7500~9999	0	0	0.00

续表

区域及密度/(人/英里²)	城市数量/个	人口	
		总人数/人	百分比/(%)
≥10,000	1	44,282	1.73
总计	48	2,564,767	100.00
奥兰治县			
<2000	0	0	0
2000~2999	7	180,359	6.73
3000~3999	3	237,400	8.86
4000~4999	2	78,398	2.93
5000~5999	6	520,572	19.44
6000~7499	7	852,309	31.82
7500~9999	4	327,785	12.24
≥10,000	4	481,301	17.97
总计	33	2,678,124	100.00
旧金山湾区郊区			
<2000	18	208,462	5.22
2000~2999	15	566,069	14.16
3000~3999	25	1,191,534	29.81
4000~4999	16	791,678	19.81
5000~5999	5	261,843	6.55
6000~7499	12	573,679	14.35
7500~9999	4	240,472	6.02
≥10,000	3	163,342	4.09
总计	98	3,997,079	100.00
伊利诺伊州芝加哥郊区[③]			
<2000	74	322,577	6.95
2000~2999	41	535,687	11.54
3000~3999	43	879,715	18.96
4000~4999	54	1,475,251	31.79
5000~5999	23	627,350	13.52
6000~7499	14	406,621	8.76
7500~9999	6	149,326	3.22
≥10,000	7	244,023	5.26
总计	262	4,640,550	100.00
亚特兰大10个县合并郊区			
<2000	38	273,652	38.72
2000~2999	15	315,322	44.61
3000~3999	5	85,325	12.07
4000~4999	2	25,292	3.58
5000~5999	0	0	0.00

续表

区域及密度/(人/英里²)	城市数量/个	人口	
		总人数/人	百分比/(%)
6000~7499	1	7231	1.02
7500~9999	0	0	0.00
≥ 10,000	0	0	0.00
总计	61	706,822	100.00

资料来源：美国人口普查局，2000 年 (www.census.gov)。

①平均各区域密度如下：洛杉矶县郊区每平方英里 7503 人；河滨县和圣贝纳迪诺县每平方英里 2269 人；奥兰治县每平方英里 6110 人；旧金山湾区郊区每平方英里 4100 人；伊利诺伊州芝加哥郊区每平方英里 3812 人；亚特兰大 10 个县合并郊区每平方英里 1868 人（非合并地区包含 2,306,083 名居民，总密度为每平方英里 935 人）。

②不包括马里布。

③不包括 7 个郊区，总人口为 7976 人。

令人惊讶的是，洛杉矶（由洛杉矶县组成的长滩大都市地区）尽管被普遍认为是美国所有地区中布局最分散的地区，但是它拥有美国所有大都市地区中最高的平均郊区人口密度。图 12-1 显示了加利福尼亚州郊区人口密度，可见各区域之间的密度分布差异是惊人的。黑色代表洛杉矶县的数据，它的郊区人口中有很高比例生活在相对高密度的社区中，51% 的人口居住在密度超过每平方英里 7500 人的社区，30% 的人口居住在密度超过每平方英里 1 万人的社区，奥兰治县也有很高比例的居民生活在相对高密度的社区。与此形成鲜明对比的是，河滨县和圣贝纳迪诺县的居民生活密度都低得多，超过 70% 的人生活在密度为每平方英里 4000 人以下的社区，只有 3% 的人生活在密度为每平方英里 6000 人或以上的社区。这是因为这两个县在一定程度上扮演着郊区"睡城"的角色，而洛杉矶县和奥兰治县的就业机会相对集中。旧金山湾区的郊区居民主要居住在与河滨县和圣贝纳迪诺县类似的低密度社区。

芝加哥和亚特兰大城市化地区的郊区人口密度相对较低。亚特兰大之所以不同寻常，是因为在这些数据中包含的 10 个县中，有三分之二的郊区居民居住在未合并的地区，这些未合并地区的总体密度仅为每平方英里 935 人。

在表 12-4 中的所有地区的总平均密度中，亚特兰大郊区的密度最低，为每平方英里 1868 人，洛杉矶县郊区的密度最高，为每平方英里 7503 人。由于洛杉矶是美国绝对增长最快的地区中心，这些数据似乎与新建郊区不会采用相对较高居住密度的结论矛盾。

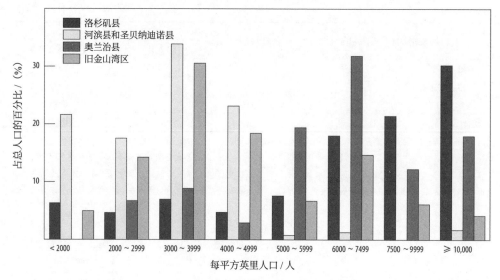

图 12-1 2000 年加利福尼亚郊区人口密度
资料来源：作者根据 2000 年美国人口普查计算。

然而人口增长最快的大洛杉矶地区更新更远的郊区在河滨县和圣贝纳迪诺县。如前所述，这些郊区的人口密度比洛杉矶县的老郊区低得多。同样在旧金山湾区，经济增长的边缘地区（纳帕县、索拉诺县和索诺玛县）2000 年的人口密度比邻近的县要低得多。

在刚刚讨论过的地区中，各个郊区的密度差别更大。最高的郊区人口密度达到每平方英里 23,409 人，位于洛杉矶郊区的梅伍德，占地只有 1.2 平方英里。洛杉矶县共有 25 个人口密度超过每平方英里 1 万人的郊区城市。但同样位于洛杉矶郊区的弗农，其人口密度仅为每平方英里 19 人。这些数据都表明，到目前为止，美国郊区的人口密度仅在较老、较近的郊区达到了相对较高的水平，而在新增长的边缘地区则没有达到。因此，先前有关"开发高密度住宅与现有居民的意愿相违背"的结论似乎是正确的。

12.6 低密度居住区是"社会次优"吗?

郊区扩张的拥护者认为,只要愿意支付费用,人们就有权居住在低密度的社区。从福利论的观点来看,只要具备两个条件,社会就没有理由偏向任何特定的郊区居住密度。一是选择低密度生活的公民要为他们的选择付出全部代价;二是这些公民不会制造障碍来阻止其他公民居住在更高密度的地方。

(1)低密度社区的居民是否付出了全部的生活成本?

在美国大都市地区普遍存在的情况下,如果人口规模相同,大面积的低密度住区会比高密度住区的平均通勤距离更长,因此,低密度住区每天会产生更多的汽车总行驶里程,消耗更多的能源,造成更多的污染物排放。更多的能源消耗并不涉及任何明确的社会成本,因为那些选择低密度生活的人通过为他们的车辆购买更多的燃料来自己支付。但是更多的空气污染物的排放是模糊的,因为它会造成空气污染、疾病和其他消极影响,而且与高密度住区相比,低密度社区导致的各种社会成本更高,但居民并不需要支付这种费用。因此,对于房屋消费者来说,由于低密度社区不需要支付全部的社会成本,相对来说它的价格更具优势。这种价格偏差导致低密度的居住模式更具备社会优势,但由此造成的福利损失则由社会来承担。

同样,在一定条件下,低密度住区会比高密度住区产生更严重的交通拥堵。使用拥堵道路的通勤者不需要付出任何费用,这将导致社会福利的损失。如果居住密度提高,或者所有高峰时段使用拥堵道路的司机都必须支付通行费,社会福利损失则不会上升。

低密度社区的基础设施投入也要远高于同样人口规模的高密度住区。该投入中的一部分将由选择低密度社区的居民承担,但大多数地方官员声称,政府无法通过对居民收费的方式完全收回为新增长区投入的公共基础设施成本。许多基础设施的改善使新来的和现有的住区居民都受益了,但这部分收益无法通过收费的方式来衡量。

(2)居住在低密度地区的居民是否会妨碍其他人选择较高密度的地区

几乎所有的郊区社区都有相应的条例来控制新建住宅或重建住宅的密度。一般而言,这些条例都会严格控制高密度开发的土地面积。

严格限制建设相对高密度房屋的土地面积，既包括多户住宅，也包括小地块上的单户住宅。许多城市经济学家和经济适用房监管障碍咨询委员会对这一做法的分析清楚地表明：郊区分区制往往会阻碍高密度住宅的建设，从而阻碍相对低成本住房的产生。许多郊区政府都通过了分区条例，目的是防止社区出现低成本住房。辖区内的居民担心附近低成本的廉价住房会降低他们自己房屋的市场价值，这些居民也不想住在社会经济地位较低的家庭附近。因此他们通过了提高建造新住房成本的法律，例如要求建设相对低密度的住房。

　　这些排外社区的许多居民受益于阻止低成本住房建设和限制低收入家庭进入，因为这些规定推高了他们自己房屋的市场价格。通过这种方式，他们也获得了他们喜欢的那种本地社会经济混合。但是这些政策将成本强加到了被排除在这些社区之外的低收入和中等收入家庭身上。由于受益家庭的收入一般比未受益家庭高得多，这就相当于递减的福利再分配。在作者看来，这是不受社会欢迎的。

　　只要低密度的居住伴随着这种限制性分区条例的广泛使用，它就会通过限制那些更喜欢高密度住宅单位家庭的选择，从而降低社会的效率和福利。中等密度住宅单位通常是相对便宜的，因为中等密度的住宅单位比非常高密度或非常低密度住宅单位的建造成本更低。此外，由于无法承担低密度社区的住房成本，在该处工作的雇员必须从更远的地区进行通勤。因此，与其他情况相比，限制性分区会导致平均通勤路程增大。

　　（3）低密度聚落的社会最优性

　　如果居住在低密度社区的居民能够承担这些区域的全部社会成本，并且不阻止在这些社区中建立高密度住宅，那么低密度社区就不是这个社会的次优选择。但在美国大多数大都市地区，许多大型低密度居住点并不符合上述情况。如果这些地区的居民必须更多地承担他们选择低密度社区所带来的成本，如果他们对其他人的密度选择的限制大大减少，社会就会变得更好。在这种情况下，郊区的平均密度会比现在稍高一些，这种变化能够使现有的低密度社区内出现更多的高密度住宅，而不仅仅是整个都市地区的平均密度提升。但是怎样的居住密度才能使社会利益达到最优则很难估计。

（4）对缓解交通拥堵的影响

虽然说现有居住区的密度导致整个社会效益无法达到最优，但提高它们的密度也不一定能减少现有的交通拥堵。事实上，杰拉尔德·卡利诺（Gerald A. Carlino）最近提出：高密度都市地区往往比低密度都市地区的发展要慢，究其原因，在一定程度上是由于前者导致了更大程度的交通拥堵。他提到这样一个事实，即在1951年至1996年，人口密度较小的大都市地区，其工作岗位在总工作岗位中所占的比例越来越大。他认为高密度地区的拥堵加剧可能是城市去中心化加速的关键原因，但他没有引用任何数据来支持有关"更密集地区的拥堵程度更高"的结论。

为了验证这一观点，作者对351个城市化地区进行了多元回归分析，使用1990年至2000年人口增长百分比作为因变量。独立变量是1990年城市化地区的人口数量、土地面积和人口密度，1990年到2000年城市化地区的人口绝对增长量和区域面积百分比变化，以及主要城市化地区一月平均温度。

模型分析结果支持了卡利诺的观点，即更高的区域密度可能会导致区域增长放缓。然而在本书第3章中对交通拥堵程度的早期回归分析表明，城市化地区的人口密度对得克萨斯交通研究所用来衡量拥堵程度的出行时间指数有积极的影响。因此，增加整个地区的居住密度可能会加剧交通拥堵，而不是改善它。

虽然提高大都市地区外围新建地区的密度，至少可以缩短这些外围区域的通勤距离，但事实上，通过提高现有低密度郊区的密度来缓解当前的交通拥堵，就好比通过抬高天花板来解决画作挂置过高的问题。这种补救措施所付出的努力及其过程中要面对的问题，与它所能达成的效果完全不成正比。

不过想要避免未来新建地区出现潜在的交通拥堵，就必须采取一些措施来保证该地区达到一个合适的密度水平，以缩短未来的平均通勤距离。

12.7　如何提高居住密度

从理论上讲，有三种方法可以达到更高的郊区密度：拆除现有建筑，并在原有用地上重新开发高密度建筑，或者改造现有的建筑；在现有低密度社区的空置用地上兴建高密度建筑；在城市外围地区重新选址建设高密度社区。很明显，只有第三种方法有可能大幅提升整个大都市地区的总体密度。

在较小的空置用地上建设单户住宅，提高居住区中单元楼或联排别墅的比例，提高住宅用地容积率，提高整个区域中的居住用地比例，这四种方法都可以提高居住密度，而且可以被纳入地方性法规中实施。然而前三种方法通常会遭到现有居民的反对，他们认为这些方法改变了他们社区的既有特征。他们担心会出现更严重的交通拥堵、路边停车位短缺、噪声和空气污染加剧、附近单户住宅的房产价值下降、公园和学校等公共设施超载，以及"不良分子"。因此现有居民认为高密度住宅是"LULU"，并对此抱有一种"邻避效应"（NIMBY）的态度。LULU 在当地被看作一种不受欢迎的土地使用方式，它虽然可以为整个地区带来好处，但会对邻近地区产生负面影响。比如一些主要的机场就被认为是 LULU，因为它们会为其邻居带来噪声和交通拥堵。NIMBY 则表达了人们的态度，不管其重要性如何，人们都不希望他们认为的 LULU 离他们太近。

要消除这种狭隘的反对，并说服当地政府进行高密度开发是很困难的。大多数地方政府都会极力支持本地公民的土地使用偏好，从而忽视了整个大都市地区的需求。因此鼓励新增长地区进行高密度开发的最佳方式是通过一级政府（尤其是州政府）制定统一的政策。州政府官员的选区包括整个大都市地区，许多新发展地区的潜在居民也包含在内。这些人将会从低成本住房和其他高密度发展的好处中获益。因此比起地方政府官员，对这一事实更为敏感的州政府官员更有可能采取顾及整体社会利益的政策。

修订财产税就是这样一种政策，修订后新购土地的税率要远高于现有土地改建的税率。这项政策鼓励开发商对每块土地都进行最大强度的开发利用。此外，还有一项政策是大幅度提高都市地区外围空地的购置税。在许多州，这种闲置土地的税率相对较低,特别是归类为农业用地的土地。更高的土地税将促进开发商对获取的土地尽快进行集约开发,而不是空置土地以投机未来的价值增长。

然而这些政策的影响是有限的,因为大多数郊区已经在各自的立法中严格限制了土地的高强度开发。这导致了土地高强度开发的案例很少,而且推高了高强度开发的成本。因此,阻止大多数郊区实施高密度开发的主要因素并不是缺乏税收激励,而是无法获得当地的建设许可。因此要想提升新建地区的居住密度,最根本的办法就是改变郊区分区制政策。

还有一种提高郊区密度的方法,就是设立城市增长边界,这将迫使大多数新开发项目并入已建成区域管辖。俄勒冈州20多年来一直奉行这一政策,从而提高了新增长地区的平均密度。然而波特兰城市化地区的总体平均密度仍然相对较低(2000年为每平方英里3340人),从1990年到2000年仅增长了10.6%。这一增长在50个最大城市化地区中排名第24位。其他17个大型城市化地区的人口密度增长率是它的两倍,14个城市的人口密度增长率是它的三倍。波特兰的城市密度在20世纪90年代增加了12.3%,这在50个最大的城市化地区中排名第九。但在2000年,波特兰市作为中心城市的人口密度仍然相对较低(每平方英里3939人)。这一密度在50个最大城市化地区的中心城市中排名第26。因此,尽管波特兰地区20多年来强制执行城市增长边界,但其总体密度并没有大幅提高。甚至其中心城市的人口密度也远远低于通常认为的经济上可行的公共交通服务门槛。

设立城市增长边界的优势之一是它避免了"蛙跳式"发展。与持续稳定的发展相比,"蛙跳式"发展会增大重大基础设施的建设成本。此外,当新建地区被限定在城市边界的某一特定区域时,其未来增长模式的不确定性就会减少。这使得开发商和地方政府可以缩短规划和审批新项目所需的时间。降低开发成本可以抵消城市增长边界内土地价格的上涨。

另一项有助于在新增长区提高密度的策略是提供具有说服力的证据,证明设计良好、密度适中的新多户住宅项目不会对邻近单户住宅的市场价值造成负面影响。经济适用房监管障碍咨询委员会进行了15项关于这一主题的相关研究。其中14项得出的结论是,将补贴房或特别用途房安置在市价房附近不会对其产生重大的负面影响。但乔治·加尔斯特(George Galster)最近的一项研究得出结论,新建保障性住房对附近单户住宅市场价格的影响并非总是可以忽略不计的。实际上这种影响取决于各地不同的情况。

显然，克服当前郊区对高密度发展的阻力并非易事。只有让更高级别的政府官员，尤其是州一级的官员，确信值得为高密度带来的好处付出政治代价，才有可能实现这一目标。此外，提高人口密度以减少交通拥堵的努力，如果集中在现有公共交通设施服务方便且相对较小的地区，就可能取得很大成功。这些地区包括靠近地铁站、通勤列车站或主要市中心的地区。这些地区的居民比那些远离公交服务的居民更有可能从汽车出行转向公共交通出行。提高市中心或主要商业区的商业密度，也可能鼓励更多的公共交通使用，从而将许多乘客的目的地集中在同一个地方。这些小区域性策略可能比试图提高大区域的整体居住密度（如整个城市化区域边缘）更能有效地应对交通拥堵。

13

改善职住平衡

有一种减少拥堵的策略是改善大都市地区每个分区的职住平衡。其基本思想就是鼓励人们居住在工作地点附近，从而缩短平均通勤距离。

13.1 职住失衡的特点

通常认为，平均通勤距离越长，交通拥堵越容易发生，且越发严重。较长的通勤出行通常是由于某一地区的职住比例失衡造成的。工作岗位多于住宅的区域，通常工作岗位过剩，住宅短缺。例如，大多数中央商务区、大型购物中心和办公大楼，以及区域机场周围的办公和工业设施，许多在那里工作的人每天的通勤距离都很长。住宅多于工作岗位的区域往往位于城市外围的新建地区，那里的土地价格相对便宜，因此住房成本较低。这吸引了中低收入家庭或那些想要大房子而又无须花费高额费用的家庭。居住在那里的许多人必须长距离通勤去上班。

即使某个地区的住房数量与在那里工作的每个人所需的住房数量完全相同，这些住房的成本和风格也不可能适合所有人。例如，太平洋海岸线边上的大型购物中心雇用的低薪工人很可能买不起附近的住房，因为该区域的便利程度和某些规定（低密度要求）将房价推高了。因此，只有当地的住房数量和价格，与本地岗位工人的数量和经济能力相匹配，才能实现有效的职住平衡。

毫无疑问，职住不平衡问题在美国大都市地区广泛存在。通过计算旧金山湾区22个城市的职住比可以发现，其平均值为1.05，接近于完美平衡（0.75和1.50之间的任何比率均表示合理的职住比）。22个城市中有7个城市的职住比不在此范围之内。这两个结果部分反映了这样一个事实，即所调查的区域越小，其职住不平衡的可能性越大。相反，在整个大都市地区中，根据定义，职住总是平衡的。

职住不平衡可能确实导致了交通拥堵，但是职住不平衡的存在并不代表它不受社会的欢迎，也不代表它可以通过公共政策而改变，同样也不代表改变它就能大幅度地减少交通拥堵。

13.2 职住失衡的负面影响

从理论上讲,如果在工作岗位剩余的区域增加住房,或在住房过剩的地区增加工作岗位,那么通勤距离就会大幅度缩短。因此,调整现有居住区或新建居住区的职住比,或许能够减少交通拥堵。

从南加州政府协会(SCAG)对未来交通拥堵的预测中可以看出改善职住平衡战略的重要性。1986年的预测表明,1984年至2010年,SCAG六县的人口可能增加590万人,即增长47.5%。同时该地区将增加约300万个工作岗位,但这些工作岗位并不位于新增住房的区域。这将导致SCAG地区的交通拥堵加剧,且接近瘫痪的水平。而实际上SCAG的人口从1984年的1240万人增加到2000年的1650万人,按照年绝对增长率计算,SCAG到2010年将达到1900万人,比1984年预测的约多出来4%。正如SCAG在2001年的一份报告中指出的那样,SCAG对职住失衡恶化的担忧已经成真。

要减轻职住失衡带来的不利影响,其中一个办法便是新建大量的高速公路。但根据SCAG的相关研究结论,这种建设的成本将远远超出政府的资金筹措能力。另一种办法是更改新增工作岗位和住房的规划位置。根据SCAG在1986年的预测,如果到2010年新增工作岗位的12%能够从工作岗位过剩区域转移至住房过剩区域,同时6%的新增住房从住房过剩区域转移到工作岗位过剩区域,则新增交通量将减少35%。因此,SCAG通过了一项影响未来工作岗位和住房规划的官方政策,即政府对工作岗位和住房的选址进行直接干预,这与以往的公共政策大相径庭。SCAG在2001年的报告中再次批准了这项选址干预政策,并将其扩展到更多种类的公共政策中,包括改变公立学校的课程设置和改变本州税收结构等。

2000年,加利福尼亚州立法机关通过了"就业住房平衡奖励计划",该项目将向那些提交有效改善职住平衡方案的社区提供2500万美元的援助。此外,旧金山湾区多个县之间正在试行跨区职住平衡,并提出了数十项建议。

13.3 职住失衡的原因

职住失衡是由大都市地区增长的内在动力不可变和某些特定公共政策可变造成的。

（1）大都市增长的内在动力

在大都市地区建立之初，工作岗位往往聚集在城市中心。因为城市中心比其他区域具备较强的可达性，它有助于许多公司开拓更广阔的市场和招募更多的劳动力。而且，岗位聚集有助于形成规模效应，从而提高效率。为了获取这种可达性更好的中心地段，企业主愿意支付更高的土地租金，而普通购房者却做不到。因此，住宅用地只能转移到土地成本较低的外围地区。在这个过程中，一些住房过剩或工作岗位过剩的次级区域也会进一步形成。所以说，职住失衡是城市正常发展过程中为保证经济和社会效率而产生的必然结果。

居住区和工作地之间的通勤距离最初都很短，但是随着整个大都市地区的增长，通勤距离都会逐渐增加。同时许多与日常家庭生活紧密相关的零售业和其他服务业也转移到外围地区，以更贴近客户，这又会形成新的分散式工作岗位中心。通过这种方式，更多的工作岗位逐渐转移到住房过剩的地区，从而缓解了最初的工作岗位与住房的不平衡。一些办公楼和工业公司也逐渐搬到了工人居住的地方，以期更便利地利用那里的劳动力。自1970年以来，随着机动车保有量和使用量的迅速增加，以及通信技术的快速发展，这一过程得到了更进一步的发展。

图13-1展示了加利福尼亚州奥兰治县的工作岗位数量和家庭户数的演变过程。1950年，该县的家庭户数比工作岗位数量多61%。但在20世纪70年代，该地的工作岗位数量增长开始快于家庭户数的增长。20世纪70年代初，该地的工作岗位数量和家庭户数实现相等，但在此之后，工作岗位数量增长一直高于家庭户数的增长，于是越来越多的工人不得不从其他区域前往奥兰治县。到2000年时，奥兰治县的工作岗位数量比常住家庭户数多38%。因此，随着时间的推移，自然的、不加干预的发展可能会减少外围地区最初的住房过剩。但这个过程也可能会走偏，进一步造成工作岗位过剩的问题，就像奥兰县所面临的一样。

然而，在相邻的河滨县和圣贝纳迪诺县，在过去的 50 年中，家庭户数与工作岗位数量保持了同步的增长速度（图 13-2）。发生这种情况的主要原因是，这两个县的土地空间充足，能够为在邻近的奥兰治县和洛杉矶市工作的工人提供住所。因此，职住平衡的"自然演变"因地而异，取决于特定的区域条件。

但是随着时间的流逝，由于个体对长距离通勤的调整会使职住不平衡逐渐趋于平衡。正如 SCAG 在 2001 年所说，从历史上看，SCAG 地区的职住不平衡一直处于

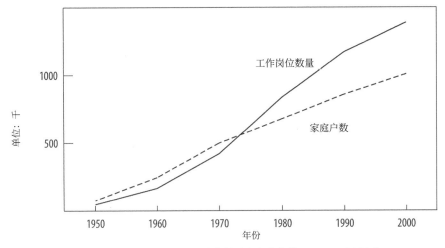

图 13-1　奥兰治县的工作岗位数量和家庭户数，1950—2000 年

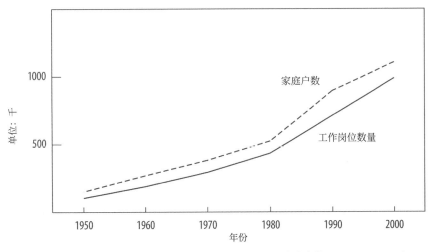

图 13-2　河滨县和圣贝纳迪诺县的工作岗位数量和家庭户数，1950—2000 年

自我修正的过程中。乔布斯已经从原来的市中心搬到了富裕的郊区，并利用较低的土地和劳动力成本为员工提供较短的通勤时间。最终结果是这个地区如今呈现出具有鲜明特色的多中心城市结构。这种现象也解释了为什么在过去的几十年中该地区的平均通勤时间保持相对稳定。

（2）通勤成本低于土地成本

对于许多家庭而言，通勤成本远低于住房成本，这是不利于职住平衡的因素之一。2000年，美国家庭的平均交通支出占其总收入的19.5%，但住房成本占总收入的32%。因此，稍微增加交通成本而降低住房成本，对于大多数家庭来说是有好处的。住宅和工作岗位距离增加1英里，每天的通勤距离将增加2英里，即每年增加480英里（240个工作日）。以每英里0.10美元的出行成本计算，每年只是增加了48.00美元的支出。如果新增的出行距离以车辆每小时30英里的速度行驶（高于整个出行的平均速度，因为距离更长），则每英里将花费两分钟，或每天多四分钟，每年将多花16小时。如果通勤者的时间价值按照2001年平均小时工资的一半（即每小时7.17美元）计算，那新增时间成本为每年114.72美元。合计每年增加的总费用为162.72美元。

每年162.72美元的新增交通支出能买到便宜的房子吗？如果按照20%的首付、7%的利率和30年的按揭贷款来购房，每年的购房支出约为房屋价格的6.3869%。162.72美元的通勤费相当于总房款上升了2545美元（162.72÷6.3869%≈2545）。因此，如果房价每增加1英里的跌幅超过这个数字，那么家庭将从更长的通勤时间中受益。较早的调查显示，与中央商务区的距离每增加1英里，房价就会下跌1.5%。若按照前面的标准，降价2545美元的房屋总价为169,649美元。因此，只要该地区房屋的平均价格或中位数价格不少于170,000美元，通勤者就值得前往。根据美国房地产经纪人协会（NAR）的数据，2002年，在138个大都市地区中，已售出的独立住宅的中位数价格超过170,000美元，在NAR对该地区的销售记录中，其中17个大城市的价格超过了200,000美元。2000年，这36个大都市地区的人口为7410万人，占美国总人口的26.3%。因此，在美国大都市圈的大部分地区，"开车到买得起房的住区"是明智的策略。这就是有如此多的家庭在房屋成本高的大都市地区进行很长行程通勤的原因。这些家庭的行为方式强烈地加剧了职住不平衡。

（3）劳动力市场因素

随着职场女性人数的增加，如今有两个或两个以上家庭成员有收入的家庭越来越多。因此，对于许多家庭来说，通过选择合适地点的住房来减少通勤距离可能越来越难，因为彼此之间的工作地点可能相距甚远。另外，某些行业的工作流动性很高，较高的离职率也使得缩短通勤距离变得越来越难。所有这些因素导致职住很难平衡。

（4）地方政府的排他性做法

许多靠近郊区工作岗位集中区域的社区似乎故意颁布了一些法令来抬高房价。这导致许多人无法负担高企的住房成本，从而不得不选择远距离的通勤。

一些地方政府通过提高住房成本来改善其财政状况。大多数人认为，商业房地产的使用（这意味着工作）对地方财政来说收入大于支出，相比之下，低收入和中等收入居民对于地方财政来说意味着更多的支出。因此，地方政府会通过地方立法来促进商业用地开发，并阻止低效益的住房开发。这种政策刺激了本地工作岗位的增加，同时减少了许多当地工人能够负担起的房屋建设，从而导致职住失衡。类似的排他性政策还包括停止中等密度的住房供应、限制多户住宅用地、延长审批许可，以及花费不菲的报告和环境保护要求等。从本质上讲，财政分区拒绝了本地低收入人群在本地工作的需求。

13.4 改变现有职住失衡的六种策略

在刚刚描述的各种类型的失衡区域中，有六种可能的方法可以实现更好的职住平衡。

① 在工作岗位过剩地区新增大量住宅。在已建成地区，需要进行穿插式建设，并提高现有社区的密度，而这两项政策都会引起很大争议。

② 在高房价地区建设更多的适合中低收入人群居住的住房。但在高房价地区，如果没有公共部门的大量补贴，很难做到这一点。

③ 阻止在工作岗位过剩的地区新增更多的就业机会。例如在 1989 年，加利福

尼亚州的帕洛阿尔托大幅度减少了用于商业开发的土地面积，用于限制可能的岗位增加，并通过降低容积率，将未来非住宅开发的规模从2530万平方英尺减少到330万平方英尺。它还采取了一系列相关计划，将未来增长的重点从非住宅转移到了住宅。尽管采取了这些措施，但交通拥堵状况仍在恶化，当地政府认为，如果没有这些政策，情况将会更加糟糕。

④ 将工作岗位从工作岗位过剩地区转移到住房过剩地区。但是许多高科技公司希望与其他高科技公司保持紧密联系，并将总部设在本地区最便利的地区，以便更容易地吸引熟练的专业工人。因此他们通常会抵制从既定的工业中心转移到"偏僻地区"。

⑤ 鼓励在住房过剩地区创造大量工作岗位。这项措施与前一项措施存在同样的问题。

⑥ 禁止在住房过剩地区新建住房。

这些措施之间密切相关，只有同时执行才能在整个大都市地区创造更加平衡的就业环境。如果成功实施了某些措施，而另一些却没有被成功实施，那么总体住房状况可能会更加恶化。例如，如果将住房过剩区域的住房新建速度减慢，而没有增加工作岗位过剩区域的低价住房，那么低价住房的短缺情况将会加剧。如果人口持续增长，将导致为低收入家庭建设的单户住宅数量翻倍。在20世纪80年代和90年代，南加州许多地区都发生了这样的情况。

因此，要成功地改善整个大都市地区的职住平衡，就需要协调其范围内各地区之间的不同政策。但在美国几乎所有的大都市地区中，对重点地区土地使用政策的制定权属于几十个甚至上百个地方政府。这种散碎的体制结构对大都市地区的每个部分共同实施一个有凝聚力的综合战略造成了巨大的障碍。

13.5 改变平衡策略的可行性

有几个因素将影响职住平衡改善政策制定的可行性。

（1）工人的喜好

大多数旨在缓解职住不平衡的政策都认为，大多数人都希望生活在尽可能接近其工作地点的地方。但经验表明事实并非如此，特别是生活在那些按照规划建设的大型社区中的人们。这些社区的开发包括工作岗位和其岗位工人能够负担得起的住房。居住在这里的人可以方便地通过汽车、步行、自行车和公交车到达工作地点。然而，针对十五组社区（每组包含一个按照规划建设的社区和一个未经规划的社区）的研究表明，其居民的工作和通勤行为没有显著差异。在两种类型中，超过84%的居民选择在离家一定距离的地方工作，平均通勤时间为25分钟，平均通勤距离为9.9英里至10.8英里，其他通勤距离的工人在两类社区中所占比例相似。

此外，在对旧金山湾区的22个社区进行的一项调查中，居住在大多数社区中的大多数工人在其他地方就业（平均为63%），并且在那里工作的大多数人居住在其他地方（平均为62%）。这种明显的交叉通勤模式无疑表明，工人选择居住的地方除了通勤时间的长短以外，还受许多其他因素的影响。

因此，在就业中心附近以合适的价格向工人提供住房并不足以说服他们中的大多数人住在这里。人们的住所选择涉及很多因素，包括亲戚和朋友的住所、不同社区的生活质量、当地学校的质量、其他家庭成员的工作地点、当地人口的年龄、种族组成和社会经济地位。这就是为什么这么多人选择远离工作岗位的地方居住，即使他们可以找到可负担起的、离工作岗位更近的住房。

（2）适当的地理分区

职住平衡应当是针对大都市地区的某一分区而言的。在每个分区内，工作的数量和类型都应与住宅单位的数量和类型相匹配。因此，任何职住平衡策略都需要考虑划定一个合适的平衡范围。

从理论上讲，这种边界应该按照所谓的通勤圈划定，也就是说，通勤圈应该是主要工作中心的理想通勤范围内的区域。但是，正如汉密尔顿、拉比诺维茨和阿尔舒勒的咨询公司所指出的那样，将这一概念付诸实践非常困难。

在南加州的特定分区内，通常有多个重要的就业中心（因此，对于通勤圈重叠有多个可争论的焦点）。并且，由于现在大多数家庭都不止一个工薪阶层成员，并且每个工薪阶层所从事的行业都可能需要集中在不同的就业中心，一个家庭可能处于两个或更多的通勤圈内，这些通勤圈相距 20 英里或以上。大多数通勤圈需要跨越城市的行政边界，很难按照通勤圈制定或执行统一的职住平衡政策。

某一分区面积在整个大都市地区中所占比例越小，该分区的工作岗位或住房数量与整个区域相比就越不成比例，不平衡的可能性就越大。这意味着职住平衡取决于决定分区大小的任意一个因素。而且，分区的占地面积并不是唯一重要的因素。正如负责选举区划分的政府管理者早已知道的那样，有无数种方法可以为相同的人口划定不同面积的分区。然而，实现理想的职住平衡取决于如何划定合适的平衡分区。

通过合并一些现有的法定小型社区可以形成合适的平衡分区，这比重新划定全新的分区更容易收集数据，并且在政治上更容易接受。但是，决定如何分区的人们更倾向于选择优化复杂的边界，即尽量与现在的平衡分区相似。因此，平衡分区的定义将不可避免地掺杂政治因素，而不是纯粹的科学因素。

（3）各分区的定性职住平衡

正如刚刚指出的那样，每个分区都拥有工人能够负担得起的足够数量的房屋，这还不足以达到职住平衡。一方面，每个分区住房与工作之间的平均距离必须比当前的平均郊区通勤距离（2000 年约为 12 英里）短。这只有在每个分区域都很小的情况下才有可能实现。但分区越小，其实现平衡的难度就越大。

此外，即使每个分区的工作岗位和住宅单位在数量上达到了完美的平衡，它们也很可能在质量上仍然不平衡。比如在靠近硅谷的加利福尼亚州圣克拉拉县，可以建造数千套新住房，以平衡那里大量的工作岗位。但是 2001 年那里已有独立住房的平均价格超过 40 万美元。如果增加的大多数新住房价格与之相似，那么在此工作的大多数工人就负担不起这个价格。经验证明，这有以下两个原因：首先，"自发"的力量无法使每个分区的当地住房价格与当地雇用工人的工资水平相匹配，地方政府的政策及高收入家庭对高档住房的强烈要求都提高了许多社区的房价；其次，地方性法规又对住房价格设置了许多壁垒，而克服这些壁垒来重新制定政策是非常复杂的，难以采用和实施。

（4）实现职住平衡的行政困难

职住平衡政策需要建立一个对地方政府的土地使用拥有决策权的区域性机构。只有这样的机构才能合理地划定平衡分区，确定哪些社区应该增加岗位，哪些社区应该增加住房。但强大的区域性机构至少要面临两个问题。第一，该方法需要将地方政府对土地的决策权集中至区域性机构，这会导致大多数地方政府和公民的强烈反对；第二，如此强大的区域性机构需要一整套配套的法律法规，整个过程的时间过长。

（5）政策时滞问题

就业和住房市场的内在动力可能会引起另一个问题。由于难以获得最新信息，一旦建立了负责更大职住平衡区域的机构，它将根据已有的数年前的数据为每个分区设定目标。而政策的最终实施也需要耗费数年。这时，每个社区的工作岗位数量与住房数量之间的实际关系可能已经与最初设定的目标不同了。

由于信息和实施时间的滞后，这种政策过时是动态社会中许多政府行为的普遍现象。美国家庭的高流动性可能会妨碍任何职住平衡战略的实现。在2000年，过去12个月内有9%的自住家庭和31%的租户已搬迁。每年移动的整体比例为15%，但西部地区（18%）比北部地区（12%）高出50%。因此，即使在某个时候达到了适当的工作与住房平衡，它也会难以维持。

（6）"自发"的职住平衡政策

最近，美国的主要大都市地区已"自发"地实施了一些前面列出的某些策略。例如，在工作岗位过剩的旧城中心增加更多的住房。但是在大多数大都市地区，这些住房增加的数量远远少于工作岗位增加的数量。因为在近邻地区要实现住房的显著增长，就需要提高密度，这在政治上遭到了强烈的反对。

相比之下，在过去的30年中，城市中心和郊区都有大量的工作岗位和居民外迁。这已在某种程度上完成了所列出的第二、第三和第四种策略。它使有工作岗位盈余的地区和有住房盈余地区的自发改善职住平衡。就业机会可能会继续向住房剩余的偏远地区转移，且速度可能会越来越快。但是，新工作岗位周边也同步建造了大量新住房，除非有人专门反对，否则在工作岗位周边建设新住房的趋势可能会一直持续下去。所以到目前为止，新住房的建设远远抵消了向这些地区转移的工作岗位，大多数此类地区仍然存在大量的空置住房。

13.6 政治不对称问题

试图通过公共政策改善城市分区层面的职住平衡面临着一个巨大困难，即前面描述的六种策略将会遇到不同的政治反应。有些几乎肯定会被拒绝，而另一些则很可能会被采纳。这将导致整套策略的不完整和扭曲。最终结果可能会增加而不是减少通勤问题。

最有可能被拒绝的策略是：那些在工作岗位过剩地区或附近为低收入和中等收入家庭建造更多住房的策略。这些地区包括市区与包含零售、办公和工业设施在内的大型外围节点。由于大多数这样的地区几乎没有空置地块，如果将现有的建筑物夷为平地，并以更高的密度重新开发该区域，则只能在该处建造许多额外的住宅单位。但现有居民将强烈抵制更高密度的住房。同时地方政府也反对限制增加就业机会的政策，政府希望通过增加就业来提高税收。结果就是，职住平衡战略的两个关键要素在政治上的实施都将极为困难。

还有一些分区的职住平衡则面临相反的问题，即住房过剩，而适合该分区的平衡政策是限制新增住房。那些渴望限制住房增长的本地居民和地方政府可能会热情地接受该政策。许多这样的社区会通过一些限制措施来减少每年的住房供应量，但限制住房增长的区域恰恰是这些大都市地区中新增住房最便宜的区域。所以原本旨在改善职住平衡的政策会导致该区域不再提供低价新住房，这种结果使可负担的住房短缺更加严重，且不会缩短平均通勤距离。20世纪90年代在加利福尼亚州发生了类似的情况。

13.7 职住平衡与交通拥堵

即使改善了大都市地区的职住平衡，又能减少多少交通拥堵呢？此类改善的直接目的是减少平均通勤距离，尽管这并不一定会减少交通拥堵。但问题是，改善职住平衡会大大减少平均通勤距离吗？

要回答这个问题，首先必须明确说明"改善职住平衡"的含义。公共政策不能也不应该为每个工人指居住住地来减少交通拥堵。因此，最有可能实施的职住平衡公共政策是什么？答案是在每个主要就业中心附近以适当的价格水平提供足够多的住房，从理论上讲，使该中心的每个工人都可以在相对短的通勤距离内生活。

但是，由于大多数工人并不是仅仅为了缩短通勤时间而选择住房，即使在每个工作中心附近都提供了充足的价格合理的住房，每个中心的许多工人也不会住在这里，仍然会发生大量的交叉通勤。但是交叉通勤会比现在少吗？没有人知道，也没有关于这一主题的大量研究。除了在大都市郊区的中心外，在南加州大型就业中心工作的人，其通勤时间比那些在中心以外工作的人长。1980年和1990年人口普查的数据还表明，通勤时间最短的是居住和工作均位于中心城市以外的人。居住在市中心以外但在市中心工作的人，通勤距离最长。因此，如果许多工作岗位从现有的工作岗位数量超过住宅数量的区域迁出，或者在区域内建造更多新住宅，那么通勤距离会缩短。

可以通过附录C中列出的大都市地区模型来估计改善职住平衡对通勤距离减少的影响。在该模型中，工人在中心城市、老郊区和较新的郊区三个子区域居住和工作，而且设定了基本情况，即30%的人口居住在市中心，50%的人口居住在老郊区，而20%的人口居住在新建郊区。但是工作的40%是在市中心，50%在老郊区，只有10%在新建郊区。新建郊区的本地工作与本地居民的比率是0.50，老郊区则是1.00，而中心城市是1.33，存在严重的不平衡。约48.4%的通勤工人每天从一个子区域到另一子区域进行往返。所有工人的平均通勤距离为10.08英里。

通过调整工作地点，可以将子区域之间的通勤人数减少一半，因此约24.2%的工人跨区通勤。在这种情况下，新建郊区的本地工作与本地居民的比率为 0.75，老郊区为 1.01，中心城市为 1.16，所有分区都接近职住平衡。该情况下平均通勤距离为 9.12 英里，比基本情况下少了 9.5%。这时的平均通勤距离显著减少，但要求交叉通勤的比例大幅下降。

这些模拟没有考虑现实世界中转移这么多工作岗位的巨大现实障碍，也不考虑房屋位置的变动，而且减少平均通勤距离并不总能减轻交通拥堵。但是在其他条件相同的情况下，从该模型得出的平均通勤距离实际下降的幅度来看，可能会显著改善交通拥堵。

13.8 总结

总而言之，即使从长远来看，职住平衡策略也不太可能有效地减少交通拥堵，主要基于以下三个原因。

首先，要改善美国任何一个大都市地区现有的职住失衡都是极其困难的。因为其所要求的政策范围、需要的体制变革，以及必须克服的政治阻力都是巨大的。这类似于不使用推土机或炸药而完成移山工程。在美国现有的大都市分散的城市治理结构中，这件事几乎不可能完成。

其次，由此带来的改善交通拥堵的机会可能也不会很大，并且难以维持。使一个地区的经济适用房供应与在该地区工作的工人数量匹配，不一定会说服后者使用前者。即使决策者达到了这样的匹配目标，许多本地雇用的工人仍会选择居住在远离工作地点的地方，以谋求除缩短通勤时间以外的其他福利。

第三，如果将该策略所涉及的精力和机构变革努力投入到其他措施上，或许能更有效地缓解交通拥堵，例如，采用高峰时段的道路收费或高峰时段的停车收费。这种重大的制度变革只能通过地方政府官员强大的个人领导才能和精力，再加上长年积累的政治资本才能实现。当其他机构变革在减少交通拥堵方面更加有效时，为什么要把这些稀缺资源集中在改变一个地区的职住失衡上呢？

这并不意味着改善一个地区的就业与住房平衡是一个坏主意，也不意味着不会产生社会效益。如果得以实现，它将有助于为中低收入家庭提供更大的公正、公平的住房和就业机会，改善郊区社区的劳动力供应，增加此类社区的经济和文化多样性，并使在那里居住的老年人和年轻人都有归属感。因此，尝试改善许多社区甚至整个大都市地区的职住平衡在社会效益上是可取的，但不应通过主要采取这种策略来减少交通拥堵。

14

大型集群化聚集办公

一些提倡更多地利用公共交通来缓解交通拥堵和空气污染的人建议将更多的工作岗位集中在市中心以外的建筑群中。他们认为，共同的通勤目的地将鼓励更多的人采用公共交通或拼车的方式通勤。一些"智慧增长"的支持者也将其看作提升城市密度的一种方式，用来对抗城市的无限蔓延。本章将探讨这一策略在美国大都市地区的可行性。

14.1　背景分析

将工作集中在大都市地区的核心建筑群中有两种优势。一种涉及生产效率，源于相关经济活动聚集的经济学；另一种涉及交通运输，源于公共交通在为起点和终点都是高密度集人群服务时的效率。

14.1.1　集聚经济学

经济学家和地理学家长期以来都一致认为，几个世纪以来城市兴起和繁荣的基本原因有两个。第一，把人和人的活动放在一起可以减少交通成本；第二，当相关联的生产活动相对紧密地聚集在一起时，生产活动就会更具创新性和效率，方便各种想法、材料和工人的交换。城市也是人们抵御攻击的安全中心、宗教崇拜中心、贸易中心等。在人类历史的大部分时间里，所有使人和人的活动聚集在一起的原因，都与人和货物的长途运输密切相关，特别是与陆上长途运输的高成本和巨大困难密切相关。

然而，自从19世纪早期铁路出现以来，运输技术的创新已经从根本上降低了陆上运送人和货物的成本。首先，这些变化导致了更大范围的活动集中和空间聚集。在相对较长的距离上，铁路是有效的运输工具。因此每个地区的经济优势仍然很强。19世纪和20世纪初美国经济的工业化使城市中的就业和人口越来越集中，这种聚集导致城市中心区的交通日益拥挤。这种拥堵始于马车，但在机动交通工具引入后持续恶化。

20世纪，特别是第二次世界大战后，汽车的广泛使用极大地改变了这种状况。

汽车使人们能够在相对较短的距离内迅速、方便地移动。因此，人和人的各项活动可以比以前分散，但仍然能有效地相互作用，这种分散有助于缓解城市中心区的严重拥堵。此外，随着第二次世界大战后美国大都市地区人口的急剧增长，城市居住区也迅速向外扩张。首先居民向外迁移，寻求更便宜的土地；然后零售设施紧随其后；再次批发、配送设施和许多工厂为了摆脱中心城区的拥堵而迁往郊外；最后办公活动也迁往郊外。由此产生的向外运动不仅包括城市外围扩张，还包括各类活动的分散。发生这种情况的部分原因是集聚的不经济性——主要是高密度地区，特别是在中央商务区及其周围日益严重的拥堵。

通信技术的发展也进一步加速了这种向低密度社区分散的趋势。它们包括电话、传真、电视、电脑、光纤、卫星、手机和互联网，所有这些都使跨空间通信变得更容易、更快、更便宜、更方便，从而进一步减少了将活动聚集在一起的需求。诚然，许多经济学家认为，相关行业的公司聚集在一个地区仍然能提供重要的生产和创新经济，如旧金山南部硅谷的计算机行业。但是在空间分散的离心力作用下，这种将公司拉得更近的向心力正在逐渐减弱。

14.1.2　运输密度经济

如前所述，高密度住区对不同交通方式的效率有两种相反的影响。对公共交通来说，相对高密度是高效运营的先决条件。每一辆公交车需要运送许多人，以分摊由付费司机驾驶大型车辆产生的高昂费用。这意味着，当公共交通的起讫点都具备产生大流量的高密度时，它才能发挥最佳效果。此外，由于公共交通拥有独立路权，增加它的总负荷并不会降低它们的速度，它只会让每辆车更拥挤。

相比之下，高密度住区会导致小汽车的效率降低，因为单位面积上产生的小汽车交通会越来越多。与具有独立路权的公共交通相比，道路上小汽车的行驶速度会随着车辆数量的增加而减慢（见附录A），因此，较高的人口密度会导致更严重的交通拥堵和更低效的道路交通，除非许多乘客转而使用具有独立路权的公共交通。从东京、伦敦、纽约和孟买等大城市及其附近的汽车交通拥堵程度就可以明显看出这一点。相反，严重依赖汽车出行的美国大都市地区，人们倾向于向低密度住区扩展，部分原因是为了避免高密度地区出现的严重拥堵。

14.1.3 冲突趋势和智慧增长运动

前面的分析表明，由依赖小汽车出行而产生的低密度住区的分散与实现公共交通高效运行所需的高密度住区的集中是直接冲突的。一场被称作"智慧增长"的城市规划和发展运动因这场冲突而兴起。

智慧增长的倡导者谴责导致城市不断蔓延的低密度发展模式。他们声称：城市蔓延对社会有几种负面影响。例如，它将可利用的开放土地转为城市用地，从而减少了开放土地的数量，并在这一过程中破坏了许多环境敏感地点和富饶农田。同时它还产生了过量的汽车出行，造成了太多的空气污染和石油消耗，以及浪费时间的交通拥堵。因为把太多的工作转移到了郊区，城市不断的低密度蔓延还忽视和削弱了内城地区，导致许多内城工人失业，并造成老城区维护投资不足。批评人士说，城市扩张迫使社会把太多的钱花在道路、公用事业系统和下水道系统等基础设施往郊区拓展的工程上，而不是用于维护现有的基础设施系统。最后，它削弱了社区、城市和整个地区的社区意识，而社区意识是一个健康社会所必需的。

智慧增长的倡导者提出，解决这些问题的方法之一便是在公共交通站点附近聚集相对高密度的住区。这将有助于减缓人口向外流动的速度，鼓励人们步行而不是开车进行许多日常活动，并创建公共交通可以有效运行的节点。这些项目被称为以公共交通为导向的开发，如弗吉尼亚州阿灵顿县的巴尔斯顿地区和加利福尼亚州的核桃溪市等。

本章的其他部分探讨了将工作集中在一起的可行性和可取性，这些工作的集中程度足以使一个地区的公共交通更有效率。

14.2 工作岗位集聚的策略

如果许多工作都集中在一个或多个小地区,那么就有足够的工人可以乘坐同样的公共交通工具上下班,从而大幅度减少这类交通工具的运营补贴。如果有更大比例的人乘坐公共交通工具上下班,那么道路上的车辆总数将大幅下降,足以缓解高峰时段的拥堵。这就是工作岗位集聚与本书相关的理由。

像许多欧洲大都市地区一样,大型的就业中心可以通过大运量的轨道交通设施进行连接。这种布局在已经有大运量公共交通系统的地区是可行的。一个最优的公共交通系统能保证位于都市地区任何地方的工人在不超过一次换乘的情况下前往就业地点。但是,即使是没有固定轨道交通系统的地区,也可以将主要的工作岗位聚集地与使用公交专用道或高上座率线路的公交车连通。

20世纪80年代,大多伦多地区提出了一项工作岗位集聚策略,将许多工作岗位聚集在一起。这种"节点"策略可能会减少汽车通勤的需求,并鼓励更多地使用公共交通工具。它被认为是另外两项策略之间的连续统一体:"蔓延"策略,支持由大规模的新高速公路建设支撑的城市低密度扩张;"中心"策略,即把未来的人口和就业增长集中在大都市地区的核心区域,严重依赖公共交通,只要求最低限度的高速公路扩张。1998年,多伦多市与大都市地区中的其他几个主要司法管辖区合并,合并后的社区开始制定一项新的计划。2002年,该新计划完成,体现了上述策略与主要交通走廊增长的结合。

采用工作岗位集聚策略的另一个原因与此类似,但与拼车有关。由于许多工人有相同的出发点和通勤目的地,人们会发现,把许多公司聚集在一起,拥有相同目的地的人更容易共用私家车或雇主提供的班车,也更容易创建强大的交通管理协会(TMA),通过这个协会,雇主可以敦促员工共享交通工具。经验表明,当雇主对员工施加巨大压力,要求他们使用拼车并给予奖励时,拼车现象会更加显著。

比起公司的分散布局,工作岗位的集聚也使TMA能够更有效地为工人提供某些直接服务。例如,TMA可以提供接驳公交车或接驳车,将工作集中地区的不同部分连接起来,收费很低,甚至是免费的。这将使员工更容易互相拜访,一起吃午饭,或在午休时间购物，而不用开车，从而减少了当地的交通拥堵。

一旦某个集群中的雇主开始促进拼车，他们就可以更容易地采取其他策略来减少拥堵。例如，他们可能错开工作时间。他们也可以同意不为员工提供免费停车场。他们可以在不与其他地方的雇主竞争的情况下，通过向所有员工提供通勤补贴，向独自开车的人收取停车位费用，或者采用前面所说的免费停车折现计划。

如果可以在郊区或大城市创造大规模的工作岗位集聚，那么毫无疑问，它们将更容易产生额外的拼车服务，或许比现在还会有更多的人使用公共交通工具。然而，这种策略不会缩短平均通勤距离，除非工人的住房位置也发生变化。此外，工作岗位集聚与实现更理想的职住平衡也有一些矛盾。从理论上讲，如果将工作岗位分散到更靠近住房的地方，后者就会得到更好的服务。

14.3 聚集办公的可行性

在评估美国大都市地区的这一策略时，应该考虑以下几个因素。

① 现有的工作机会分布很广，特别是在郊区。

把现有工作岗位中的相当大一部分集中在大型中心将需要重新安置。禁止高密度商业建筑的郊区分区法令鼓励工作的分散。这些法令规定了低层、景观良好的工作场所必须有自己的停车场，或者在主要的商业街道上须将企业布置成细长的带状。1980年洛杉矶地区5个县的19个大型活动中心的数据清楚地说明了这一模式，这些活动中心占地23,980英亩，提供了821,700个工作岗位。最大的在洛杉矶市中心的核心地带，有373,300个工作岗位，占地6737英亩。但是所有的19个中心加起来只占5个县470万个工作岗位的17.5%。剩下的82.5%分散在这些中心之外。因此，对洛杉矶地区的工作集中度最好的描述是分散的，而不是多中心的。

1999年，罗伯特·朗分析了美国13个大都市地区的办公空间分布。他将这些地区分为四类：主要商业区、次要商业区、边缘城市（大型郊区节点）和"无边缘城市"（即广泛分散的城市）。只有在纽约和芝加哥地区，主要商业区的办公室工作岗位比郊区多。在其他11个区域，郊区分散的办公室工作岗位比该地区的任何其他地区都多。然而，办公室工作通常被认为比任何其他类型的工作岗位更应集中在市中心。因此我们有理由得出这样的结论：大多数其他工作岗位至少与办公室工作岗位一样分散，而且可能更分散。

爱德华·格莱瑟（Edward L. Glaeser）、马修·卡恩（Matthew Kahn）和Chenghuan Chu 利用 1996 年的数据，研究了美国 100 个大都市地区所有工作岗位类型的空间分布。他们发现，在离市中心 35 英里以内的所有工作中，平均只有 22% 的岗位在 3 英里以内。大约 35% 的岗位距离市中心 10～35 英里，43% 的岗位距离市中心 3～10 英里。美国 11 个大都市地区加起来约占美国总人口的三分之一，其中 19.7% 的工作在距市中心 3 英里范围内，27.3% 在距市中心 3～10 英里范围内，53% 在距市中心 10～35 英里范围内。因此，工作岗位分散是一种普遍的现象。

因此，将现有工作岗位中的很大一部分聚集到某一区域，需要对现有雇主进行大规模搬迁。这一策略可有效地应用于新增长地区的初始建设，而不是对已经入住的地区重新安置。新增长地区的规划者和政府必须在那些地区被安置并用于影响未来工作岗位的地点之前采用它。

② 每个大都市地区都有几个主要的外围就业中心，但大多数在那里工作的人并不乘坐公共交通工具上下班。

大多数这样的中心是区域购物中心周围的雇主集群。例如华盛顿特区外的泰森角、芝加哥城外的奥克布鲁克、加利福尼亚州奥兰治县的南海岸广场和休斯敦的大画廊。这些边缘城市包含了零售、办公、服务、轻工业和仓库等领域的数千个工作岗位。

然而，这些建筑并不像市中心的建筑那样紧挨着。相反，每座建筑通常都被自己的停车场包围——有时还会被装饰起来，使其与其他建筑隔离。这种方式并不鼓励人们步行，而是鼓励人们使用汽车上下班和在建筑物之间移动。与公共交通服务更好的市中心相比，这里的工人采用汽车通勤的比例更高。上面列举的洛杉矶地区 1980 年的数据显示，在城市外围的 18 个大的活动中心中，只有 8.3% 的工人乘坐公共交通通勤，相比之下，中心城区工人乘坐公共交通的比例是 20.7%。因此，当工作岗位数量相同时，郊区的小汽车交通量比市中心要大，尤其是在中午的时候。这通常会导致三个高峰时段，而不仅仅是上午和下午。

因此，单纯的大量工作岗位集聚并不能带来更高比例的公共交通出行。岗位的集聚度必须足够高，要能保证大多数工人可以很容易地步行到一个或几个公交车站，同时公交服务必须具备足够的频次。这两种情况在现有的偏远活动中心都很少见。

③ 大多数郊区社区反对将工作岗位集中在少数几个大型中心。

美国大都市地区分散的地方政府结构导致了对商业"地方税"的激烈竞争。每个地方政府都试图在自己的地盘内争取尽可能多的就业机会，以使地方税收最大化。毫无疑问的是，大量的工作集中在大都市地区中的一小部分地区，覆盖当地社区的比例很小。唯一的例外是华盛顿特区周围的地区，在那里，全部大县组成了主要的地方政府。少数几个工作机会集中的社区将从那里的税收中获益良多。但周边社区将面临税基较低的情况，并将通过向雇主提供更有利的税收和福利待遇，试图阻止就业机会转移到这些为数不多的中心。因此，在大多数大都市地区，地方政府可能会反对就业集中化战略，除非采用一些资助地方政府的新方法。

④ 工作岗位集聚策略本身不会减少交通拥堵，它必须与运输方式的改变同时作用。

大多数在大型郊区就业中心工作的人都是独自开车去上班的。将许多工作集中在几个大型中心，最初会加剧那里的交通拥堵，因为每天会有更多的自驾通勤者聚集在这些中心。这意味着工作岗位集聚策略只有在与其他措施同时实施时才能减少交通拥堵。一是提供大量改进的公共交通设施和服务；另一个是当地重要的私人雇主和公共部分大力推广私人拼车计划。

⑤ 除纽约等几个人口稠密的郊区，要想让相当比例的美国人乘坐公共交通工具上下班，需要改变他们的行为方式，而他们肯定会强烈抵制这种改变。

2000 年，在美国的 23 个大都市地区，郊区居民利用私家车上下班的比例为 89.0%，而在中心城市这一比例为 66.0%。郊区居民使用公共交通工具的比例仅为 4.34%，使用拼车的比例为 11.40%。这两个比例在 1990 年到 2000 年都下降了。几乎没有证据表明，工作岗位在郊区集群会对通勤行为产生重大改变。在加利福尼亚州核桃溪市进行的一项调查显示，在轨道交通站点附近的大型工作集群中，只有不到 2% 的人使用公共交通。然而，2000 年的美国人口普查数据显示，弗吉尼亚州阿灵顿市的巴尔斯顿地铁站所在的人口普查区，有 42% 的工人采用公共交通工具通勤。

⑥ 即使这一策略成功地改变了通勤者的行为，它也会给政府带来沉重的财政负担。

由于轨道交通系统建设成本高昂，几乎所有国家的公共交通系统都蒙受了巨大的运营损失。除了一些亚洲国家，世界上大多数公共交通系统的建设和运营都是亏损的。提高轨道交通系统的票价以支付全部成本在政治上是不可接受的，或者将政府补贴降到难以置信的低水平，或者两者兼而有之。因此，如果没有政府的大量补贴，几乎没有哪个大都市地区会建设轨道交通系统。因此在没有大量的持续补贴的情况下，庞大的公共交通系统几乎不可能正常运行。由于工作岗位集聚策略需要更多地使用公共交通来减少拥堵，因此它将需要大量的补贴，而这些补贴目前是无法获得的。

⑦ 如果工作岗位的集中能促进有效的拼车，它可以在一定程度上减少交通拥堵，而不需要过多的公共开支。

如果工作地点集中在一个大型活动中心，而不是分散在各处，雇主就更容易合作，促进工人之间的拼车。此外，更多的工人将有机会接触到更大的潜在乘客群体，从而形成汽车或班车拼车团体。拼车不需要太多的公共费用，如在附近的高速公路上开辟 HOV 车道将会更加鼓舞人心，尽管这可能会涉及大量的公共支出。此外，如前所述，一旦成立了促进拼车的雇主协会，他们就可以更有效地实施旨在减少交通拥堵的其他策略。

14.4 行政问题

把大多数新的郊区工作岗位集中在几个外围中心地区，需要在美国大都市地区进行两次体制改革。一是允许多社区分享这些中心产生的税收收入，目前唯一没有合并的美国大都市地区是明尼苏达州的双子城地区，该地区采用税基共享。二是赋予一个地方机构鼓励工作岗位集中的权力，也可以禁止在某些地区增加工作岗位。否则，个别社区之间的竞争将继续使就业机会广泛分散。

因此，工作岗位集聚策略需要监管部门介入当前的土地使用决策。这可能会创建另一层监管，控制或至少强烈影响潜在雇主的工作地点。可能除了最小的雇主，所有雇主在决定选址和扩张的地点时，都可能必须获得地区工作控制机构的许可。这将彻底背离美国允许个体雇主享有地域选择自由的普遍传统做法。

唯一的替代办法是某种以市场为导向的激励机制，激励个体雇主把工作地点设在关键的就业中心，而避开其他地点。例如，这些中心的房产税税率可能会低得多，而在其他地方会更高，然而大多数公司的选址决策并不主要基于房产税。或者可以对所有新选址在就业中心之外的公司征收特殊工人附加税，而对那些迁至就业中心之内的公司则不征收。这至少可以把选址决策权留给个体雇主，但需要征收可能被认为是非法的歧视性税收或费用。这样的激励措施仍然需要一个地区或州一级机构发挥重要作用。只有这样的机构才能决定大都市地区的哪些地方会受到积极的刺激，哪些地方会受到消极的刺激。

此外，工作岗位集聚策略使可选址范围内的土地所有者获得准垄断地位。除非有足够多指定的就业中心来竞争，它们之间的竞争限制了土地价格，否则它们将对土地要价高或收取过高的租金。这只能通过商业租金管制或土地价格管制，抑或通过政府收购和管理工作集中区内的所有土地来避免。两者都不符合正常的自由企业行为。相反，工作岗位集聚策略将剥夺许多选址在中心外的土地所有者从商业用地中获得高房产租金的所有机会。这些土地所有者将强烈反对这一策略，且他们的人数将远超这一策略的受益者。这在政治上阻碍了这种方案。

事实上，这种情况表明，旨在遏制纯粹的个人行为以实现社区目标的策略普遍存在困难。在美国人长期以来享有的不受约束的个人自由和他们现在寻求的某些广泛期望的社会目标之间，存在不可避免的冲突。如前所述，这种冲突是许多旨在减少交通拥堵的策略所固有的。

14.5 工作岗位集聚的合理位置

一些大都市地区是由地理上较大的地方政府主导的，如华盛顿特区周围的县政府。这些政府包含了已经拥有主要就业中心在内的大片地区。因此，这些政府至少可以把一些额外的工作岗位引入这些中心，而无须建立另一层级的政府，特别是通过向这些中心目前已开发地块的所有者施压，让他们在这些地块上建造更多建筑。新的商业建筑可以放置在现有的停车场或景观区，并通过改造其他停车场来提供更多的停车位。这将把这些中心内杂乱且低效的写字楼转变成更紧凑的、更像市中心的区域，允许更高效的行人交叉路口，鼓励更多拼车，如果这些中心能提供快速公共交通服务，就会有更多的人从高速公路上转移出来。

由于已经控制了在这样的政策下可能失去工作岗位的地区和可能获得工作岗位的中心，这些政府将不必在辖区内采取新的税收共享安排。他们可以利用现有的开发许可权力，引导新的就业机会进入这些中心，从而避免了工作岗位集聚策略面临的两个严重障碍。

14.6 实现有效的工作岗位集聚策略

郊区工作岗位集聚策略不太可能在减少美国大城市未来的交通拥堵方面发挥重要作用。原因之一是，这将迫使工人和雇主长期以来的行为模式发生改变。而且几乎所有有可能减少未来交通拥堵的策略都是如此。

更重要的是，在地方政府杂乱繁多的事务里，工作岗位集聚策略需要地方政府对就业地点进行控制。这将为本已复杂的房地产开发过程增加另一层内容。此外，目前为多数地方政府提供资金的财政体系将不得不进行重大修改，以使那些拥有大量就业机会的社区不会从税收收入中获得不公平的份额。所需的法律和制度改革将在地方政府和雇主中极不受欢迎。结果就是那些在选定的集中区域内拥有房产的人，将对土地价格拥有更大的垄断权力。

此外，为了取得最大化的效果，这一策略必须与广泛的公共交通设施联系起来。已经拥有固定轨道交通系统的大都市地区可以将更多的就业中心纳入这些系统，或者只是扩大现有的就业中心。但是，美国大多数大都市地区并没有拥有独立路权的公共交通系统，因此需要大量的公共投资来建造它们并连接就业中心。或者只是采用公交车来服务这类就业中心，但需要公交车专用道或HOV车道，以达到最高的效率。所有额外的运输设施都需要持续的补贴来支付运营费用。任何级别的政府都不太可能提供这样的额外支出。

尽管如此，拥有四个特定特征的大都市地区可能至少会考虑采用工作岗位集聚策略的某些元素。这些地区应该有超过120万的居民忍受着严重的交通拥堵，包括一些占地比较大的郊区政府，并且已经有固定的轨道交通系统。由于它们在郊区拥有大的政治管辖区，可以避免一些极具争议的政府间权力斗争，否则这些斗争将一直伴随这一策略。但在较小的都市地区，或地方政府结构高度分散的地区，以及那些没有广泛的现有公共交通系统的地区，这种策略不太可能非常有效，而美国绝大多数大都市地区都是这种情况。

15

地区增长管理政策

许多地方政府已经开始采取相关措施来应对其行政区内的快速增长和交通拥堵，特别是制定了一些限制其行政区未来发展的法令。这些法令在减少交通拥堵方面可能产生的效果是需要分析的。

15.1　基本定义

地方政府应对区域增长压力所采取的政策按照其特点通常可分为三类。这些政策并没有标准化的定义，故本书对其进行如下定义。

（1）增长控制政策

这些政策的目的是限制或减少某个社区行政边界内的开发建设规模。例如，设置社区内每年可建造的住宅单位数量的上限，或暂停某一时期内所有的新建住房。与增长管理政策相比，增长控制政策对某一地区未来的增长影响更大。

（2）增长管理政策

这类政策的目的不是减少或停止增长，而是按照当地居民认为最理想的方式来引导未来的增长。例如，区划法旨在最大限度地使用给地方政府产生净财政收益的土地，并尽量减少对政府造成净财政损失的土地使用。然而，在某些条件下，这些政策可以产生与增长控制政策相同的效果。

（3）智慧增长

这种战略包括一系列目标和具体的政策，旨在减少城市蔓延发展带来的各种不利影响。智慧增长通常包含以下目标。

·通过减缓城市向外扩张的速度，保护开放空间和农田。这一目标可以通过划定城市增长边界或特殊的公用事业区来实现。

·通过提升公共交通、自行车和步行出行的比例来减少居民对私家车的依赖。

·允许同一地区混合不同的土地用途（如住房和零售），而不是将它们完全分隔在不同的区域。

·鼓励高密度、紧凑开发，例如，通过填充式开发来提高现有社区的密度，并对新建社区提出更高的密度要求。

·老旧社区更新再开发。

其他一些因素，如推广更多经济适用房，也得到了一些智慧增长支持者的支持，但并不那么普遍。一些智慧增长元素也可以被认为是增长控制或增长管理的形式，这取决于它们的应用方式。除非另有说明，否则在本分析中使用上述定义。为方便起见，将所有三种类型的政策或行动都统称为与增长相关的行动或政策。

15.2　为什么地方政府采取增长管理或控制策略来缓解交通拥堵

与地方增长相关的法律往往侧重于商业发展、住宅发展，或两者兼而有之。在过去的研究中，至少发现了 41 种这类政策，包括对每年可建造的住宅或商业的建筑规模、高度等设置上限，降低空置用地的规划容积率等。本书不能深入讨论这些政策的细节，我们假设这些政策中的大多数能够减缓社区未来的增长。但增长控制或增长管理政策在减少交通拥堵方面能起到多大的作用呢？

乍一看，交通量是由商业和住宅发展所产生的，因此减少社区内未来此类功能的发展数量，似乎有可能减少社区内的交通量。地方政府经常用这个理由来限制商业开发和多户住宅项目。例如，加利福尼亚州的核桃溪市，为了应对市区日益严重的交通拥堵，禁止开发超过一定高度和规模的写字楼。加利福尼亚州的帕洛阿尔托降低区划规模，将区域内的商业用地规模从 2500 万平方英尺缩减到 300 万平方英尺。这些政策的提出都是为了减少未来的新增交通量。其他一些与增长有关的政策也要求开发商为其项目产生的交通量承担一定的成本，通常在授予项目建设许可前要求其支付交通影响费用。也有些地方政府会同时采取多种措施，在某项目的配套基础设施尚未建成前，政府不会为该项目发放建设许可。

20 世纪 80 年代末，实行增长管理和增长控制政策成为地方政府为应对人口快速增长而普遍采取的措施，部分目的是缓解日益严重的交通拥堵。特别是在加利福尼亚州，数百个社区通过了此类法律。三个与交通有关的因素影响了这些决定。

首先，交通拥堵日益严重，当地政客和政府领导人希望表现得"有所作为"，但交通拥堵是一个区域性的问题，除非能够在整个大区域统一实施这些具有高度争议性的政策，否则仅靠某一地方政府的政策很难解决这个问题。

其次，虽然地方官员可以轻易地通过地方性法令，但他们很难轻易地通过区域性法令，大多数官员也不想这样做。因为他们通过地方性的法令不过是为了回应选民对该问题的关注，至于这些法令是否奏效，他们并不在乎。

最后，颁布增长控制相关法令而导致的新增社会成本往往不需要由颁布该法令的当下社区居民承担，而是由未来的潜在居民或其他区域新增的居民来承担。其中最大的成本便是未来更高的房价，但这对现有的居民来说是好事，他们通常占当地选民的大多数。因此，地方官员采取这样的政策有很强的政治动机。

15.3　地方增长控制措施能否影响交通拥堵？

实际上，地方政府采取的增长限制措施对当地已有的交通拥堵的影响微乎其微（如果有的话）。几乎所有与地方增长相关的新政策都是对未来增长的调控。但是今天的交通拥堵是由过去和现在已经存在的增长所产生的。

一个地方政府的政策是否会影响其未来的交通拥堵取决于三个主要因素。

第一个因素是该地区的绝大多数交通流是由本地还是其他地方引起的。如果是本地，那么该法令或许能够阻止未来交通量的增长。但是，如果大多数交通流是由区域外的其他地方引起的，仅仅是经过本地，那么该法令并不能影响未来的交通量。所以，关键的问题在于交通量发生地的未来新开发情况，这是某个单一地方政府无法控制的。

第二个因素是采用该措施的地方政府是否有足够的土地。这些土地可以是空地，也可以是能够进行再开发的建成区。如果社区内几乎没有这样的土地，无论采取什么政策，其未来的增长都将是有限的。因此，与增长相关的政策不会对其未来的流量产生太大的影响。然而，几乎没有可开发土地的社区无论如何都不太可能采取这样的政策。

第三个因素是，即便采取了增长控制措施将增长转移到其他地区，但只要那些地区的新增交通量途经本社区，那些转移的增长最终还是会叠加在采取了措施的社区。正如第 6 章所述，任何一个郊区都不能通过采取与当地增长相关的政策来影响整个都市地区的整体增长。即使这些政策成功地限制了某一个地区未来的发展，也只会把增长从采用措施的社区转移到附近的社区。这种被转移的增长所产生的一些新增交通量仍然可能会通过采用措施的社区。

这三种情况最有可能出现在大都市地区边缘的新建社区。这些社区不仅拥有最大量的空地，而且其外围几乎没有其他社区，不太可能产生交通回流。这三个条件是必需的，但仍不足以确保在这些社区采用增长限制的措施就能减少未来的交通拥堵，它还与当地采取的具体措施有关。

15.3.1　对土地利用的影响

与增长相关的政策至少有四种方式来影响地方政府的土地利用：在某些区域禁止某种类型的开发，从而避免开发商为逐利而不加控制地建设，例如，在独栋别墅社区建设多户住宅；给每年用于房地产的土地供应量设定上限；通过提升地价、延长审批时间、降低容积率等措施来增加开发商的成本；要求开发商承担更多的公共配套成本。

15.3.2　对社区和都市地区的影响

与增长相关的政策也会影响采用这些政策的社区及整个都市地区。许多增长控制政策被制定是为了减缓当地增长的速度。这类政策往往通过限制社区内的住房供应量来提高社区内新建和现有住房及其他财产的市场价格。这会导致更高的租金，因为地价上升而供应量却减少了。大多数实证研究表明，采取增长限制措施的社区，其房价上涨了 5%～10%（有的研究显示上涨了 17%～38%）。

较高的房价和租金使得采取增长限制措施的社区更具排他性，其人群结构趋向于高收入人群。但这种变化可能要花很长时间。如果某个大都市地区内的许多社区都采取增长限制措施，那么低收入和中等收入家庭会逐渐发现很难找到居住地。

高房价增加了社区现有业主的财富，从而为这些政策提供了强有力的政治支持。这也意味着更高的房价本身不能被明确地判断为对社会有害，尽管它使得中低收入家庭更难拥有住房。但是总的来看，房价上涨的输家要多于赢家。因此，广泛实施增长限制政策对整个都市地区的收入和财富分配产生负面的影响。

一些增长限制的措施可能也会导致当地的住房需求攀升。当某一社区采取排他性的政策时，其房价会由于供应量减少而上升，而高价格也会抑制当地的住房需求。但如果整个大都市地区的许多家庭为了自己的利益而重视排他性，那么，尽管这会导致房价更高，但社区排他性的提高也可能会增加那里的住房需求。这将进一步推高那里的房价，其影响正如上文所述。

增长限制政策会导致都市地区的增长更加分散。这些政策会降低社区的建筑密度，从而降低整个都市地区的平均密度，使得其建成区需要占用的土地面积更大。增长管理和智慧增长的政策可能不会产生这种影响。

15.3.3 对交通拥堵的影响

如果具备前面提到的三个条件，那么增长控制政策可能能够减少该地区未来的交通量增长。

如果这些政策要求开发商建造更多的道路或其他交通设施，或者为这些设施的建设支付费用，那么当地交通系统的承载能力可能会提升。这也有助于减少未来的交通拥堵。不过，开发商通常只被要求修建十字路口、出入口车道、停车场及其他点状的交通设施，而不是建设那些能够提升道路承载能力的设施。

随着将未来的增长转移到其他社区，增长限制政策也会转移到那里。最终，未来增长在整个大都市地区内更加分散，每个家庭的出行距离也更长。从这个角度看，增长限制政策会导致大都市地区的总交通量上升，并进一步加剧未来的拥堵。

在某些条件下，增长限制政策能够减少某个社区在未来高峰时段的交通拥堵。但这样的代价是，整个大都市地区的其他区域会出现更严重的交通拥堵。因此，就其对交通拥堵的影响而言，地方增长控制实质上是以邻为壑的手段。

15.4 智慧增长政策在交通拥堵方面会产生更正面的影响吗?

在 20 世纪 90 年代和最近,许多个人和团体对日益严重的交通拥堵和"郊区扩张"的问题感到失望,并提出了一套被称为"智慧增长"的政策。关于这些政策应该是什么,存在几种截然不同的观点,尽管所有这些观点的支持者都将他们喜欢的政策称为智慧增长。至少有四个持不同观点的群体声称"他们正在倡导智慧增长"。这些群体包括许多环保主义者和其他倡导减缓增长的人士;房地产商、住宅开发商和其他建设项目增长倡导者;大城市的市长和其他市政领导者;那些希望保持地区增长总量,但希望占用更少土地的人士。本书将第四类人士称作智慧增长的倡导者。

所有上述团体提出的策略共覆盖了 14 个潜在要素,每一个又可以多种形式展现。例如,一个关键要素是"限制城市",主要对城市突破现有开发边界向外扩展进行限制。这种限制可以从区域或地方一级实施,也可以同时进行。一些智慧增长的倡导者倾向于使用强制的城市开发边界来约束城市扩张,一些人则支持在开发边界外建设公用服务设施,还有一些人反对限制开发边界外的任何增长。然而,所有人又都认为他们的立场与智慧增长理念是一致的。

这 14 个潜在要素如表 15-1 所示。表的第一列列出了 14 个潜在要素(第一个要素细分为区域和地方层面)。接下来的四栏列出了上文所述的四个主要倡导群体对每个要素的态度。其态度代表了作者对每种类型的群体平均偏好的判断,但是在特定的社区中有许多例外。第六列显示了截至 2002 年,这一要素在美国的普及程度。最后一列表示存在这些要素的大都市地区。

该表表明,四个群体都偏爱四种智慧增长要素,即保留开放空间和环境;重新开发核心区和鼓励在填埋场地上开发;鼓励采用新的城市设计形式;建立更强的社区意识。除了促进增长的群体之外,其他三个群体都赞成其他七个要素:从区域层面限制向外扩展的增长;从地方层面限制向外扩展的增长;将新增基础设施的成本转嫁到新开发项目上;提倡公共交通出行,减少对汽车的依赖;鼓励土地集约混合开发;实行财政资源共享;制定建立共识的程序。然而,除了支持紧凑增长的群体之外，还有三个群体反对选择某种形式的区域治理或规划协调。促进增长的群体对智慧增长元素的反对最为强烈，其反对 15 个要素中的 9 个。紧凑增长群体支持所有 15 个智慧增长要素，他们是智慧增长"纯粹"的支持者。

表 15-1 智慧增长的 14 个潜在要素

智慧增长要素	倡导群体的观点				普及程度	当前存在元素的地区
	反对增长	促进增长	市中心内增长	紧凑增长		
1. 限制向外扩展的增长						
a. 区域层面	强烈支持	强烈反对	支持	支持	区域内罕见	波特兰、列克星敦、西雅图
b. 地方层面	强烈支持	强烈反对	支持	可能支持	当地常见	博尔德、加利福尼亚州的许多城市
2. 将新增基础设施成本转嫁到新开发项目上	强烈支持	强烈反对	支持	经常支持	广泛实施	加利福尼亚州的许多城市
3. 提倡公共交通出行，减少对汽车的依赖	强烈支持	反对	强烈支持	强烈支持	广泛尝试	波特兰、圣地亚哥、亚特兰大
4. 鼓励土地集约混合开发	强烈支持	反对	强烈支持	强烈支持	适度频繁	波特兰、西雅图、马里兰州
5. 为地方政府制定财政激励措施，以指定增长区域	支持	反对	中立	强烈支持	少	马里兰州
6. 实行财政资源共享	支持	反对	支持	支持	非常少	双子城
7. 选择某种形式的区域治理或规划协调	反对	强烈反对	反对	时常支持	少	波特兰、双子城、亚特兰大
8. 采用更快、更确定的开发许可流程	反对	强烈支持	中立	可能支持	少	波特兰
9. 大量建设经济适用房	反对	支持	支持	支持	少	蒙哥马利县（马里兰州）
10. 制定建立共识的程序	支持	反对	支持	支持	少	西雅图
11. 保护开放的空间和环境	强烈支持	支持	支持	强烈支持	广泛实施	列克星敦、博尔德
12. 重新开发核心区和鼓励在填埋场地上开发	支持	支持	强烈支持	支持	广泛尝试	丹佛、西雅图、波特兰
13. 鼓励采用新的城市设计形式	强烈支持	强烈支持	支持	强烈支持	广泛实施	河滨市
14. 建立更强的社区意识	强烈支持	支持	强烈支持	强烈支持	少	波特兰

关于这些要素的一个关键问题是，应该什么级别的政府控制它们——地方政府、州政府还是某些特定的区域政府？持前三种观点的智慧增长倡导者大多认为，尽管城市增长及交通拥堵等问题是区域性的概念，但地方政府才是所有这些要素的适当控制者。因此，本章关于地方增长管理政策的重点是地方政府如何通过这些政策来影响交通拥堵。支持第四种智慧增长的群体更有可能支持区域层面的政策，这将在第 17 章进行分析。

表 15-1 中的前四个要素最可能与美国大都市地区近年来日益严重的交通拥堵有关。要素 9、11 和 12 也可能影响交通拥堵。

15.4.1 限制向外扩展的增长

仅从地方政府层面限制城市向外扩展，并不能有效阻止整个都市地区的郊区化蔓延发展。除非整个都市地区的所有地方政府都自愿采取高度协调统一的政策，而这在美国任何地区都从未实现过。每个实施增长限制政策的社区只能在其划定的边界内增长，但通常它们会在远离中心城区的地方划定一些专门用于大规模开发的区域。这种做法能够保留社区和中心城区间的开放空间，马里兰州的蒙哥马利县和弗吉尼亚州的劳登县就采用了这样的做法。但这种政策必须与提高社区内部住宅密度的措施同时使用，否则只会将增长从实施限制政策的社区转移到都市地区内的其他社区。如前所述，这种具有讽刺意味的综合效应会促进整个都市地区的进一步扩张。其中一个案例就是旧金山湾地区的康特拉科斯塔县。那里的几个社区已经划定了增长边界，结果是该地区的增长"跳过"了更远的东部，进入了中央山谷。因此，寻求低价住房的家庭不得不走更远的路，才能到达位于市中心的就业区。这就提高了该地区的汽车出行总量。如果不采取地方的增长限制措施，就不会出现这种情况。更大的交通总量是否会导致更严重的交通拥堵，这取决于出行方式、新建道路的数量及其他要素。一般来说，采用局部的增长限制措施会加剧整个区域的交通拥堵。

如果像俄勒冈州的波特兰市那样，在区域层面实施对外扩张限制，结果可能就会有所不同。假设限定范围内的住宅开发密度上升，那么机动车出行总量可能会低于没有这些限制时的水平。要想达到这种效果，划定区域增长边界的州政府必须严格禁止突破开发边界的建设，俄勒冈州就是这样做的。否则，大量增长将会转移到边界以外的地区，就像明尼苏达州双子城地区所发生的那样。如果区域增长边界内的人口密度足够高，人们就有可能更多地使用公共交通，从而进一步减少汽车出行。但是，来自波特兰地区的证据表明划定城市增长边界并没有显著减少交通拥堵，如第 12 章所述。

15.4.2 将新增基础设施的成本转嫁到新开发项目上

将成本转嫁到新开发项目上，往往会提高新开发项目的成本，相反，如果将这些基础设施成本分摊到整个社区，就会提高整个社区的住房成本。这项措施的关键在于它所支持的新增设施是否能够提供足够的交通承载能力。然而，当较大的现状社区不承担这些增加的基础设施的高昂成本时，新的基础设施也不会为已建成社区提供额外的承载能力。这可能会导致外围新开发项目产生的交通量回流至现有的就业中心，从而加剧交通拥堵。当然如果新建基础设施同时扩大了建成区的交通容量，那么这种拥堵可能就不会发生。但是，由于现有的居民反对为这些新建的基础设施买单，所以这种将基础设施成本转嫁到新开发项目的政策可能会导致建成区更加拥堵。

15.4.3 提倡公共交通出行，减少对汽车的依赖

如果有更多的人采用公共交通出行，那么交通拥堵有可能减少。要想完全通过地方政府的政策来实现公共交通使用率的显著提高是非常困难的，除非是在非常大的城市。虽然可能会从区域层面取得部分效果，但这并不是解决根本问题的途径。

15.4.4 鼓励土地集约混合开发

混合开发可能会提高新增长地区和一些现有地区的居住密度。在某些特定条件下，更高的密度可以减少交通拥堵。然而，将人口密度大幅度提升也只能很小程度地缓解交通拥堵。此外，仅在新增长地区提高人口密度——即使成功——也不太可能在很长时间内影响整个地区的总体人口密度，除非是在发展非常迅速的地区，因为该地区的大部分地区已经建成。

15.4.5 大量建设经济适用房

大量建设经济适用房是智慧增长的一个重要策略,这个策略已经被讨论很久了,但并没有被广泛实施,只在一些实施包容性区划法的地区进行了尝试,如马里兰州蒙哥马利县和新泽西州。如果在美国大都市地区的郊区建设更多的经济适用房,工资相对较低的工人就可以更容易地生活在他们工作的社区。这个策略是能够极大缓解交通拥堵的。但到目前为止,这种情况只在极少数地区发生过。

15.4.6 保护开放的空间和环境

保护环境通常包括在保护区中留出大量尚未开发的土地(包括农田),以防止这些土地被用于城市开发。在小范围内,这一策略对交通拥堵的影响很小。但在非常大规模的情况下,它可能会从城市发展中夺走如此多的土地,以至于额外的发展将被迫"跳过"这些保护区。这将导致人们的出行距离增加,小汽车总量增加,从而加剧交通拥堵。在有限的范围内,这种情况曾发生在科罗拉多州的博尔德,当地政府采取了强有力的开放空间保护政策,同时严格限制新住房的建设。

15.4.7 重新开发核心区和鼓励在填埋场地上开发

对交通拥堵而言,重新开发核心区和开发填埋场地,与集约混合开发具有相同的作用。

15.4.8 总结

总而言之,环保人士和其他支持经济增长放缓的人士所倡导的智慧增长政策,短期内不太可能对日益加剧的交通拥堵产生太大影响。从长远来看,如果通过提高密度使增长更紧凑,将重点更多地转移到公共交通上,防止偏远地区的低密度发展,以及大量建造经济适用房,智慧增长政策至少可以减缓未来交通拥堵加剧的速度。但是,要做到这一点,需要改变美国现在的一些做法,比美国任何大都市地区更全面、更有效地应用这些政策。

16

世界各地的交通拥堵

日益严重的交通拥堵是全球几乎所有大型和不断发展的大都市地区都面临的一个严重问题。从加尔各答到伦敦，从加拉加斯到东京，从开罗到莫斯科。事实上，不管是发达国家，还是发展中国家，日益恶化的交通拥堵似乎已经成为世界各大城市化地区面临的主要问题之一。在美国以外的许多大都市地区，交通拥堵甚至比美国更为严重。因此，美国大多数地区的领导人不必担心，他们与国外城市的经济竞争力会由于交通拥堵问题而受到影响。

16.1 为什么在不断增长的大都市地区，交通拥堵会日益恶化？

从早期传统的地面运输工具转变为机动车交通是世界各地经济现代化的主要标志。在有道路的地方，汽车作为速度快、效力强大、高效、灵活的交通工具来运送人和货物。因此，随着社会平均收入水平的提高，人们越来越多地使用汽车来完成主要的移动任务。但是，从早期的地面交通模式向汽车交通模式的转变带来了一些固有的困难。

一个问题是，那些历史悠久的城市在汽车时代之前就已经建立起来了。因此，他们缺乏适合汽车、卡车和公交车运行的街道和道路。例如，在欧洲的村庄和城市里，狭窄的街道蜿蜒穿过历史悠久的石屋和其他建筑物。拓宽和拉直这些街道需要拆除这些社区的大片住宅和其他结构。因此，这种"现代化"的街道模式遭到了当地居民的强烈抵制。因此，许多欧洲发达国家的大城市，都没有类似美国那样直通市中心的高速公路。此外，这些地方的停车位往往极为稀少，因为道路太窄了。因此，司机把他们的车停在几乎所有可用的空间，包括道路、公园、人行道和消火栓前面的中间地带。在许多老城市，停车位不足对车辆使用的限制要比交通拥堵严重得多。

交通拥堵的另一个原因是在同一条道路上混合了太多不同的交通方式。在韩国的部分地区，一条典型的道路可以容纳行人、马拉车或牛车、自行车、摩托车、公交车、卡车和乘用车。当这些不同的交通工具在物理上没有分离时，它们会影响彼此的运行效率，尤其是在十字路口。北京到处都是骑自行车的人，以至于政府需要在一条主要街道上禁止骑自行车。在曼谷，每到一个红灯，摩托车和轻便摩托车就会蜿蜒穿过汽车和卡车，排在队伍的最前面。在公交车承载了大部分城市乘客的城市，街道可能会被频繁停车的公交车堵塞，从而减慢了交通。

在一些国家，交通拥堵的另一个原因是有些司机公然无视"交通规则"。有些人闯红灯、在应急车道上开车、车距过近、转弯不打信号灯、无视限速等行为导致事故率也很高，而且事故会减少交通量。

最后，有些汽车较旧且保养不足，因此经常会抛锚，从而扰乱交通，更容易发生事故。

所有这些因素都加剧了世界各地不断扩大的大都市地区的交通拥堵。

16.2 "出行时间预算"的概念

随着家庭收入的增加，人们转向更快、更舒适的出行方式。一些交通经济学家对世界各地人们的出行时间进行了粗略"估算"，不管是驾驶小汽车还是步行，每天 1~1.5 小时。为了解人们平均每天花在出行上的时间，Andreas Schafer 和 D. Victor 调查了 2 个非洲村庄、36 个欧洲、亚洲、拉丁美洲城市和 20 个发达国家的居民。该调查显示的平均出行时间范围低值比 1 小时略低，高值比 1.5 小时略高。考虑收入水平、出行方式、文化、民族和经济发展阶段的差异，这些结果是非常相似的。

随着收入的增加，人们自然希望通过提高平均出行速度来提高其在出行时间预算内的可移动性，所以他们选择了花费高但更快的移动方式。最开始从步行转向自行车或马车，再逐步转向公共交通工具。在许多国家，高峰时段的公交车挤满了乘客，让人很不舒服。因此，只要他们能负担得起，许多出行者就会购买摩托车，因为它比公共交通工具更私密、更快、更灵活。最后一个阶段便是购买汽车，这代表了独立地面移动的终极方式。这一分析表明，如果现代化将目前贫困人口的社会收入大大提高，那么未来全球对私有汽车的需求将急剧上升。

即使世界各地的大多数人都没有共享统一的出行时间预算，但"不断增加收入会使人们产生在更大范围内出行的欲望"的说法是对的。只要几乎每个人对每天出行的

"目标"时间都有自己的概念，收入增加将产生对更快的出行方式的更多需求。每个人都想在他的目标出行时间内拥有尽可能多的路线和目的地选择，以此来提高其"实际出行收益"。最近一些研究表明，许多人为了出行而出行，那就更是如此了。因此，经济现代化所带来的收入增长极有可能催生更多的拥有和使用私家车的需求。

这种关系可以在图16-1中看到。横轴是22个国家每1000名居民拥有车辆的数量，纵轴是人均收入（2000年以美元计算的人均国内生产总值）。随着一个国家人均收入的增加，每1000名居民拥有汽车的数量也会增加。这一点从数据点的向上倾斜（从左下角的印度尼西亚到右上角的美国）可以明显看出。这两个变量之间的简单相关性为正0.934，并且每个变量相对于另一个变量具有很强的统计显著性。

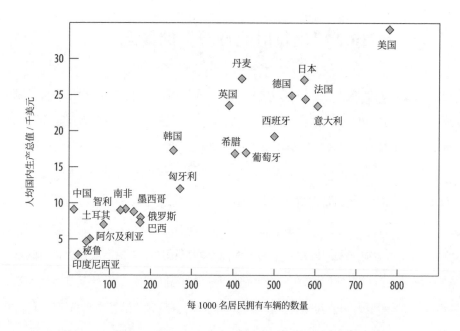

图16-1　2000年22个国家的收入与拥有车辆数量的关系
资料来源：美国人口普查局，《美国统计摘要：2002年》。

16.3　公共和私营部门对汽车的行为

交通拥堵的另一个关键原因是公共部门和私营部门对汽车使用的适应速度存在差异。一些国家的政府没有建立有效的税收制度，特别是向富有人群征税的制度。因此，公共部门的财政资源可能落后于私营部门。但道路的规划、融资和建设都是公共部门的责任。相比之下，汽车的使用和购买主要由私营部门决定。许多个人和公司拥有购买和使用汽车的财力。此外，他们购买汽车不只是因为汽车的效率，还因为这代表了地位和声望。

此外，几乎世界各地的机动车都是私人公司生产的，这些公司所追求的是利润最大化，也就是最大化其产量。这些公司对产量的控制主要基于民众对车辆的需求程度。随着平均收入水平的提高，需求随之增多，这些公司的产量也随之增加。这些公司很少考虑道路网是否具备承载如此多车辆的能力。诚然，世界上主要的汽车制造公司都会游说政府修建更多的道路来容纳更多的车辆。但是，只要有买家愿意并且有能力吸收他们的产出，这些公司就不会因为道路能力不足而停止生产。

由于公共部门和私营部门之间的这种差距，私营部门投入使用的汽车数量往往会超过公共部门为这些车辆提供资金和修建道路的能力。这将使现有的街道和高速公路持续超载，并导致交通拥堵日益严重。这个问题在一些发展中国家尤为明显，那里有相当一部分人口的收入迅速增加。例如，加尔各答的街道仅占城市土地面积的 6%，而在美国的一些城市，这一比例高达 25%。

减少这种差异的一个策略是通过道路收费的方式为新道路提供资金，尤其是私营部门。然而，一些国家无法通过征收通行费来支付足够的道路建设资金。原因之一就是这些国家的部分居民无力支付新建道路所需的通行费。

一些国家为了缓解交通拥堵，故意对私家车的拥有和使用进行了严格的限制。在新加坡，一个相对富裕的国家，拥有一辆汽车需要支付的费用是汽车本身成本的几倍。这使得新加坡每千人拥有的汽车数量保持在 95 辆，而日本是 572 辆，美国是 779 辆。丹麦对新车征收 173% 的进口税。由于丹麦不生产汽车，这意味着所有的汽车都需要缴纳很高的税。

16.4　全球的汽车数量

国际道路联合会（IRF）发布了关于世界上大多数国家现存的汽车数量、每个国家不同类型道路的里程，以及全世界每年生产的汽车数量的调查。其汇编涵盖1996年至2000年。其中有些年份只获得了所要求的部分数据。下面的讨论基于IRF公布的1996年至2000年每个国家最完整的一套年度数据。因此，确切的年份因国而异。然而，这些数据是作者所能发现的最全面的。因此，所使用的所有数据将被称为2000年的数据，尽管在许多情况下它们是1996年、1997年、1998年或1999年的数据。

2000年，IRF报告称，164个国家或地区大约有7.591亿辆小汽车、卡车和公交车。除了这些四轮或更多轮的车辆，还有数以百万计的道路拖拉机、摩托车和轻便摩托车，但有关它们数量的数据太不完整，无法进行分析。机动车总量为7.591亿辆，其中乘用车5.662亿辆，约占74.6%；卡车和货车1.828亿辆，约占24.1%；公交车和客车1008万辆，约占1.3%。

据《汽车世界》杂志统计，1960年世界汽车总量约为1亿，1980年增至4亿（复合年增长率为7.2%），然后在2000年达到7.8亿左右（复合年增长率为3.4%）。这些数字表明，1960年至1980年和1980年至2000年，每年汽车净绝对增长率分别为1500万辆和1900万辆。1960年，发展中国家的汽车数量在总数中的比例很小，但到2000年时已达到了30%。

衡量汽车使用强度的一个标准是每千人使用车辆数。在这些国家中，每千人使用134辆车。

表16-1显示了拥有车辆最多的几十个国家，按拥有车辆数量排序。美国拥有车辆数量最多，约为2.15亿，占全部164个国家或地区总数的28.29%。车量数量排在之后的国家分别是日本、德国、意大利、法国、巴西、俄罗斯和英国，全部超过了2000万。这八个国家加起来约占全部164个国家或地区总数的63%。因此，汽车数量高度集中，主要集中在发达国家。

表 16-1 拥有车辆的国家排序

国家或地区	年份	汽车/辆	公交车和客车/辆	卡车和货车/辆	总计/辆	四轮车辆 占世界总数的百分比/(%)	总累计百分比/(%)
美国	1999	132,432,044	728,777	81,614,091	214,774,912	28.29	28.29
日本	2000	62,438,083	235,483	19,979,360	72,652,926	9.57	37.86
德国	1999	42,323,672	84,687	2,465,535	44,873,894	5.91	43.77
意大利	1999	31,416,686	87,039	3,639,103	35,142,828	4.63	48.40
法国	2000	28,060,000	80,000	5,673,000	33,813,000	4.45	52.86
巴西	2000	23,241,966	427,213	5,306,130	28,975,309	3.82	56.67
俄罗斯	2000	20,353,000	640,100	4,400,600	25,393,700	3.35	60.02
英国	1999	22,785,000	84,000	289,900	23,158,900	3.05	63.07
西班牙	1998	16,100,000	51,800	3,393,000	19,544,800	2.57	65.65
加拿大	1998	13,887,270	68,307	3,625,818	17,581,395	2.32	67.96
中国	2000	8,537,333		7,163,201	15,760,534	2.08	70.04
墨西哥	2000	10,443,489	111,756	7,931,590	15,486,835	2.04	72.08
韩国	2000	8,084,005	1,427,663	2,528,527	12,040,195	1.59	73.66
波兰	2000	9,991,260	82,356	1,783,008	11,856,624	1.56	75.23
澳大利亚	1998	9,560,600	64,000	2,113,300	11,737,900	1.55	76.77
印度	1998	5,056,000	535,000	2,529,000	8,120,000	1.07	77.84
荷兰	1999	6,051,000	11,000	684,000	6,746,000	0.89	78.73
阿根廷	1998	5,047,630	43,232	1,453,335	6,544,197	0.86	79.59
南非	1999	3,966,252	164,665	1,904,871	6,035,788	0.80	80.39
土耳其	1999	4,073,022	333,802	1,071,824	5,478,648	0.72	81.11
乌克兰	2000	5,250,129			5,250,129	0.69	82.51
比利时	2000	4,628,949	14,555	507,910	5,151,414	0.68	83.19
印度尼西亚	1998	2,772,531	627,969	1,592,572	4,993,072	0.66	83.85
马来西亚	2000	4,212,567	48,662	665,284	4,926,513	0.65	84.50
瑞典	2000	3,999,268	14,432	374,331	4,388,031	0.58	85.07

续表

国家或地区	年份	汽车/辆	公交车和客车/辆	卡车和货车/辆	四轮车辆 总计/辆	占世界总数的百分比/(%)	总累计百分比/(%)
奥地利	1999	4,009,604	9834	318,757	4,338,195	0.57	85.65
葡萄牙	1998	3,200,000	17,000	1,080,000	4,297,000	0.57	86.21
希腊	2000	3,195,065	27,037	1,057,422	4,279,524	0.56	86.78
瑞士	2000	3,545,247	16,269	278,518	3,840,034	0.51	87.28
捷克	2000	3,438,870	18,259	275,617	3,732,746	0.49	87.77
罗马尼亚	2000	3,128,782	48,142	413,493	3,590,417	0.47	88.25
沙特阿拉伯	1996	1,744,000	23,040	1,169,000	2,935,000	0.39	88.63
匈牙利	1999	2,400,000	19,100	324,000	2,743,000	0.36	88.99
尼日利亚	1996	885,080	903,449	912,579	2,701,108	0.36	89.35
新西兰	2000	2,221,658	13,716	439,606	2,674,980	0.35	89.70
伊朗	1996	1,793,000	55,457	180,154	2,484,000	0.33	90.03
菲律宾	2000	767,948	1,422,003	248,369	2,438,320	0.32	90.35
芬兰	1999	2,082,580	9487	293,707	2,385,774	0.31	90.66
挪威	2000	1,851,929	36,686	409,040	2,302,955	0.30	90.97
丹麦	2000	1,907,879	13,909	308,633	2,230,421	0.29	91.26
保加利亚	2000	1,908,392	41,971	271,463	2,221,826	0.29	91.55
哥伦比亚	1999	1,803,201	134,799	184,495	2,122,495	0.28	91.83
智利	2000	1,320,519	69,578	628,308	2,018,405	0.27	92.10
委内瑞拉	1996	1,520,000		434,000	1,954,000	0.26	92.36
埃及	1996	1,354,000	37,620	397,000	1,787,000	0.24	92.59
以色列	2000	1,422,032	18,046	309,938	1,750,016	0.23	92.82

资料来源：国际道路联合会，《2002年世界道路统计学报》。

16.5　全球道路网络

IRF 关于道路网络的数据内部一致性不如车辆数量的数据，但它们仍是全球范围内可获得的最佳数据。

IRF 调查的 185 个国家或地区共有 2746.5 万千米的道路，其中 8.2% 的道路路面情况不明，剩余 91.8% 中的一半为柏油路。

值得注意的是，IRF 对各国道路的调查覆盖了 185 个国家或地区，而对车辆数量的调查只覆盖了 164 个国家或地区。在车辆数量数据中遗漏的国家或地区的数据都很少，对整体结果影响不大。因此，这种差异在剩下的分析中被忽略了，这些分析主要集中在整个地区而不是单个国家。

北美拥有世界上略多于四分之一的道路和世界上三分之一的机动车辆，尽管它只有世界人口的 7%。欧洲同样有世界上五分之一的道路，不到三分之一的车辆，只有世界人口的 10%。最富裕的地区每千米道路的车辆数量最多。相比之下，最贫穷的地区每辆车拥有最多的道路，尽管许多道路没有铺设油面。

令人惊讶的是，大洋洲每千人拥有的公路里程是迄今为止最多的，几乎完全归功于澳大利亚。北美地区每千人拥有 18.7 千米的道路，欧洲大约是这个水平的一半。世界其他地区每千人拥有的道路长度要短得多，这反映出其机动车数量和收入水平较低。

这些数据表明，随着人口收入的增加，发展中国家将面临巨大的基础设施挑战。越来越多的市民将购买汽车，并要求更多更好的道路。至少在最初阶段，每千人拥有的汽车数量很可能比道路行驶里程增长得更快。亚洲人口众多，但公路网络相对较小。随着这些国家的现代化，未来汽车数量和道路数量的增长速度之间的差距肯定会加剧交通拥堵。

16.6 全球汽车生产

表 16-2 显示了 1998—2000 年每年新车生产数量最多的 23 个国家或地区。美国的新车生产数量最多，拥有约 1305 万辆乘用车、公交车和卡车。日本以约 990 万辆位居第二，德国以约 573 万辆位居第三，法国以约 530 万辆位居第四。23 个国家或地区的总产量约为 5612 万台。

表 16-2　1998—2000 年每年新车生产数量最多的 23 个国家或地区

国家或地区排名	年份	乘用车/辆	公交车/辆	卡车/辆	所有四轮或四轮以上的车辆/辆
1. 美国	1999	5,637,806	27,000	7,387,029	13,051,835
2. 日本	1999	8,100,169	48,395	1,746,912	9,895,476
3. 德国	1998	5,348,000		379,000	5,727,000
4. 法国	2000	4,542,000	3000	753,000	5,298,000
5. 韩国	2000	2,602,008	246,288	265,055	3,113,351
6. 西班牙	1999	2,281,617	1588	161,716	2,444,921
7. 加拿大	2000	1,359,656		791,042	2,150,698
8. 英国	1998	1,748,000	2136	224,923	1,975,059
9. 意大利	1999	1,410,317	3070	287,727	1,701,114
10. 巴西	2000	1,347,923	24,782	275,415	1,648,120
11. 中国	1999	984,377		581,990	1,566,367
12. 墨西哥	1999	993,772	1378	499,894	1,495,044
13. 俄罗斯	1999	954,000	50,000	175,000	1,179,000
14. 比利时	2000	912,233	1499	110,100	1,023,832
15. 印度	2000	701,550		173,521	875,071
16. 波兰	2000	532,427	2015	58,112	592,554
17. 瑞典	2000	404,276	15,428	110,020	529,724
18. 捷克	1998	399,480	1216	5399	406,095
19. 荷兰	1999	310,000		17,000	327,000
20. 阿根廷	1999	224,733	1177	78,899	304,809
21. 土耳其	1999	215,923	31,564	42,892	290,379
22. 南非	1999	159,944	6059	105,405	271,408
23. 葡萄牙	1999	186,996	146	65,148	252,290
总计		41,357,207	466,741	14,295,199	56,119,147

资料来源：国际道路联合会，《2002 年世界道路统计学报》。

"经济学家智库"对 1990 年至 2000 年世界主要地区的汽车产量进行了估算，如图 16-2 所示。该图显示，在这十年中，总产量不规则地增加了 16.8%。在历经 20 世纪 90 年代初的经济衰退后，西欧的产量保持不变；北美自由贸易区的产量稳步上升了 41.3%；日本的产量下降了 25%（部分原因是许多日本公司在美国生产汽车，从而提高了北美自由贸易区的份额）。这 3 个经济发达地区的总份额从 1990 年的

84.6%增加到了2000年的89.5%。因此，在20世纪90年代，发展中国家在世界汽车生产中所占的份额并没有增加。

至于未来，《汽车世界》杂志最近估计，全球新车销量将从2000年的5900万辆增至2020年的1.1亿辆。

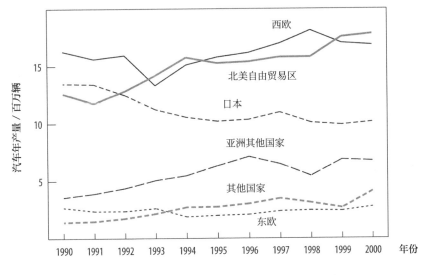

图16-2 世界主要地区的汽车产量，1990—2000年

资料来源：经济学家智库。

16.7 对未来汽车生产和使用的影响

随着越来越多的国家变得现代化和富裕，其汽车的拥有量和使用量肯定会上升。这对全球未来的交通拥堵程度有着巨大的影响。例如，中国是世界上经济增长较快的国家之一。20 世纪 90 年代末和 21 世纪初，中国国内生产总值每年增长 7% 至 8%。截至 2000 年，中国汽车保有量约为 1570 万辆，每 1000 人拥有 12.4 辆汽车。中国人口为 12.65 亿，但中国人口增长缓慢。如果中国的人口保持不变，但其汽车数量上升到每千人 250 辆，这与 2000 年韩国的情况大致相同，那么中国的汽车数量将从 1570 万上升到 3.165 亿。这相当于约增加了 3.01 亿辆汽车——几乎比美国现在的汽车总数多出了三分之一！但即便如此，中国每 1000 名居民拥有的汽车数量也不到美国的三分之一，不到大多数欧洲国家的一半。因此，进一步的经济现代化对中国城市交通拥堵的潜在影响是惊人的。

其他发展中国家的类似计算表明，这些国家的政府在应对日益严重的交通拥堵方面，未来将面临巨大的挑战。诚然，经济现代化也将提高这些国家修建街道、公路和高速公路的资源能力。但是，许多经济发达的新兴国家目前的经验表明，随着收入的增加，公共部门可能很难扩大其道路网络，以跟上私人生产、购买和使用汽车的速度。

此外，未来的现代化还有一种发人深省的潜在影响，那就是汽车排放物污染。2000 年，世界上有 95 个国家的车辆拥有率低于每千人 100 辆的标准，这些国家（包括中国）共拥有 39.9 亿人口和 6990 万辆汽车、卡车和公交车，即平均每千人拥有 17.5 辆。如果现代化将这些国家的车辆拥有率提升至每千人 100 辆的标准（略低于 2000 年乌克兰的水平），那么这些国家的汽车总量将达到 4 亿辆，这意味着在 2000 年全球车辆总数的基础上约增加了 43%。如果将车辆拥有率标准提升至每千人 250 辆的标准（与 2000 年韩国的车辆拥有率类似），则这些国家的汽车总量将达到 11.67 亿辆，约是 2000 年全球车辆总数的 1.5 倍。即便其他地区的机动车数量没有增加，届时全球的机动车总量也将达到 17.4 亿，约是 2000 年的 2.3 倍。

这个预测强调的是有必要改造汽车发动机，使其不会产生过多的污染排放。或许氢燃料电池是一个可能的选择，但要将全球数百万加油站改造成适合其他燃料的系统，这个过程也会异常艰难。然而，如果未来的现代化不发生这种变化，空气污染可能会加剧，这肯定会威胁到健康和气候条件。

16.8 美国和具有经济竞争力国家的地区流动性

许多美国人担心，日益严重的交通拥堵可能会使美国大都市地区在经济上与其他国家相比竞争力下降。这些忧心忡忡的人列举了世界上一些广泛使用公共交通的城市，指出这些城市的交通便利性要优于美国以汽车为主导的交通系统。

与普遍观点相反，尽管大多数西欧国家公共交通出行比例高于美国，但其私家车出行仍然在地面交通中占主导地位。表16-3 显示了1997年欧洲主要国家各类出行方式的出行距离比例。

在15个欧盟国家的合计数据中，乘用车行驶里程占总里程的81.8%，而在7个主要国家中有5个国家超过了80%。的确，欧盟国家各种形式的公共交通承载了地面客运交通总量的15.6%，而美国只有不到2%。但是，这些国家的平均通勤时间比美国长。根据15个欧盟国家的统计数据，其1996年的平均单程通勤时间为38分钟，而美国1995年的数据为22分钟。丹麦的公共交通出行比例最高，平均通勤时间也最长，为43分钟；意大利用时最短，只有23分钟。

表16-3　1997年欧洲主要国家各类出行方式的出行距离比例　　　　（单位：%）

国家	乘用车	两轮机动车	公交车	城市轨道	铁路	公共交通总量
丹麦	79	1	13.7	0	6.3	20
德国	82.1	1.6	7.5	1.6	7.1	16.2
西班牙	81.4	3.2	10.2	1.1	1.24	12.54
法国	84.5	1.5	5.2	1.2	7.6	14
意大利	76.1	6.4	10.6	0.6	6.3	17.5
荷兰	82	1.6	7.9	0.8	7.8	16.5
英国	87.7	0.6	6	0.9	4.8	11.7
15个欧盟国家	81.8	2.6	8.5	1	6.1	15.6

资料来源：英国综合运输委员会，"欧洲运输最佳实践－基准"，第3部分："输入和产出"[www.cfit.gov.uk/reports（2004年1月）]。

16.9 世界各地的交通拥堵

下面的例子说明了世界各地的大都市地区都普遍存在严重的交通拥堵问题。

（1）意大利罗马

在过去的 35 年里，由于出行距离更远、机动车数量激增（增加了 650%），罗马的平均车辆行驶里程（VKT）增长了 3 倍。VKT 的增长并没有与公共交通使用量的增长相匹配，在此期间，公共交通使用量仅增长了 90%。因此，公共交通的出行比例已经从 1964 年的 56% 下降到 2002 年的 34%，交通拥堵明显加剧。

（2）印度加尔各答

这座城市的人口从 1981 年的 330 万增长到 1991 年的 439 万，城市占地面积则从 40.1 平方英里扩大至 72.3 平方英里。1981 年，该市人口密度为每平方英里 8.22 万人；1991 年，人口密度为每平方英里 6.07 万人（相比之下，2000 年曼哈顿的人口密度约为每平方英里 5.5 万人）。据估计，有 60 万人住在加尔各答的街道上，有一些社区的人口密度超过每平方英里 20 万人。

在这座人口稠密的城市，道路只占国土面积的 5.8%，而在经济发达的国家，这一比例高达 25%。这导致有限的道路每天都严重超载。1981 年，加尔各答有 15 万辆汽车；1991 年，这个数字是 85 万。这意味着平均每年新增 7 万辆汽车。街道上的行人、奶牛、牛车、人力车、摩托车、公交车、自行车、有轨电车、卡车和小汽车混杂，进一步加剧了拥堵。

1991 年，估计每天有 75 万人乘坐公交车和有轨电车上下班，而这些交通工具设计的载客量不足 30 万人。这导致公共交通工具极度拥挤。

街道上新增的 1.5 万辆机动三轮车，以及每天进城的 3 万辆卡车，进一步增加了交通拥堵、污染和交通事故。由于街头小贩使用人行道，许多行人必须走在街上，这也加剧了交通拥堵。

（3）印度尼西亚雅加达

20 世纪 90 年代，雅加达市中心的街道非常拥挤，停车位也非常少，以致许多企业高管都雇了专车把他们送到目的地。然后，他们让司机转一圈或走一段距离，等待手机来电，然后回来接他们。

（4）泰国曼谷

曼谷的交通拥堵是出了名的。该市的车辆拥有率达到每千人 540 辆的标准，比东京多 100 辆。1990 年，登记的机动车（包括摩托车）在一年内增长了 341,275 辆。从市中心到机场可能要花 6 个小时。在交通高峰时段，车辆在主要商业街上的平均速度不到 2 英里 / 时。来自其他地方的卡车被禁止在上午 10 点之前进入市区，以缓解高峰时段的交通拥堵，因此它们每天上午都在市区外的道路上排队。如果商务约会地点不是很近的话，每天安排两个以上的商务约会是很困难的，因为从大都市的一个地方到另一个地方会有固有的延迟。托马斯·弗里德曼（Thomas Friedman）曾报道，人们不再邀请朋友在工作日的晚上过来玩，因为不确定他们是否会来。

（5）英国伦敦

在伦敦中心区和内城以外地区工作的人更有可能驾乘私家车通勤，而不是乘坐公交车。由于通勤者的数量随着工作地点与伦敦中心区的距离的增加而增加，在伦敦地区工作的 700 万通勤者中，使用私家车的比例为 62.4%。然而，在伦敦中心区或内城地区，这一比例仅为 26.9%。

法国交通专家克里斯蒂安·格罗多表示，在欧洲大部分地区，汽车通勤的平均路程约为 19 分钟（在巴黎地区，大约需要 25 分钟）。相比之下，公共交通的平均通勤时间为 49 分钟。这就是为什么 70% 的欧洲通勤者使用私家车，而乘坐公共交通工具的比例只有 15%。他认为，只有那些没有机会选择开汽车的人，才会选择乘坐公共交通工具。

在英国，道路建设已经从"预测交通需求，然后建设相应容量的道路"转变为"将交通需求的增长限制在城市能够应对的水平"。这一变化被古德温（P. B. Goodwin）描述为多种政策的结合，从道路收费到增加公共交通选择。然而，这种新方法能否成功应对日益严重的交通拥堵，还有待证明。

（6）日本东京

每天有超过 3000 万人乘坐公共交通工具。但地铁常常处于超载状态，实际运载量是其设计能力的 2 倍。地铁是如此拥挤，以至于地铁运营商在每个主要车站雇用"推手"，把越来越多的乘客塞进每节车厢。乘客们挤在一起，大多是站着的，所以他们很难移动。单程出行的平均时间是 1 小时，而每天的总时间是 2 小时或更长时间。

因此，交通拥堵不仅存在于道路上，也存在于公共交通工具上。

但是，极度拥挤并不会降低公共交通工具的速度。因此，交通拥堵对公交通勤者的影响与对私家车通勤者的影响不同。在公共交通工具上，拥挤会让乘客感到不舒服，但不会减慢速度；在私家车上，拥堵不会改变乘客的个人舒适度，但会减慢他们的速度。

（7）中国北京

北京登记的汽车数量由 1990 年的 60 万辆增加到 2000 年的 160 万辆，年均增长 10 万辆。尽管已经修建了大量的道路，但它并没有跟上汽车拥有量和使用量的巨大增长。因此，交通拥堵每天都在发生。

（8）巴西圣保罗

1992 年，大约 28 千米的主要道路网络在上午出现严重拥堵，在下午拥堵路段长达 39 千米。到 1996 年，受影响的距离分别增加到 80 千米和 122 千米。在短短四年时间里，这两个数字分别增长了 105% 和 213%。

16.10 其他国家应对交通拥堵的策略

由于世界上几乎所有发展中的大城市的高峰时段和普遍的交通拥堵都在加剧，其他国家的政府已经设计并尝试了许多方法来解决这个问题。本节将探讨它们的五种主要方法。

16.10.1 不鼓励人们使用私家车

通过增加拥有和驾驶私家车的成本，可以劝阻人们使用私家车。也许最普遍的策略是对汽油和其他汽车燃料征收高额的税。正如本书其他部分所讨论的，在大多数其他发达国家，汽油税造成的每英里行驶成本是美国的几倍。大多数欧洲国家的政府也不会把征收的汽油税用于改善道路或其他交通工具。相反，他们将这些税收收入的很大一部分"转移"到政府的普通金库。在一些国家，燃油税收入用于运输，但主要用于补贴铁路和公共交通，而不是修建更多或更好的道路。这也是惩罚使用私家车的一种形式。

另一个反对汽车的策略是对汽车的所有权和使用征收高额的税，就像在新加坡和丹麦一样。

16.10.2 高峰时段在主要通勤道路上收取可变通行费

高峰时段对主要通勤道路收取通行费是另一种减少需求和提高平均速度的策略（这实际上是另一种提高成本的策略，但值得单独考虑）。挪威特隆赫姆市1991年在市中心周围设置了警戒线，并在工作日的上午6点到下午6点向司机收取通行费。上午6点至10点的最高收费约为1.4美元；上午10点至下午5点的收费则减半。公交车辆免费通行，货运车辆收费翻倍。特隆赫姆市的民意调查显示，在随机选择的受访者中，有72%的人在这个想法被采纳之前就表示反对。但在该计划启动两个月后，反对率降至48%，2002年为36%。收费时段的交通量下降了10%，非收费时段则上升了8%。因此，该项政策的主要影响在于重新分配了高峰时段以外的行程。

法国政府在连接巴黎和法国南部的主要道路上采用了类似的高峰时段收费，以阻止司机集中在周日晚上返程。结果，高峰时段的交通量减少了13%。在韩国首尔，政府在 1996 年对两条隧道实行了高峰时段收费，而之前这两条隧道采取统一收费。高峰时段的交通量下降了 24%，隧道的平均速度提高了一倍。

然而，到目前为止，世界上还没有哪个国家的政治领导人愿意建立和维持一个大规模的高峰时段定价体系，尽管经济学家们几十年来一直在推广这个体系。一种成熟的方法在香港试行了 8 个月，从技术上讲效果相当不错。但政府随后以几个理由拒绝了这一请求，其中包括担心使用系统收集的数据可能会过度侵犯司机的隐私。

16.10.3 促进公共交通

另一种广泛使用的解决交通拥堵的方法是促进公共交通的广泛使用。欧洲和日本的许多城市都有完善的公共交通网络，包括公交车、地铁、地面铁路、电车或有轨电车。在欧洲，几乎所有这些系统都处于亏损状态，必须从公共资金中获得大量补贴，有时还包括汽油税收入。在亚洲，一些公共交通系统的客流量非常大，以至于它们的票价收入超过了运营成本。即便如此，在 15 个西欧国家中，公共交通工具只运送了 15% 的通勤者，而 81% 的通勤者使用私家车。

与美国一样，欧洲许多国家的交通部门在交通总支出中用于支持公共交通的比例远远高于公共交通提供的出行或乘客里程份额。相反，交通部门在建设或改善道路方面的支出比例远低于使用这些道路的汽车所占的总份额。这种差异是合理的，因为他们过去在道路建设上投入了大量的资金，但并没能解决交通拥堵问题。所以，他们认为修建更多的道路并不能解决拥堵问题，反而会鼓励更多的机动车出行。因此，他们认为应当把资源投入道路的替代物上，也就是公共交通方面。尽管没有多少证据表明这种方法会大大减少交通拥堵。

为公共交通投入资金主要用于改善旧的车站和轨道系统，购买新式公交车辆，提升发车频率，兴建更多的停车换乘设施，延伸现有的公交路线，降低公交票价，兴建自行车道和小径，以及兴建轻轨系统等。

在欧洲，高铁也成了长途驾驶或飞机的替代品。这种列车服务良好，但运输成本较高。因此，这种列车服务本质上是将中低收入纳税人（包括缴纳汽油税的人）的资源重新分配给高收入的列车乘客。政府通过声称火车比汽车污染少来将这种倒退情况合理化。高铁只有在中距离行驶时才真正有效；真正的长途出行，即使是坐快速列车也比坐飞机花的时间要长得多，因此不会吸引很多乘客。

16.10.4　通过土地利用规划来减少需求

长期以来，许多国家的交通规划者一直认为，从长远来看，应对交通拥堵的最佳方式是影响未来的城市增长模式，或许还可以修改一些现有的模式。其基本目标是将杂乱分布的低密度聚落模式转变为沿主要交通走廊聚集的高密度聚落模式。这种高密度住区可以通过公共交通更有效地提供服务，从而减少通勤者和其他人开车的需求。

一些国家在某种程度上长期实行这种策略，还有一些国家则以更为具体的方式执行这个策略。

例如，巴西的库里蒂巴在旨在减少私家车使用的土地使用规划方面取得了引人注目的成就。20世纪50年代，库里蒂巴有15万人。20世纪70年代初，它采用了目前的土地使用和交通组合计划。整座城市从市中心向外敷设五条放射状的快速公共交通走廊，并沿走廊建设高密度的住宅。这种快速公交采用了特别设计的公交站点，提前缴费，站台与车辆平齐，节省了上下车时间。每辆车拥有三节车厢，可容纳300位乘客。公交车有专用的车道，不受其他车辆阻碍。这种公交系统的移动速度和地铁一样快，但成本很低。同时，相同模式的环线公交系统将五条走廊进行串联，这样通勤者可以利用快速公交系统在城市内的任何地方方便地移动。

库里蒂巴发展迅速，到1995年已有160万居民，是1950年的10倍。因此，它能够把它目前的大多数居住点——这些居住点是在这一增长时期建造的——引导到沿交通走廊规划的高密度格局中。结果是，每天大约有80%的通勤交通都发生在快速公交车上。这表明，在一个快速发展的城市，如果土地使用和交通政策能与当地政府紧密结合，是可以有所作为的。

瑞典的斯德哥尔摩是另一个将土地利用规划作为策略的例子。20世纪60年代，这座城市将其快速交通线路延伸到周围的空地上，并在当时空无一人的地方建造了一系列新的交通站点，并在这些站点周围建起了一系列"新城"。市政府控制着整个区域的土地使用分区，并拥有其中的大部分土地，然后鼓励在这些偏远的中转站附近建造高密度的住宅和商业设施。这使得许多在市区工作的人可以步行到中转站，而不用使用私家车通勤。

在英国，类似的新城镇政策在 20 世纪五六十年代以及 21 世纪初被采用。1946 年《新市镇规划法》（New Towns Planning Act）颁布后，政府在空地上建立了 6 个规划好的社区，这些社区大大超出了当时伦敦地区的居住区边缘。到 1990 年，已经有 28 个新城镇在遥远的北方如格拉斯哥建立起来，每个城镇都被一片开阔的乡村"绿化带"与附近的大城市隔开。每个这样的社区都被设计成包含所有类型的住房和足够的工作岗位，以便其居民在理论上可以在同一个社区中工作和生活。例如，位于伦敦以北 30 英里的米尔顿凯恩斯市，到 1999 年拥有 207,000 名居民，其中包括 157,000 名工人，失业率仅为 1.5%。它位于连接伦敦的 M1 高速公路上。

减少交通拥堵并不是建立这些新社区的激励目标之一；它们的设计主要是为了将人口增长从大城市分散到一个更"合理"的居住模式中，这种居住模式以大片的开放空间为标志。然而，这些社区与交通拥堵有两种关系。第一，在相对偏僻的小社区，拥堵程度通常远低于非常大的大都市地区。因此，尽可能将增长集中在这样的新镇，会使拥堵程度较低。第二，通过转移大城市的增长量，新城减少了大城市的交通量。

然而，在过去的五十年里，英国绝大多数的人口增长并没有发生在这些新城镇。相反，它是通过每个地区以前存在的小社区的逐渐增长，或者从大城市以前主要建成区的外围向外扩展来实现的。因此，新市镇策略对大都市地区的交通拥堵影响程度有限，尽量它确实导致新市镇本身的交通流动率相对较高。

16.10.5 使用智能交通系统

另一种应对拥堵的策略是使用智能交通系统。截至 2002 年，有关智能交通系统先进的理论、实验及实践都在美国境内发生。但是，其他国家正在利用智能交通系统来解决交通拥堵和其他交通问题。

在欧洲，有一个名为 TRIDENT（transport intermodality data sharing and exchange networks）的多国合作项目，该项目的全称是"交通大数据共享平台"。直到 2002 年，该项目还处于试验阶段。它的目标是提供准确的出行信息，帮助车队管理人员有效地控制卡车和公交车，帮助出行者更好地规划出行路径和时间，提供公共交通工具的实时数据,缩短乘客等候时间。

在瑞典的于默奥,政府开发了一种"智能速度适应"装置,将汽车上的小接收器与安装在路边限速标志上的无线电信标连接起来。当车辆通过每个限速标志时,信标将所需的限速传输到车内设备,然后将该限速与汽车的实际速度进行比较。如果司机超过了限制值,车内的装置就会提醒司机这一事实。事实证明,这种方法比其他交通缓速装置(如减速带)能更有效地以较少的公共开支使司机减速。

在法国,负责无线电广播的监管机构已经在全美范围内为交通信息提供了一个特定的调频频率。其中一项措施是在连接巴黎南部的 A6 和 A5 高速公路上实施,在这些高速公路上播放的交通公告中夹杂着音乐。因此,当司机在这些道路上驾驶汽车时,他们可以了解当前的交通状况。

在东京,一种智能交通导航系统已经被开发出来,该系统使用 GPS,也就是安装在车辆上的定位设备,并配有软件,它可以向运营商选择的目的地发出驾驶指令。该系统与东京警方目前运行的交通信息服务相连接,该服务向受影响地区的所有车辆运营商实时广播交通事故和拥堵数据。

在意大利的博洛尼亚,在正常交通需求太低、无法使定期交通服务在经济上可行的地区,发展了一种可变路线的按需公交服务。用户打电话到中央车站进行预订。如果发出了足够多的请求来证明服务于某个路线是合理的,那么就会安排一个行程并通知用户。如果有空位,没有预定的人可以上车,但是提前打电话的人有优先权。

在瑞典的斯德哥尔摩,高速公路控制系统已经安装在城市北部的高速公路 E4 上。它由电子标志组成,以 500 到 800 英尺的间隔布置在每个交通车道上。这些标志上的信号显示了适当的速度、什么时候需要改变车道,并传输有关拥堵和可能的延误等其他信息。这些信号由 24 小时运转的交通控制中心传送,并与高速公路上的各种行车速度传感器和电子监控摄像头相连。

这些例子以及其他可以详述的例子表明,智能交通系统策略正在美国以外的地方被用来缓解交通拥堵。然而,这些策略在减少拥堵方面取得显著成功的例子(如果有的话)非常少。截至 2002 年,在大多数情况下,国外的智能交通系统策略仍处于发展或部署的初级阶段,还没有安装在任何大城市的道路系统中。

16.11　全球应对交通拥堵对美国政策的影响

研究全球交通拥堵的证据，以及为减少交通拥堵所作的努力，得出以下结论。

① 高峰时段的交通拥堵——实际上是普遍拥堵——在全球范围内几乎所有的大型和发展中的大都市地区都在加剧。在发展中国家的发展中城市，交通拥堵尤其严重。

少数大城市没有严重的交通拥堵，主要是人口没有增长；遭受衰退或经济增长缓慢；或者对汽车的使用施加非常高的成本。例如，德国柏林有 300 多万人口，但交通拥堵相对较轻。因为它有非常宽的街道和分布广泛的公共交通系统的网络，包括有效的地铁网络。而且柏林地区的人口正在减少，其经济在 2002 年遭受了严重的打击。

② 一旦在一个大的发展中地区出现了严重的高峰时段拥堵，除了巴西的库里蒂巴，似乎没有一个地区能制定出有效的策略来显著减少拥堵。许多城市都采用了上述五种基本的反拥堵策略的组合。在许多情况下，这些策略降低了拥堵程度，但我所知道的任何外国大城市（库里蒂巴除外）都无法结合使用这些策略来显著降低高峰时段的拥堵程度，甚至是普遍拥堵。

③ 许多外国城市有分布非常广泛的公共交通系统，在总出行中所占比例远高于美国的公共交通。但在大多数情况下，公共交通的总出行份额在下降，而私家车的份额在上升。尽管这些城市拥有庞大的交通系统，但这仍导致高峰时段的交通拥堵加剧。

④ 对土地使用政策和交通政策进行更严谨的规划和控制，从长远来看有助于降低未来交通拥堵的加剧程度。但是，只有说服更多的美国人生活在比目前美国新增长地区的平均密度更高的地方，接受对现有社区进行更高密度的改造，并更多地使用公共交通工具和步行，才有可能减少交通拥堵。

⑤ 其他在国外采用的具体的反拥堵策略也可以在美国的许多地区得到应用，但它们不太可能在那里造成未来交通拥堵程度的绝对降低。

17

应对区域交通拥堵的政策

许多可以有效减少高峰时段交通拥堵的策略无法由个别地方政府来实施。这些策略需要区域性地设计、实施或管理，而"区域性"指的是整个大都市地区。然而，在美国的大多数大都市地区，没有有效的区域性政府机构存在。此外，几乎所有地方政府都强烈反对建立这样的机构。

然而，在1991年的《综合地面运输效率法案》中，美国国会加强了1962年成立的大都市规划组织（MPO）的权力。它责成这些MPO为该地区使用美国联邦和其他地面运输资金制定协调计划，并监督这些计划的执行情况。但是，执行这些计划的权力落在了其他机构手中。1997年通过的《21世纪运输公平法案》更新并扩大了对MPO的授权，并可能在2004年重新颁布该法时继续执行下去。大多数大的区域和许多小的区域都创建了MPO。每个MPO依次启动了一个区域协调的地面运输系统投资规划进程。这一过程旨在制定、评估、达成共识，并采用在整个地区建设或修改特定地面交通项目的计划。其中许多项目将对该区域未来的交通拥堵程度产生至关重要的影响，MPO是在区域一级制定有效的拥堵治理政策的重要组成部分。因此，本章对MPO及其有效性进行了广泛的讨论。

但是，有效的拥堵治理政策有很多，不仅仅是规划和建设新的基础设施。例如将双向行驶的街道改造为单行道，道路交通信号协调控制，高速公路匝道流量控制，高峰时段停车收费，提升新建区密度，鼓励建成区更新或填充式开发，增加事故巡逻车辆。为了应对区域性的交通拥堵，除了MPO之外，还需要建立其他形式的区域性组织来管理和实施这些策略。

17.1 为什么需要采取区域性策略来减少高峰时段的拥堵

正如前面所提到的，仅仅依靠某个社区很难有效地解决交通拥堵问题，除非它与附近大多数社区采取的类似政策密切协调。从区域层面实施"高峰时段的道路收费政策"非常重要，因为没有一个地方政府能够通过在其管辖境内单独采用高峰时段道路收费政策来缓解整个地区的交通拥堵。从区域层面实施"建设HOV车道网络""提高新建地区密度""新建或扩建道路""提高汽油税""免费停车折现计划"等政策都非常重要。

当然，地方政府也可以单独有效地实施一些补救策略。例如，协调控制辖区内主要街道的信号灯，研究单行道系统，建立交通管理协会，增加道路事故清障团队等。但是，如果在整个大都市地区实施这些策略，效果会更好。

17.2　区域性策略的基本悖论

美国各地曾热衷于解决各种问题的区域性策略。除了交通拥堵之外，这些问题还包括空气污染、普遍缺乏经济适用房、缺乏开放空间、基础设施成本上升和支付这些费用的税收增加、许多大城市公立学校不足，以及在日益恶化的市中心社区中，最贫困的家庭继续被孤立。越来越多的公民、政府官员和其他观察家开始相信，由许多高度分散的小地方政府组成的主导治理体系无法有效地处理这些问题。既然主导的系统不能有效地工作，就是时候探索其他系统了。因此，人们对区域性的应对策略产生了浓厚的兴趣。

尽管目前分散的权力体系没有很好地发挥作用，但尚不清楚区域性措施是否可以更好地发挥作用。关于区域性措施的经验极为有限，因为这类措施在颁布前往往会引发某些方面的强烈反对。因此，很少有地方长时间采用它们，以检验它们实际上是否优于分散的治理。

此外，在区域层面解决这些问题涉及极其复杂和困难的活动——比操作我们目前支离破碎的治理体系所需要的活动更加困难。与地方政府的单独行动相比，必须咨询和说服更多不同的利益集团进行合作。因此，在区域一级就有效政策达成共识的政治过程要复杂得多，也需要耗费大量时间。处理区域一级的问题所涉及的政策在技术上也比局限于地方一级的政策更为复杂。因此，很难找到使区域性政策起作用所需的个人和领导技能及技术能力。

凯瑟琳·福斯特（Kathryn Foster）总结了到目前为止所了解到的关于各种区域安排的有效性的情况。

以许多地方政府为基础的治理体系比区域化治理体系更倾向于促进参与，且服务成本更低。尽管传统观点和看法支持区域安排，但仍没有确凿的证据表明，在实现公平或经济增长方面，区域化治理体系必然优于地方化治理体系。

马丁·瓦克斯和詹妮弗·迪尔（Jennifer Dill）指出，区域性的交通发展规划不一定能带来社会成本和效益的公平分配。瓦克斯和迪尔指出，郊区的交通需求特征与中心城市有很大不同："过去二三十年里，郊区的需求主要是新建道路和公共交通基础设施，而中心城市的需求主要是维护和更新现有的交通设施。"

由于郊区居住人口多于中心城市人口，所以郊区地方机构在大都市地区中占有更多的席位，它们获取美国联邦政府或州政府的援助资金也更容易。因此，瓦克斯和迪尔提出如下观点。

用于新道路和新路线建设的交通运输资金总是可以从州政府和美国联邦政府获得的，但用于维护、修理或运营的资金很难获得。所以，我们认为交通系统在建设方面已经"投资过度"了。如果能够把更多的钱用于现有设施的运营和维护，就不会出现这种情况。

新道路和交通线路的主要受益者是中产阶级，他们的平均收入比城市居民要高，而城市居民是公共交通系统的主要使用者，而且他们还要为公共交通系统付费。布莱恩·泰勒（Brian Taylor）研究了旧金山湾区将燃油税收入用于公共交通运营后的影响，并发现如下现象。

旧金山湾区规模较大的市内公交运营商承载了绝大多数的乘客，但获得的项目资源要少得多。相反，规模较小、更地方化的郊区公共交通运营商在该项目下获得的补贴资金比例远远高于他们在该地区所占的交通客流量份额。

瓦克斯和迪尔得出的结论是，过去大多数关于交通系统再分配影响的研究得出的结论是，这些系统倾向于使用主要从郊区白种人那里筹集的资金来补贴郊区少数族裔居民使用的公共交通系统。然而，没有一种明确的方法能够保证类似于MPO的机构能够实现其辖区内的资金公平分配。将居住在某个社区的某个人选为都市地区机构的负责人，很难保证其会真正从区域级的视角来看待问题，而不是仅仅代表其自己社区的狭隘利益。

这种情况意味着，为应对交通拥堵和其他城市问题而采取区域性的对策仍是一个新兴的过程，尚不能确定哪些措施有利于哪些问题的解决。现在这种情况类似于一个神话王国的歌唱比赛，它已经缩小到两名决赛选手。国王将对谁获胜作出最后的判断。国王一听到第一位选手唱歌，就把奖品颁给了第二位选手——但没有听后者唱歌！许多思考现有地区问题的公民也得出了类似的结论：目前支离破碎的补救措施是如此糟糕，以至于区域性的补救措施必然会更好一些——虽然还没有尝试过。因此，尽管这本书建议尝试许多区域性的疏堵措施，出于同样的原因，作者认识到这些建议具有试探性和实验性。区域性补救措施值得一试，但无法保证它们能有效地发挥作用。这一点从 1962 年美国国会创建的 MPO 系统的经验中就可以明显看出，该系统在 20 世纪 90 年代获得了更大的权力。

17.3　MPO 及其对拥堵的影响

在区域一级协调规划和建造新的地面运输设施的需要是显而易见的，因为每个区域都有许多人和车辆的移动跨越了社区的边界。过去，在没有其他正式整合机制的情况下，美国国家公路主管部门是主要的区域协调者。但这种方法存在严重缺陷，它几乎只关注道路，通常忽略了公共交通、步行和自行车。它常常没有包含任何系统的方法来接收或评估来自各个地方的项目请求。它也经常没有考虑地方对通过其领土的拟议项目的反应。它没有有效的手段来协调新的运输基础设施与拟议的新的土地使用发展或未来的增长地区，或与当地的增长控制政策。它通常缺乏正式的机制来征求和回应公民对拟议项目的意见。当一个区域包括一个以上的州时，它很少有任何正式的机制来协调毗邻州公路部门的政策。

认识到这些不足后，美国国会扩大了先前创建的 MPO，并责成它们为未来的地面交通基础设施项目制定区域整合计划。这一目标似乎很明确，但要有效地实施它极为困难。正如城市经济学家乔治·斯特恩利布（George Sternlieb）喜欢说的那样："话很容易就能脱口而出，但付诸实践是另一回事。"地面运输等多层面活动的区域多式联运规划是一个极其复杂和困难的过程，特别是在一个强调公民参与的国家。要使这一过程有效运作，需要多年的经验、灵活的实验及杰出的领导——如果可以的话。

从美国国会为 MPO 制定的要求中可以清楚地看出这个过程的困难。美国国会宣布，每个 MPO 都必须做到以下几点。

· 为大都市地区的交通系统投资制定一个长达 20 年的战略性规划，需要考虑所有地面交通方式，包括道路、公共交通、步行和自行车。

· 制定一个应对当前问题的交通改善规划（TIP），该规划必须可行，且在制定过程中有公众参与。

· 对于长期战略规划和近期交通改善规划，民众、地方政府和民选官员、企业和其他私营部门领导人之间应当达成广泛共识。这需要持续的协作规划和 MPO 与这些社会其他要素之间的密切伙伴关系。

· MPO 的规划应与所有涉及的州规划、地方规划进行统筹协调，尤其是州交通和环境保护部门的相关规划。

· 为 MPO 的成员树立一种为整个区域考虑的使命感，即便他们大多数都是某个地方政府的代表。

· 根据 1990 年《清洁空气法修正案》，充分考虑所有规划项目对空气质量可能产生的影响。

· 发展管理交通拥堵、多式联运、公共交通维护、交通安全、桥梁维护和路面养护的系统。

· 使用最新的分析、评估和建模技术来完成前述的各项任务。

· 对美国联邦公路管理局和美国联邦交通管理局的资金申请遵守所有现有的规定，即使它们彼此有很大的不同。

· 在有限的资金预算（支付基础设施项目）和运营（雇用和运行必要的员工）范围内完成所有这些工作，并且没有任何直接的权力来执行它所创建的计划，因为执行工作留给了其他机构。

事实证明，执行这些任务对管理 MPO 的官员是一个巨大的挑战，外部观察员对他们的指挥活动进行了几次评价。每个 MPO 的主要成员主要是地方政府的代表。几个主要委员会负责处理 MPO 职责的各个方面。所有的评估者都认为没有一个 MPO 成功地完成了所有这些任务。对丹佛地区 MPO 的一项评估得出结论，关于 MPO 执行任务的过程，接受调查的参与者中，只有 26% 的参与者认为，规划过程"很好地或充分地满足了该地区的长期交通需求"。然而，对达拉斯-沃思堡 MPO 的调查显示，77% 的受调查者表示该组织满足了这些需求。西雅图 MPO 也得到了同样积极的评价。但达拉斯-沃思堡和西雅图 MPO 的规划过程都耗时很久，"需要 MPO 领导层付出大量努力来制定一个真正的协作流程"。

另一项发现是，不同地区的 MPO 之间差异很大，不应该期望他们以同样的方式运行。然而，表现相对成功的 MPO 的主要因素与使任何复杂组织良好运行所需的因素相似：

·有效的领导力；

·员工能力和信誉；

·区域精神，即为整个区域利益而工作的愿望，而不是仅参与其所代表区域的事务；

·与州交通部门密切合作；

·精简、高效的工作程序；

·同土地管理部门密切合作；

·对民选官员的问责制。

同样的评估表明，"在我们调查的受访者中，有不到一半的人认为他们的 MPO 能够满足快速变化的交通需求。"MPO 遇到的主要问题包括：资金不足，行动规划完成前需要经历漫长和复杂的程序，难以协调地方政府和私人组织的交通规划和土地利用决策，来自美国联邦政府和州政府过多的监管要求，对参与的地方官员和普通市民的时间要求过高，工作人员缺乏技能或训练。

评估报告对 MPO 的一项主要建议是，交通局应该建立并资助一项更广泛的计划来提升 MPO 的各项能力。本项目应针对 MPO 人员和 MPO 规划过程中的其他参与者。此外，交通局需要更好地整合其自身机构与 MPO 的关系。在进行这些评估时，美国联邦公路管理局、美国联邦交通管理局和美国联邦航空管理局等机构在与 MPO 协调方面的程序完全不同，有些根本就是没有必要或重复的。

根据这些建议，交通局于 2001 年 11 月建立了一个都市能力建设计划（MCB）。其使命是："帮助决策者、交通官员和工作人员解决他们在解决社区交通需求时面临的日益复杂的问题。"这项全面的培训、技术援助和支持计划的对象是州、地方、区域和部落政府、运输业者和社区领导人。这项计划无疑是朝着正确方向迈出的一步，但它的效果如何还有待观察。

这些批评性的评论当然并不意味着应该放弃 MPO 的规划过程。相反，它们表明，实现这一进程的多重目标是极其困难的，因此将需要长期的经验和试验，同时还需要美国国会和有关联邦机构愿意根据经验教训调整现行法规。但从长远来看，即使是仍在发展中的区域交通规划，也很可能比地方政府之间不协调的持续分散的规划要好。

17.4　其他可能的机构设置

MPO 主要用于建设新的交通基础设施，因此，它们不是执行有效的区域级拥堵治理政策所必需的唯一组织。许多这样的政策涉及改变现有的政府机构、私人机构或个人司机的行为。例如，鼓励更多的拼车和公共交通乘客，采用分区法防止在边远地区进行非常低密度的开发，为高密度的填充式开发提供补贴，并在公共交通站点周围建立高密度的开发区。如果在区域层面规划和管理这些策略，它们也将是最有效的，但它们不在 MPO 的范围之内。因此，需要其他的制度形式来在整个大都市地区实施这种策略。这些区域拥堵治理策略有两种基本类型：一种主要关注交通本身（如匝道收费或对停车设施征税），另一种主要关注土地使用对交通的影响（如促进公交站点附近的高密度发展）。大多数美国公民对这两种策略的态度截然不同。就像凯瑟琳·福斯特在她的研究报告《地域主义的目的》中提到的那样，"当地域主义承诺通过改善交通服务或减税来提升公众的物质利益时，美国人通常会接受它，但当它重新分配资源、促进种族和阶级融合或危及地方土地使用特权时，他们就会拒绝它"。

换句话说，美国人更容易接受区域性的安排，主要是物质或经济活动，而不是社会活动。因此，最适合任何反拥堵策略的区域安排类型取决于该策略是以交通为导向还是以土地利用为导向。相对强大的区域性机构（如正式的合法机构）可以主要采用以交通为导向的策略，较弱势的机构（如民间机构等）改变人们固有行为方式的能量较小，更可能采用以土地利用为导向的策略。

凯瑟琳·福斯特把所有的区域安排分为两大类：结构性安排和非结构性安排。表 17-1 列出了与区域拥堵治理策略有关的安排。

表 17-1　区域安排的制度形式

类型	案例
结构性	
全市政府	杰克逊维尔、印第安纳波利斯、路易斯维尔
多用途区域实体	波特兰地铁
单一用途区域实体	纽约港务局
国家政府机构	公路部门
美国联邦或联邦授权的机构	MPO，空气质量管理区
非结构性	
不同政府之间的自愿合作	政府理事会
地方政府之间的合同安排	凤凰城消防局
在州政府授权和州协调机构下制定全面的地方计划	俄勒冈州，新泽西州
私人经营的公民组织	愿景团体，纽约区域规划协会

资料来源：基于凯瑟琳·福斯特，《地域主义的目的》（剑桥：林肯土地政策研究所，2001 年），第 1 页；以及安东尼·唐斯，《交通拥堵：解决高峰时段交通拥堵的策略》（布鲁金斯和林肯土地政策研究所，1992 年）。

17.4.1　结构性机构的优点和缺点

下面对五种结构性机构的优缺点进行分析。

① 完整的大都市地区政府。

这包括市县合并和"纯粹的"大都市地区政府。优点是，这种形式能够从大区域层面实施所有基本的政府职能。但它有一个致命的缺点，即缺少政治支持，因为它要从区域层面实现对所有土地使用的管控。这种控制遭到了大多数郊区居民和大多数中心城市民选官员的强烈反对，几乎没有人赞成这些安排。因此，在美国的 300 多个大都市地区中，只有少数地区采用了全面的大都市治理，而且在过去的一段时间内也没有人这样做过，将来也很少有人会这么做。

② 多种权限的区域性机构。

这种形式将区域内主要的基础设施控制权合并至某一组织，包括交通系统、给排水系统等。由于这些系统在功能上彼此相关，因此由单个组织来统一管理很有意义。此外，这些因素会强烈影响新住房和其他开发项目的地点，控制这些因素的单一机构可以在不剥夺地方政府控制权的条件下显著影响与交通运输相关的土地使用决策。因此，这样一个机构对郊区社区的政治威胁远远小于完全的大都市治理。

③单一目的的区域性机构。

在美国的一些大都市地区，所有的公共交通都已经移交给了专门的区域性机构管理。他们现在经营公交线路、通勤铁路和轨道公共交通系统。在其他地区，区域机构负责关键的高速公路设施，如桥梁和隧道。在纽约市地区，区域港口管理局负责运营桥梁、隧道、公交终点站和公交线路、港口设施和主要机场。在某些条件下，专业区域性机构能够执行区域性拥堵治理政策。

例如，经营轨道和公交系统的区域性机构可以通过改善这些系统的服务水平来分流高速公路上的汽车交通。这些机构也可以设法鼓励在其主要车站附近进行高密度的住宅和商业发展。这些策略本身不太可能显著减少拥堵，但作为区域综合策略的一部分，它们可能是有用的。

在有区域性高速公路管理机构的区域，缓堵政策的实施空间更大。例如，负责运营旧金山金门大桥和海湾大桥的机构可以在两座桥上同时实施高峰时段收费。但是，该策略实施的前提是有足够的政治勇气将高峰时段收费提高到足够高的水平，以劝阻许多汽车通勤者不要使用这些桥梁。这些条件再次说明了广泛的公众支持对区域治堵政策的重要性。除非事先获得支持，否则建立实施这种政策的机构没什么好处。

在美国大多数的大都市地区，并没有专门的交通运输管理机构。然而，创建这样一个机构来解决交通拥堵，当然比创建一个区域性的政府要容易得多。一方面，交通问题的地域性是如此明显，几乎没有人能对此提出异议。另一方面，区域性交通运输管理机构给地方政府带来的威胁感要小得多。

因此，提倡区域交通拥堵战略的人士应该认真考虑设立某种类型的区域性交通机构，以应对超出 MPO 计划职责的职责。建立这样一个机构将需要有关州政府采取行动。该机构的管辖范围最好包括规划、建设和运营该地区的主要公路、桥梁和隧道、公共交通系统，以及对区域停车作业规定。因此，这个机构可以是 MPO，但还需要增加它的权力。当整个大都市地区都在一个州之内时，这样的机构是最容易建立的。

如果可以，就要建立真正有能力影响交通拥堵的地区公共机构，这可能是大多数机构会采取的形式。

④ 州交通或公路部门。

州交通或公路部门长期以来一直负责许多大城市的交通设施规划、融资、建设和运营。它们在实施区域拥堵治理政策方面有三大优势：它们的管辖范围包括整个都市地区，除非它包括一个以上州的部分地区；他们已经具备了金融、信息和政治影响力的能力和渠道；它们的机构能够获得大量持续的资金，为运输活动和投资提供资金。

因此，这些机构可以改善公路养护，修建新公路或扩建现有公路，在现有道路上增加 HOV 车道，协调交通信号，在高速公路和干道上安装匝道信号。如果美国联邦政府取消目前对州际高速公路高峰时段收费的限制，一些州政府机构甚至可以安装全地区范围的高峰时段公路收费系统。然而，许多这样的活动——比如修建新道路——现在都在该地区 MPO 的规划管辖范围之内。因此，州政府不能再单独对这些活动采取行动。此外，要改变州立机构常年来的行为习惯，从而制定新的政策是很难的。很少有公职人员能够领导这种变革，因为他们基本上是公众舆论的追随者。这就意味着采用新的方法——尤其是那些有争议的方法——需要一些其他的改变来源。

⑤ 除 MPO 以外的美国联邦或联邦授权的区域机构。

美国联邦《清洁空气法》提供了一种可能影响交通拥堵的强大区域性力量。该法案为全美的大都市地区建立了空气质量标准。美国联邦环境保护署（EPA）要求各州政府制定计划，在空气污染超过可接受水平的"非达标地区"净化空气。非达标区的边界与都市地区和合并都市地区相同。因此，一个州可以建立一个区域组织来协调整个大都市地区的空气质量改善。此外，美国联邦政府可以通过这些州设立的机构推翻某些与空气质量有关的地方法令。然而，这一职能的一部分现在已经委托给了 MPO，MPO 负责评估其交通设施可能造成的空气污染，并要求其符合 1990 年《清洁空气法修正案》的要求。

汽车排放的废气是造成空气污染的主要原因。一般来说，长时间的平均通勤出行，尤其是交通拥堵，会增加排放到大气中的污染物。因此，空气质量改善机构开始关注交通量，尤其是在加利福尼亚州。加利福尼亚州空气资源委员会起草了拟议中的法规，要求对大范围内的驾驶和通勤行为作出重大改变。加利福尼亚州的空气质量管理区负责与当地的 MPO 机构合作执行这些规定。

理论上，这些美国联邦授权的机构可以在地区层面实施许多可能最有效的拥堵治理策略。例如，他们可以在整个大都市地区实施高峰时段的道路收费和停车收费。因此，以美国联邦为基础的反污染机构是实施区域拥堵治理策略的潜在最强工具。1998 年 11 月，加利福尼亚州空气资源委员会修订现行的低排放车辆规定，从 2004 年 4 月 17 日起，把乘用车废气排放标准扩展至轻型货车和运动型多用途车。

只有在两种情况下，这类机构才能有效地采用和实施区域拥堵治理策略。第一，每个机构的领导人必须确信某些地区的拥堵治理策略是绝对必要的，以便把空气污染降低到可接受的水平。这并非已成定局。在区域应用这些策略方面经验很少，没有人能确定它们将如何影响空气质量。此外，区域性的方法总是会遇到很多阻力，因此，在任何区域空气质量改善机构采用这些方法之前，必须有充分的理由证明这些方法将极大地减少空气污染。开发这样一个案例是拥堵治理策略支持者的一项重要任务。

第二，大多数公民必须自愿接受和遵守这些规定。美国过去的经验一再表明，公民强烈和广泛地反对要求作出重大行为改变的法律，可能会严重损害其效力。即使有关机构具有不容置疑地通过和执行这些法律的权威，这种情况也会发生。如果许多公民忽视或蔑视这些法律，这些机构可能就无法执行这些法律。这与 20 世纪 20 年代和 30 年代初的酒精饮料禁令有关。这种情况现在也发生在非法药物的进口和使用方面。即使美国联邦政府付出大量的努力来阻止毒品的非法分销和使用，也无法阻止这两种行为。全美各地每天都有类似的违反车辆限速法律的事件发生。

因此，民众普遍反对对汽车和卡车的设计、购买和使用进行严格限制，这很可能削弱美国联邦政府实施这些限制的有效性。这种反对意见很快就会传达给民选官员，他们可能会限制空气质量改善机构通过和执行这些法律的权力。正如之前所指出的，当 HOV 车道在洛杉矶的圣莫尼卡高速公路上首次开通时，就发生了这种情况。然而，预测一个地区空气质量改善机构试图实施的反污染策略是否不受欢迎还为时过早。尽管存在潜在的公民抵制，但这些机构已经在法律上确立了在整个大都市地区采取行动的权力，这为实施区域拥堵治理策略提供了一种潜在的有效手段。下面对三种非结构性机构的优缺点进行分析。

① 自治地方政府之间的自愿合作。

这是最令人不满的一种安排，因为它不能迫使地方政府密切协调他们的行为，或者监控和调整他们的行为，所以在解决拥堵方面的应用最少。但是，自愿合作可以协调当地街道的改善、交通信号的定时、将当地街道转为单向交通，以及成立流动队伍以迅速处理交通事故。然而，当拥堵治理政策需要有争议的决定时——例如，利益和成本通常必须在许多社区之间分配——这种安排就不太有效。

② 地方政府规划作为州规划的一部分。

有几个州要求所有地方政府制定全面的土地使用计划，作为全州规划系统的一部分。这些系统旨在实现与环境、交通、开放空间和住房相关的州目标。州立法机关首先制定广泛的目标。然后，它指示所有地方、县或地区政府制定全面的计划，在各自的范围内实现这些目标。这一过程通常由州一级的机构管理，它对下级机构制定的计划有最后的协调和批准权。通过利用各级政府机构的最佳特点，将国家一级的目标制定和协调与详细的地方或区域一级的规划相结合。

到 2000 年底，夏威夷、缅因州、俄勒冈州、佛罗里达州、新泽西州、马里兰州、宾夕法尼亚州（县级）、罗得岛州、田纳西州和华盛顿州都采用了这种程序。它独立于这些状态下的 MPO 进程，但可以与 MPO 进程协调。

在某些情况下，这样一个全面的规划过程可以用来实施区域性的制度政策。例如，给未来所有新建区域的密度设定下限值，比如每平方英里 2500 人。与低密度方式相比，这种策略能够有效缩短平均通勤路程。一个州可以对其所有的都市地区采取这样的最低密度政策。这一过程可能需要的其他拥堵治理政策，包括在快速交通系统和通勤铁路车站附近聚集高密度住房，刺激交通管理协会的形成，鼓励更多的人在家工作，以及建立一个与雇主提供免费停车相关的临时现金支付计划。

③ 公私协调、规划和政策促进机构。

长期以来，美国人一直以组建社团而达到共同目的而闻名。正如亚历克西·德·托克维尔（Alexis de Tocqueville）所指出的那样，"在世界上，没有哪个国家比美国更成功地将联想原则应用于更广泛的对象"。在改变公共政策的过程中，有一种类型特别重要，那就是超越个体社区边界的公私合营组织。一个例子是在全美范围内募集和分配慈善捐款的联合慈善组织。

这种类型的组织在实施区域性的治堵政策方面具有三个主要优势。第一，它可以将私人和公共组织的成员聚集在一起，包括商业公司、工会、非营利组织、大学、政府机构、公共立法机构和行政人员。也就是说，它可以为成员提供一个平台，让他们在自己的官方组织之外聚集在一起，讨论共同关心的问题。

第二，该机构可以建立其成员希望的任何地理管辖权，包括整个大都市地区。这可以通过简单的目的声明来实现，它不需要任何其他人的正式批准。

第三，这样的机构可以采取有争议的立场，而不必让个别成员承诺支持这些立场。每个成员都可以指责所有其他成员，或者声称某些问题是"组织"造成的。这使得这样一个组织能够采取比它的许多成员愿意公开赞同的更有争议的集体立场。因此，这样一个组织是改变公众舆论以支持一些有争议的新政策的理想工具。它可以在现有舆论之前采取创新立场，而不会使个别成员受到无视舆论的指责。这就是为什么那么多的地区采用这种方式来进行"远景规划"，为未来的增长和发展制定长远的计划。

这类组织的两个主要缺点是，他们几乎没有钱，也没有政府权力。因此，他们几乎没有能力执行任何他们支持的公共政策，他们的作用仅限于影响公众舆论，说服那些有钱有势的人采纳他们支持的政策。因此，它们可以成为说服公众及其领导人的工具，让他们相信某些问题已经严重到需要采取协调一致的行动；制定、分析和讨论可能弥补这个问题的方法；并推广他们认为最有效的补救措施。

这三项功能对于确保采用区域性方法来解决交通拥堵都是至关重要的。如果要在任何地方采用这类战略，关键是要在政府之外建立某种类型的公私区域协会，大力支持这类战略。如果已经存在这样一个区域性的组织来处理其他的问题，也许它也可以扩展其功能来处理交通拥堵。否则就应该为此目的成立一个新的组织。成员应包括大型机构的高级官员和有关大都市地区的其他公民团体，以及能够影响关键交通和土地使用政策的政府领导人。

私营部门和公共部门领导人应该从一开始就参与进来。这样的组织需要一个初始召集人来与相关的利益相关者面谈，以决定谁应该参与讨论。在确定了可能的参与者的"核心圈子"之后，需要有一份初步的书面声明，说明需要关注的问题和可能选择的专业协调人。如果建立共识的过程是在明确定义的书面规则下巧妙地进行的，那么参与者将通过分享对拥堵问题的审慎分析、对可能的解决方案的审查和最终建议而达成协议。整个过程的方向应该是在几个问题和子问题上达成共识（处理多个问题可以为不同的参与者提供更多的机会，让他们从共同的结果中获得积极的收益），在这些问题上，所有或几乎所有的参与者都认为自己比没有任何协议的人的情况更好。他们在这个过程中的共同经验，加上他们从最终协议中获得的好处，将确保他们在面对即将出现的强烈抵制时执行最终建议的情感承诺。然后应该举行一轮或多轮会议，让参与者与他们各自的组织审查与协商一致意见，并可能考虑建议的变化，对其进行修改。最后，本组织应发起一场协调一致的宣传和政治压力运动，敦促采取它所建议的区域办法。这类组织的例子有旧金山湾区理事会和纽约区域规划协会。不幸的是，在撰写本书时，美国尚无私人组织成功实施过区域性的治堵措施。

在美国的任何地方都没有成功地开展过支持区域性解决交通拥堵问题的私人赞助运动。原因之一是，MPO 的创建和授权已经将处理交通拥堵的一些责任转移到了这些机构身上。当公私联合考虑一个地区的未来时，他们通常会更广泛地定义他们的主题，而不仅仅是交通拥堵，还包括土地使用和环境问题。这就把他们讨论的焦点从交通拥堵转移到了更广泛的问题上，而且要获得公众对地区政策的支持，比仅获得与交通拥堵相关的政策要困难得多。对如何组织区域拥堵治理政策的分析并不意味着可以通过创建一个单一的区域机构作为所有拥堵治理政策的"独裁者"来最好地解决拥堵问题。相反，由不同的地方和区域机构以最适合它们各自任务的方式组织自己，执行不同的减少拥堵的政策可能是可取的。但是，如果在区域一级建立了几个拥堵治理机构，它们当然应该通过正式和非正式的协调联系起来。

17.5 区域治堵机构可能遭遇的反对

几乎在美国每一个大都市地区，试图实施有效的区域拥堵治理策略都会遭到强烈的抵制。为此目的而设立的任何组织，只有行使目前分散在许多地方和国家政府机构之间的权威和权力，才能发挥良好的作用，但这些现有机构的大多数官员强烈反对任何削减其现有权力的做法。事实上，许多美国地方政府的主要功能是控制土地使用模式，通过维持或增加当地房屋的市场价值，使其现有的住房居民受益。然而，许多减少高峰时段拥堵的策略都要求至少将部分土地使用的地方权移交给一个区域机构。MPO 在重大基础设施投资的规划和建设方面已经在很大程度上实现了这一目标。但是，正如前面所指出的，MPO 的权力并不延伸到经营这些投资，或控制其他类型的反垄断政策。因此，需要更多的区域机构来利用所有可能有效的拥堵治理策略。

尽管大多数地方政府会抵制建立有效的区域机构，但是州政府通常不会这么做。州政府包括整个大都市地区或其中的大部分，因此，他们不应该表现出与地方政府一样的狭隘。在大多数大都市地区，区域机构的领土将完全属于一个州。只有州政府有宪法赋予的权力来建立这样的区域机构。然而，大多数州政府都不愿意设立这样的区域机构来应对交通拥堵。

一个问题是，每个机构很可能被授予部分由国家机构行使的其他权力。其他机构的官员会对放弃他们目前的任何权力感到不满。其次，没有一个州的立法机构愿意招致大多数地方政府的愤怒，除非立法者有强烈的动机这样做。州立法委员由地方选区选举产生，他们在个人和政治上经常与地方政府联系在一起。此外，由于州代表很少从足够大的地区选举产生，因此他们的观点也很狭隘。与此同时，某些积极的成果可能会促使州立法机构不顾地方政府的反对，建立地区性的拥堵治理机构。从长远来看，主要的好处将是减少交通拥堵，这一好处将惠及都市地区所有地区的居民和企业。对每个受益人来说，这只是从所有州政府行动中获得的一般福利的一小部分。因此，几乎没有受益人会仅仅根据这一问题来决定如何在州立法候选人中投票。

相反，许多地方官员认为，设立这些区域机构可能会使地方主权丧失，这是对他们福利的重大威胁。因此，每个州的立法委员在这个问题上的投票结果将严重影响他或她在下次选举中从地方官员那里获得的支持。在大多数州议员看来，他们支持建立强大的地区机构可能导致的支持损失，将超过减少交通拥堵所带来的收益。

这并不意味着各州将永远不会创建有效的地区拥堵治理机构，只是说这样的行动将是少数的。即使出现这种情况，州和地方政府内部也会存在一些阻力。在这种阻力的背后，是许多公民的一个基本信念：与追求其他社会或个人目标相比，减少交通拥堵的重要性要小得多。因此，如果减少交通拥堵意味着他们必须改变他们因为其他原因而珍视的行为，那么他们可能更愿意忍受拥堵——当然，他们仍然会大声抱怨。

17.6　政治支持条件

是什么原因导致相关的政府官员不顾上述弊端而采取区域性策略？第一，交通拥堵必须变得如此普遍和难以忍受，以至于大都市地区的大部分市民都将其视为一场危机。第二，关键的州和地方官员——尤其是州长——必须相信，实施地区性的拥堵治理策略对解决这场危机至关重要。第三，必须有可靠的体制结构，通过这种结构来完成这些区域性策略。

17.6.1　危机

在一些大都市地区，高峰时段的拥堵情况非常严重，以至于人们普遍认为，缓解拥堵是地方政府面临的中心问题。因此，为了再次当选，州长和州议员们都有强烈的动机，表现出他们似乎正在为这个问题做些什么。否则，他们不太可能采取有效的行动，因为国家的政治领导人害怕要求公民对现有的制度或行为做出根本性的改变。只有当人们相信他们必须缓解已经存在或即将到来的危机时，他们才会在没有巨大阻力的情况下被说服这样做。反过来，民选官员也不愿要求公众作出基本的改变，除非他们相信公众认为自己受到了这样一场危机的威胁。

大多数这类危机都涉及对正常生活的突然破坏。它们对很大一部分人的福利构成严重、明显和直接的威胁。但高峰时段的交通拥堵不会在一夜之间发生显著变化；相反，情况只会一天比一天糟糕。由于每个通勤者的路线与大多数人的路线不同，所以人们不会同时遭遇相同程度的拥堵。因此，对于任何特定日期的交通拥堵有多严重，并没有普遍的共识。

在没有任何突发危机促使政府官员采取行动的情况下，他们不愿要求市民做出必要的痛苦改变，以缓解高峰时段的拥堵。的确，在交通拥堵变得足够糟糕之后，越来越多的公民和他们的政治领导人可能会认为，交通拥堵已经越过了某种无形的接受能力的极限。如果有足够多的公民这样做，一些民选官员将会提出本书所描述的那种行动。

17.6.2　坚信区域性策略

即使民众举行集会，关键官员也必须相信，强大的区域性机构对缓解交通拥堵至关重要。否则，他们会倾向于不采取如此剧烈的行为改变补救措施。但是，认为区域补救措施至关重要的观点并没有广泛传播。公私合营的拥堵治理团体的一项重要职能是在相关的公私合营领导人的头脑中培育和加强这种信念。

17.6.3　可信的地区性机构

即使存在前两种情况，在有关的大都市地区也必须有一种或多种可靠的制度结构来实施区域拥堵补救措施。这一条件意味着都市地区的所有关键部门必须在一个州内，因为几乎所有具有有效行动权力的区域机构只能由州立法机关设立。如果一个大都市地区位于两个或两个以上的州，就很难建立能够在整个地区实施拥堵治理策略的制度结构。不同州的政治领导人和机构之间的竞争，以及建立州际契约的法律困难将使这一任务大大复杂化。

这一条件还意味着，在交通拥堵造成危机之前，地区结构和广泛传播的观点应该就位。然后，当危机出现时，可以立即启动区域政策响应。这将允许在公众的担忧减弱之前采取有效的行动。这是至关重要的，因为公众的注意力很少长时间地集中在一个问题上。提倡有效的反拥堵策略的人必须在拥堵达到最大程度之前就开始为区域反应打下基础。

17.7 总结：永不放弃

从长远来看，严重的高峰时段交通拥堵只有借助至少部分区域的拥堵治理策略才能得到有效的治理。但是要获得政治上的支持和这种策略所必需的体制结构是极其困难的。要做到这一点，这些策略的支持者将不得不克服来自地方政府、现有的州机构和大多数不想停止独自开车通勤的公民的巨大阻力。

为了完成这项任务，他们必须在任何被广泛认为的交通拥堵危机来临之前采取行动。获得成功也需要坚持——也许要坚持很多年——尽管会不断地失败。毕竟，据我所知，在美国340多个大都市地区中，还没有一个地区采取全面的、以地区为基础的战略来解决交通拥堵问题。这并不意味着实现区域办法的所有努力都应被视为无望而放弃。但它确实意味着，尝试这种努力的人必须准备好长期忍受失败。他们的座右铭一定是："永不放弃！"

18

总结和结论

在20世纪80年代和90年代，高峰时段的交通拥堵在美国很多郊区都非常普遍，尤其是大都市地区和增长快的地区。然而，在美国三分之一以上的小城市和其他地区，交通拥堵并不是一个大问题。治理交通拥堵是非常值得的，因为交通拥堵每年浪费美国人数十亿美元的时间和燃料成本，并造成空气污染。未能让通勤者直面自己在拥堵期间独自驾车出行产生的真正社会成本，还有另外两方面的不利影响：它低估了低密度模式的生活成本；它可能导致对高速公路的过度投资。这两种影响都导致了美国大都市地区的过度扩张，结果就是能源成本上升，基础设施建设成本增加，车辆行驶里程增加，空气污染加剧。

18.1 交通拥堵：也不全是坏事

尽管没有人喜欢交通拥堵，但事实是，高峰时段的拥堵发挥着重要的、积极的社会功能。在每一个现代或现代化的社会里，想要在高峰时段出行的人数总是超过道路的通行能力。这是因为现代社会的组织模式要求大多数人在同一时间段内工作，从而提高效率。因此，需要采用某种方式来分配高峰期有限的道路空间。

从理论上讲，有四种方法可以解决早晚高峰时段过大的交通需求与有限的道路空间之间的矛盾。第一种方法是修建足够多的道路来满足高峰时段的出行需求，但没有哪个社会能够负担起这样做的代价。此外，这样做将是非常低效的，因为这些道路在高峰时段之外将会大量空置。

第二种方法是向所有在高峰时段进入主要道路的驾车者收取通行费。只要通行费设置得足够高，道路上的交通量就能得到控制，从而确保车辆的高速行驶。这种做法能够提升高峰时段主要道路的通行能力，并迫使一部分非必须出行者转变出行方式、出行时间或者出行路线。但是到目前为止，这种做法遭到普遍反对。第一，通行费对低收入司机不公平，高收入司机能够负担每日的通行费用，而低收入者将被迫转变出行方式。美国超过90%的家庭都拥有汽车，多数人都反对这样的政策。第二，通行费让多数人感觉自己随意开车的特权受到了侵犯，而且像是新增了一个税种。HOT车道是道路通行费的变形，它更容易让人接受，但对于缓解高峰时段的交通拥堵效果并不明显。

第三种方法是建造足够多的公共交通设施，将高峰时段超过道路负荷的交通量转移到公共交通上。日本等国家便采取了这样的方式，但公共交通工具在高峰时段过于拥挤，其平均通勤时间（在东京地区）是美国高峰时段的两倍多。而且公共交通需要巨大的财政补贴。低密度社区在美国占据主导地位，但这些地区很难获得有效的公共交通服务。美国近90%的通勤者使用私家车出行，只有不到5%的人使用公共交通工具。要将美国通勤者从小汽车转移到公共交通需要投入惊人的资金来提升公共交通的服务水平，考虑投入效益比，这个方法对美国的可行性也不高。

最后一种方法是排队，这就是拥堵——先到先得。对于大多数美国人来说，这是唯一一种在政治上可以接受、在经济上可行的应对高峰时段拥堵的方法。的确，许多经济学家认为交通拥堵非常低效，他们认为应该按照经济杠杆将稀缺的道路资源分配给愿意付费的人群，而且拥堵造成了大量的时间成本浪费。但经济学家们不了解美国的政治，而且对于大多数美国人来说，拥堵相比其他选择可能更好，尽管他们总会抱怨拥堵。

这意味着，一旦某个地区在高峰时段的出行需求上升到足以导致严重的交通拥堵的程度，那么该区域未来的交通拥堵将无法避免，尤其是当该地区人口快速增长的时候。有效的治堵策略或许能够减缓拥堵进一步恶化的速度，但无法避免它的加剧，更不用说彻底消除。

从本质上讲，拥堵是一种平衡机制，用来应对我们追求目标所产生的高峰时段出行需求，而不是最小化出行时间。这是一种世界性的城市现象，是任何地区现代化和增长进程的固有组成部分。当司机因堵车而感到沮丧时，他应该记住这一点。

18.2 造成高峰时段交通拥堵的直接原因

最明显的直接原因是大都市地区人口和就业的快速增长，以及汽车保有量和使用量的急剧增加。从 1980 年到 2000 年，美国登记的小汽车和卡车增加了 6570 万辆（42.2%），而人口增加了 5490 万人（24.3%）。因此，每千人拥有的汽车数量由 1980 年的 688 辆上升至 2000 年的 787 辆。

汽油价格下降、汽车燃油效率提升、购车成本下降等因素导致美国驾车出行成本降低，这也是导致交通拥堵加剧的原因之一。从 1980 年到 2000 年，扣除通货膨胀因素后，美国驾车出行每英里的燃油成本下降了 50% 以上，每辆车的行驶里程增长了 28%。

由于汽车保有量增加、使用成本降低和使用强度上升，从 1980 年到 2000 年，美国年度汽车总行驶里程飙升了 80%。2000 年，美国私家车行驶里程达到 2.5 万亿英里。

造成高峰时段拥堵的另一个直接原因是，在过去的 20 年中，美国政府不愿意修建更多的道路。这些年中，高速公路总里程只增加了 2.4%，城市道路里程增加了 37%。然而，道路建设的速度远远没有跟上车辆行驶里程增加的速度。

还有一个原因是，交通事故和偶发事件阻塞了车道，从而导致交通拥堵。有专家认为，超过一半的交通拥堵是由交通事故和偶发事件造成的。从 1988 年至 2000 年，每年发生各类车辆碰撞事故的数量相对稳定，在 610 万到 690 万起。所以，交通事故似乎不会让交通拥堵进一步加剧。但是其他类型的事件数量要比交通事故多得多，比如发动机熄火、轮胎漏气、汽车没油、道路施工及恶劣天气等。这类事件虽然发生数量并不稳定，但它们也会导致交通拥堵。

造成交通拥堵的最后一个原因是，高峰时段采用小汽车出行的人并不用承担其产生的全部社会成本。每一个进入拥挤道路的人都会加剧道路的拥堵程度，从而给其他司机带来一定的时间损失，但他们都不需为其将成本转嫁至他人而付出任何代价。个人成本和社会成本之间的差异导致了拥堵的加剧，也降低了整个社会的效率。

18.3 高峰时段交通拥堵的根本原因

高峰时段交通拥堵的根源在于大多数美国人固有的行为模式。大多数美国人都没有意识到他们讨厌的交通拥堵和他们扎根于内心的行为模式之间的紧密联系。这本书的目的便是更好地理解这种联系。

第一，太多的人集中在相同的时间段内出行，主要是上下班的时间比较集中。1995 年，通勤交通占早高峰（上午 6 点到 9 点）总出行量的 45%，占晚高峰（下午 4 点到 7 点）总出行量的 49%。此外，与学校相关的出行也在早高峰出行量中占了很大比例。

第二，对于生活和工作地点人们希望有更多的选择权。工人们希望享受生活和工作地点的广泛选择。2000 年，美国人平均单程通勤需要 25.5 分钟，比 1990 年多了 3.1 分钟（约 14%）。除了通勤时间因素，人们选择居住和工作地点时的因素还有很多。随着职业女性数量的增加，美国人的通勤时间进一步拉长。因为对于有两个及两个以上劳动力的家庭来说，选择一个离所有成员工作地点都很近的房子并不容易。

第三，大多数美国人都非常希望居住在低密度社区，尤其是单户住宅。这是成功"美国梦"的核心象征。此外，美国的人口正在稳步向南部和西部的郊区转移。美国的新增人口几乎都住在相对较新的区域，这是汽车时代的产物。这些新住区的密度往往比老的城市区域更低，而且由于公共交通服务较差，他们主要依靠私家车来完成日常出行。

此外，近年来许多郊区地方政府通过区划法提倡岗位的分散和低密度布局，这也极大影响了区域的交通拥堵。讽刺的是，这些法律制定的初衷是通过限制岗位的高密度集中而避免造成局部地区的交通拥堵，但实际结果是雇员更难通过拼车或公共交通工具前往工作地。

大多数美国人都珍视自己独自驾车出行的权利。拥有汽车是一种根深蒂固的身份标志。与拼车、公交车或轨道系统相比，独自开车更方便、更快捷、更舒适，但它也是导致高峰时段拥堵的一个最大原因。2000 年，75.7% 早高峰通勤者采用独自驾车的方式，而该数值在 1977 年和 1990 年分别为 60% 和 73.2%。

问题是，大多数美国人没有意识到，在追求这些宝贵目标的过程中，他们在高峰时段制造了无数的车辆运动，从而造成了他们所憎恶的交通拥堵。此外，美国梦导致的郊区化发展也是造成交通拥堵的主要原因。因此，在更多的美国人认识到这些联系之前，要想通过改变其行为模式来缓解交通拥堵几乎是不可能的。

18.4　应对高峰时段交通拥堵的策略

应对高峰时段拥堵的对策分为两种类型：供给侧策略，即提升某一地区的交通系统承载能力，如修建更多的道路和改善公共交通服务等；需求侧策略，即减少高峰时段在道路上行驶的车辆数，如提高汽油税、收取通行费，以及公交站点周边的开发密度等。

这些策略又可以分为市场主导型和管控主导型两类。市场主导型指为各种类型的出行模式设定不同的货币价格，由交通参与者根据自己的意愿和支付能力自由选择，如道路高峰时段的通行费。管控主导型指不考虑个人偏好，而是通过立法等形式明确某些行为受许可、某些被禁止，例如，禁止雇主为员工提供免费车位。这两种类型的对策各有优缺点，大多数的策略都兼具市场和管控的属性。

作为一名经济学家，我无条件支持市场主导型的策略。然而，美国梦不允许在高收入人群和中低收入人群之间制造出行的不平等，这在很大程度上限制了这种策略的政治可行性。因为美国的汽车拥有率很高，而且认为自己属于低收入和中等收入家庭的人数远远超过认为自己属于高收入家庭的人数。

18.5　交通的四个基本原则

为了确定提出的拥堵治理策略如何发挥作用，有必要了解交通的四个基本原则。

三重集聚原则指出，在已经超负荷运行的道路上，高峰时段出行时间的任何大幅减少，很快都会被其他路线、其他时段、其他交通方式交通量的转移而抵消。因此，即使大幅拓宽某一条主要的通勤高速公路，也无法实现长期减少高峰时段交通拥堵的目标。其他司机将从其他路线、其他时间和其他方式（如步行或公共交通）转向那条经过改善的道路，直到这条路的通行速度与其他替代路线达到平衡。即使是新建一条道路，三重集聚原则也会使这条路在短时间内达到高峰时段的饱和。三重集聚原则会降低许多治堵策略的长期有效性，因此在评估某一策略时应考虑该因素。例如，远程办公，错时上下班，拓宽拥挤的道路，修建新的道路，提升公共交通系统承载能力，机动车限号等。所有这些策略在第一次尝试时可能会略微减少高峰时段的流量。但是，无论它们减少交通拥堵的效果如何，很快都会因为三重集聚效应而被抵消，因为人们认为这些道路上的交通比其他道路上的速度快。当然，提升道路通行能力的策略能够达到让更多人在高峰时段出行的效果，但是并不能减轻交通拥堵的程度。

快速增长导致的"淹没效应"原则指出，在一个快速发展的大都市地区，治堵措施的效果会在短短几年内被新增的居住、岗位和机动车完全淹没。如前所述，许多治堵措施只能在实施初期产生一些较小的效果，但如果这些微小改善所处的地区处于快速增长阶段，那么这些改善将会很短暂。

不渗透原则指的是，不可能通过郊区实施的策略来对整个都市地区的人口和岗位增长产生长远影响。也就是说，如果限制某个郊区的增长，则其被压抑的增长需求将会转移到大都市地区的其他地区。交通拥堵是由整个都市地区范围内的交通流动引发的，除了少数几个大规模的中心城市外，其他地方社区很难凭借一己之力来影响整个都市地区的交通总量。当然，如果所有的地方社区都采取共同的行动来增长限制，那么整个都市地区的增长或许能够控制。但需要知道的是，在美国现有的支离破碎的地方政府体系中，实现如此协调一致的行动是极其困难的。此外，如果郊区的工作岗位有足够的吸引力，那么即便采取足够的增长限制措施，也会有更多的人持续涌往该地区。历史经验表明，即使当地法律禁止新建住房，外来人口也有办法居住在该地（合租、违建）。

上述三个原则解释了彻底解决高峰时段的交通拥堵为什么如此困难。单靠某一种策略，永远无法达到该目的。

最后一个原则是"100个小切口"，即樵夫用一把小斧子砍一棵大树需要挥动

100次斧头，而一个地区要想缓解交通拥堵或者减缓交通拥堵的加剧，就必须同时协调并实施多种策略。

18.6　全球范围内日益严重的交通拥堵

许多美国人认为日益严重的交通拥堵让美国的大都市地区逐渐丧失了与其他国家在经济上的竞争力。但事实并非如此，在世界上几乎所有规模较大且发展迅速的大都市地区，其交通拥堵都很严重。尽管交通拥堵没有明确的评价标准，但根据世界各地收集的数据和报告，美国在高峰时段的交通状况要好于大多数国家。

全球交通严重拥堵的一个主要原因是，随着实际收入的增加，人们倾向于购买和使用更多的汽车。此外，随着社会的现代化进程，私人部门的收入增长速度（至少最富裕群体是这样的）远高于政府税收的增长速度。这就导致大量私人家庭和公司开始购买汽车，但政府可用于修建道路和投入公共交通的资金明显不足，这在发展中国家更为普遍。这就使得供需之间出现了差距，交通拥堵也就应运而生。

美国比世界上其他国家拥有更多的道路，但其想要在高峰时段开车出行的人数更多。

美国以外的许多国家拥有更高的公共交通出行比例，这些国家每千人车辆拥有率指标明显低于美国，大多数国家的每千人道路里程数也低于美国。

但是实际收入的迅速增长也会刺激私家车使用量的巨大增长。因此，在其他一些国家，未来的交通拥堵也会相当严重。例如，中国的许多大城市已经开始发生严重的拥堵。2000年，中国每千人拥有汽车12.5辆，美国是779辆。如果中国的指标达到每千人250辆（与2000年韩国一致），则中国的汽车总量将由1570万辆增长至3.165亿，约激增了20倍，届时比美国2000年的汽车总量还多47%。因此，未来全球的交通拥堵可能比现在严重得多。

美国的许多地方官员也担心交通拥堵将影响其城市与美国其他城市的竞争力。然而，区域人口增长率与拥堵程度之间的历史数据表明，增长最快的区域往往比增长缓慢的区域拥堵更严重。交通拥堵在某种程度上显然是繁荣和增长的标志，而不是障碍。

18.7 一个重要的行为政策目标

没有任何一种补救措施能够大幅度减少高峰时段的交通拥堵，但改变一种行为或许可以做到这一点，那就是"说服独自驾车的司机与他人共享交通工具，即拼车"。绝大多数美国通勤者都是"独行侠"，如果他们车内的人数能够增加一倍，那么每日通勤交通量的减少将远超其他任何措施的作用。只要提供足够的动力，这种改变很有可能在一夜之间发生。例如，1984年奥运会期间的洛杉矶、1989年地震后的旧金山和1996年奥运会期间的亚特兰大，由于多方面的外部因素，个人驾车出行的数量急剧下降。当然，鼓励拼车的同时必须采取多种不同的措施，否则很难在足够大的区域内取得效果。

根据1995年数据，通勤交通占早高峰出行总量的45%，占晚高峰出行量的49%；独自开车的通勤者占早高峰出行总量的1/3，占晚高峰出行总量的37%。只要说服其中三分之一的人拼车，就能使早高峰的出行总量减少11%，晚高峰的减少12%。这比起试图让人群转移至公共交通更加可行，效果也更好。

一些应对交通拥堵的措施能够有效促使人们拼车通勤，例如，高峰时段的道路收费政策（也包括HOT车道），提升高峰期停车费，提高燃油税，禁止雇主为员工提供免费停车，雇主免费停车折现计划，在拥堵的道路旁新建HOV车道等。前五项措施通过提高出行成本迫使独自驾车者改变固有的出行习惯（或放弃开车，或支付高昂费用），后两项措施则通过降低出行成本来吸引独自驾车者选择拼车方式。显然，前者的效果更加明显，应对交通拥堵的最佳措施也是最难以让多数通勤者接受的措施。因此，能否有效促进拼车可以用来衡量某一治堵措施的有效性。

20世纪90年代的拼车情况充分说明了让更多通勤者选择拼车的难度。从1990年到2000年，通勤人数增长了11.5%，但拼车人数只增长了1.67%，而且拼车通勤者的比例由13.4%降到了12.2%。相比之下，独自驾车的人数上升了15.3%，独行侠的比例从73.2%上升到了75.7%。使用公共交通的通勤者数量也略有下降，其比例由5.3%减少到4.7%。这些数据充分说明了美国人对独自驾车出行的强烈偏爱。

18.8　治堵策略评价体系

本书建立了一套拥有 9 个二级指标的指标体系，并对 33 种治堵策略的有效性和社会赞许性进行了评价，专栏 18-1 对评价指标进行了解释。其中有些评价是主观性的，它代表了作者的判断。

这些评价并不是完全武断的，因为它们是根据前面提出的分析得出的。此外，通过将每个策略的评分分成几个类别，该系统可以让读者通过阅读前面的章节和自己的知识经验，对特定的标准制定自己的评分。

表 18-1 展示了该评价系统适用于所有 33 种拥堵治理策略。这 33 种策略被分为 15 种供给侧策略和 18 种需求侧策略。

专栏 18-1　治堵策略的评价指标

（1）**有效性**

程度：一个地区的拥堵状况有多少是通过这种策略解决的？评级：有限（不太涉及）、宽泛（涉及很多）和可变（可能是有限、宽泛或介于两者之间，取决于具体情况）的影响。

影响：这种策略在减少现有拥堵程度方面的有效性有多大？评级：大、中、小。

是否被三重集聚削弱：这一策略的初始影响是否会被所涉及道路的三重集聚在中期和长期内抵消？评级：是（它将被严重抵消）、不是（它不会被严重抵消），或有些（它将被抵消，但并不总是很严重）。

（2）**成本**

通勤者直接承担的成本：这种策略会在多大程度上增加通勤者的成本（财务或时间）？评级：无、小、中、大。

社会承担的成本：这种策略会在多大程度上给整个社会带来成本（财务或时间）？评级：无、小、中、大。

（3）**实施**

制度变化：这种策略是否需要从目前由地方政府主导的土地使用的碎片化管理上进行制度上的改变？评级：无、重大的、区域的（需要某种区域性机构）、合作的（通过地方和其他政府之间的纯粹自愿协调来实现）。

管理难易程度：进行必要的制度改革，或者只是将这一策略付诸实践，在管理上会有困难吗？评级：容易、适中、困难。

（4）**政治上的可接受性**

对美国公众和响应民意的民选官员来说，这种策略能在多大程度上被接受？评级：差、中、好。

（5）**对非交通部门的显著溢出效应**

这种策略会对美国经济或社会的非交通部门产生什么样的重大溢出效应？评级：无、正面、负面。

表 18-1 减少交通拥堵的策略

策略	有效性		是否被三重集聚削弱	成本			实施			政治上的可接受性	对非交通部门的显著溢出效应
	程度	影响		通勤者直接承担	社会承担	制度变化	管理难易程度				

策略	程度	影响	是否被三重集聚削弱	通勤者直接承担	社会承担	制度变化	管理难易程度	政治上的可接受性	对非交通部门的显著溢出效应
供给侧									
1. 迅速处理交通车道上的事故	可变的	大	否	无	小	无	容易	好	无
2. 建立交通管理中心	可变的	大	否	无	小	合作的	容易	好	无
3. 提高 MPO 的能力	可变的	中	否	无	小	无	适中	好	正面
4. 在现有高速公路上增加 HOT 车道	有限的	中	否	小	中	无	适中	中	无
5. 改善公路养护	宽泛的	中	否	无	大	合作的	适中	好	无
6. 增加 HOV 车道	可变的	中	有些	无	大	区域的	困难	差	无
7. 新建没有 HOV 车道的道路	有限的	大	否	无	大	合作的	适中	差	负面
8. 建设单独的卡车道路	可变的	中	否	无	中	无	容易	中	正面
9. 通过匝道计量驶入高速公路的车辆	可变的	中	否	无	小	合作的	困难	差	无
10. 开发向低密度地区提供交通服务的有效手段	宽泛的	中	否	无	小	重大的	困难	差	正面
11. 放宽对公共交通服务的管制以削弱民行政人员和工会的垄断权力	有限的	中	否	无	中	无	适中	好	无
12. 协调交通信号灯、电子标志，使街道单向行驶	可变的	中	否	无	小	无	容易	中	正面
13. 升级城市街道	有限的	中	有些	小	大	合作的	困难	差	正面
14. 建设或扩建越野交通系统	有限的	中	有些	无	大	合作的	困难	中	正面
15. 通过改善服务或设施来增加公共交通的使用量	宽泛的	大	否	大	无	区域的	适中	差	无
需求侧									
16. 对主要通勤道路的所有车道实行高峰时段收费	宽泛的	大	否	大	中	区域的或国家的	困难	差	正面
17. 利用 GPS 卫星跟踪车辆，并根据道路行驶情况改变收费标准	宽泛的	大	否	大	无	区域的	困难	差	无
18. 高峰时段收取停车附加费	宽泛的	大	是	大	无	合作的	适中	差	无
19. 取消员工停车可抵扣的企业所得税	宽泛的	大	否	大	无	合作的	适中	差	无

续表

策略	有效性			成本		实施		政治上的可接受性	对非交通部门的显著溢出效应
	程度	影响	是否被三重集聚削弱	通勤者直接承担	社会承担	制度变化	管理难易程度		
20. 为所有工人提供通勤津贴的所得税减免	可变的	大	是	无	小	无	容易	差	无
21. 雇主通过每日付款来兑现"免费停车"	宽泛的	大	有些	无	小	无	困难	中	无
22. 大幅度提高汽油税	宽泛的	中	否	大	中	无	容易	差	正面
23. 保持新增长地区的密度在最低水平以上	宽泛的	大	有些	无	小	区域的	困难	中	负面
24. 鼓励形成更多拼车的TMA	有限的	小	是	无	无	合作的	困难	中	无
25. 鼓励更多的人在家工作	宽泛的	小	是	无	小	无	适中	好	正面
26. 修改不鼓励在家工作的美国联邦工作法	宽泛的	小	是	无	无	合作的	适中	中	正面
27. 错开工作时间	可变的	小	有些	无	无	无	适中	中	无
28. 在公交车站集聚高密度住宅,创造以公交车为导向的发展	有限的	中	有些	无	中	合作的、区域的	困难	中	正面
29. 将就业机会集中在新增长领域的大集体中	有限的	小	否	无	大	区域的	困难	差	无
30. 提高汽车牌照费、销售税	宽泛的	小	是	中	小	无	容易	差	负面
31. 改善职住平衡	宽泛的	小	否	无	中	区域的	困难	差	正面
32. 采用当地增长限制	有限的	小	是	无	小	无	容易	好	负面
33. 要求通勤者每周有一天不开车	宽泛的	大	是	大	中	无	困难	差	负面

18.9 按照评价标准得出的结论

通过专栏 18-1 的评价体系和之前的分析可以得出一个重要的结论：几乎没有一项措策略能够极大地改善交通拥堵。其中一些或许能在一定程度上缓解交通拥堵，但如果单独应用，大多数的效果会相当小。这就是解决交通拥堵需要协调使用多方面策略的原因。

需求侧策略通常将大部分的成本强加给通勤者，以迫使其改变出行方式。与其相比，供给侧策略通常不会增加通勤者的负担，但需要进行大量的公共投入。例如，改善公路养护，增加 HOV 车道，升级城市街道，建设或扩建越野交通系统等。供给侧策略得到了将从这些投资中受益的行业组织的强大政治支持，包括汽车、道路建设和公共交通行业。这就是供给侧策略在政治层面的接受度较高的原因。但这种成本高的策略并不能真正缓解交通拥堵，因为它们会很快被三重集聚效应抵消。

需求侧策略通常比大多数供给侧策略具有更广泛的影响。也就是说，它们将在某种程度上影响到所有更高比例的通勤者。然而，需求侧策略对整个社会来说成本较低，尽管它们会给通勤者带来更多的直接成本。此外，一些主要的需求侧策略将筹集大量资金，可用于支付实施这些策略的费用，如高峰时段道路收费、高峰时段停车附加费和更高的汽油税。

总的来说，供给侧策略比需求侧策略要求的制度变革更少，后者往往需要区域层面的统一管理或者更大范围的政府间合作。大多数供给侧策略可以在不改变现有制度安排的情况下实施。这就是它们在政治上比最有效的需求侧策略更容易被接受的原因之一。

需求侧策略目前在政治上的可接受性很差，因为它的主要方式是提高独自开车出行的成本，这将导致大多数美国人的反对。

在这五种策略中，有四种策略涉及改变现有或潜在的工作或住房地点，它们对交通拥堵的影响很小。而且，它们需要复杂的制度变革，可能需要很多年的时间才能取得有限的成果。可能只有"提升公交站点周边密度"的策略对缓解交通拥堵有一定的效果，但它也可能导致公交站点周边的拥堵。

上述结论表明，与供给侧策略相比，需求侧策略在减少拥堵方面更有效，社会成本也更低（也有一些例外，比如迅速处理交通车道上的事故，建立交通管理中心）。然而，需求侧策略将比供给侧策略更难被采用。事实上，政治概率本身就表明，社会更有可能通过供给侧策略来解决拥堵问题。除了少数例外情况，与需求侧策略相比，这种策略将以巨大的成本产生相对较少的效果。

18.10 最全面和有效的策略

实际上，在这33种治堵策略中，只有4种能够在单独实施的情况下显著减少高峰时段的交通拥堵。也就是说，如果应用于整个大都市地区，每个城市都可以自己实现这一点。这些策略包括以下内容。

（1）实行高峰时段收费

使用智能卡设备在高峰时段对主要道路收取通行费具有四个方面的优势。第一，它可以在相对较短的时间内实现大范围的全面应用（如果不考虑政治因素，至少在技术上是可能的）。所有涉及居住、工作地点变化或人口的措施都不具备这个特点。第二，它会影响高峰时段所有目的的出行，不仅仅是通勤交通。第三，也是最重要的，它的效果不会被三重集聚效应抵消。第四，道路收费措施实施后获得的资金可进一步用来资助交通改善。道路收费措施可以通过对主要通勤公路的所有车道收费或设置HOT车道的方式实现。

从收取的通行费中可产生可观的收入，这些收入可用来资助这一策略本身，也可用于其他交通改善。这些特点适用于在主要高速公路的所有车道上收取通行费，并在这些高速公路上增加HOT车道。

除了停车费和更高的汽油税之外，所有其他同样全面的策略，如改变工作和住房地点，或增加居住密度，在很多年内交通拥堵都不会明显减少，如果有的话。此外，它们的影响主要是减少未来可能增加的拥堵，而不是降低现有的拥堵程度。

不过，在高峰时段使用智能卡设备对主要道路收费并非完美的措施。由于不可能对每条道路都收费，所以该措施可能会导致不收费的地方性道路出现严重的拥堵。

而且，实施该措施可能会给警察部门和法院带来沉重负担。更重要的是，要建立一个合适的区域性机构来管理和运营该措施的政治阻力非常大。

即便如此，该措施的潜在优势如此巨大，以至于非常值得在很多地方尝试。HOT车道形式的道路收费已经在多个区域实施，但整条道路全部收费在美国尚无案例。多年来，美国交通部一直试图为道路收费试验提供资金，但一直未能说服任何地区承担相关的政治风险。尽管如此，它应该继续在一些中等规模但严重拥堵的大都市地区推行高峰时段道路收费的全美性试验。这种努力可能类似于20世纪70年代由美国联邦政府资助的大城市住房津贴试验。从中吸取的教训极大地影响了后来的美国联邦住房政策。

（2）提高汽油税

这个措施很难在单个大都市地区实现，需要各州或美国联邦政府采取行动。该措施能够有效抑制所有机动车的使用，而不仅仅是在高峰时段出行的机动车。该措施有利于整个社会，它能够节约能源，减少石油进口，减少空气污染，并减少任何时段的机动车交通。该措施筹集的资金可以用来改善交通基础设施。它的主要缺点是，对低收入家庭的伤害要大于对中高收入家庭的伤害，但将该措施获得的部分收入重新分配给低收入家庭或许能在一定程度上弥补该缺点。

提高汽油税不会立即大幅度减少高峰时段的交通出行，因为人们需要时间来调整自己的出行行为和地点选择，以反映成本的巨大变化。但从长远来看，汽油成本（包括税收）的大幅度上涨可能会显著影响所有的出行行为。

（3）高峰时段收取停车附加费

该停车附加费将补偿由雇主提供的免费停车位。如果费用足够高，许多工人都会放弃独自开车上下班。

这项措施不会影响那些不存在长时间停车的高峰出行，例如，跨地区的货车出行、卡车送货、本地跑腿、送孩子上学等。这些行程占早晚高峰时段所有车辆移动的绝大部分，但停车附加费的措施无法限制他们的出行。从这个角度看，停车附加费在减少高峰时段总交通量方面的效果略差。

高峰时段的停车附加费也面临着与高峰时段道路收费相同的四项批评。第一，它们对低收入者的伤害要大于对非低收入者的伤害。第二，使用这样的附加税相当于对现在向数百万美国工人免费提供的东西征税。第三，这项附加费会筹集很多钱，而这些钱必须花在某些事情上。第四，这种附加费的公平管理将需要在统一的法规下进行区域管理。

但对高峰时段道路收费的其他批评并不适用于停车附加费。后者不会造成很大的管理困难，因为大多数停车设施已经由州或地方政府征税（尽管雇主免费提供的停车设施没有征税）。这种附加费也不会侵犯个人隐私。此外，高峰时段的停车附加费可以很快实施，而无须对新设备或道路重新设计进行任何公共投资。

18.11　问题的核心

高峰时段停车附加费的两个主要缺点与高峰时段道路收费相同。美国人不想为他们现在看似免费的东西付出金钱上的代价，尽管实际上他们正在为交通拥堵所浪费的时间付出高昂的代价。大多数通勤者并不想放弃独自开车上下班，尽管他们这样做是高峰时段拥堵的主要原因。如果哈姆雷特是今天的通勤者，他可能会说：独自驾车，还是与人共乘，这是个问题。

究竟哪样更高贵？到底是忍受令人发指的交通拥堵和延误，还是载着乘客穿行在"拥堵的海洋"中，或者是通过拼车的方式来终结拥堵呢？

到目前为止，大多数美国通勤者似乎仍然更喜欢在"拥堵的海洋"中独自开车，而不是忍受减少拥堵的必要政策。

18.12　其他相对有效的策略

其他几项拥堵治理策略的效果可能更有限，但仍能显著减少目前的高峰时段拥堵。如果与都市地区的其他策略相协调，它们可以产生相当大的联合影响，这些策略如下。

① 利用巡逻清障小组加快处理交通事故和其他意外。

由于每个大城市每天都会发生多起交通事故和偶发事件，每年都会造成大量高峰时段延误。因此，这个简单的策略可以对平均出行时间产生实质性的影响。可以通过现有的国道或交通部门或地方政府之间的合作安排来实施。

② 建立交通管理中心，管理巡逻清障小组，协调公共和私人机构的治堵措施。

对已经投入运营的交通管理中心案例进行分析，它们为车辆驾驶员和乘客节省了大量的时间和燃料成本，为社会提供了巨大的净效益。

③ 在现有拥堵的高速公路上增加 HOT 车道。

这种策略并不能完全消除高峰时段高速公路的拥堵，但它可以让所有高速公路用户在愿意支付通行费的情况下，选择快速驾驶汽车。然而，这种策略并不能阻止那些不愿或无力支付通行费的个人司机在高峰期使用这些道路。事实上，通过增加所涉及的道路的总容量，它也可以减少拥堵。因此，增加 HOT 车道在政治上比对整条高速公路收费更容易被接受。此外，从长远来看，它将为自己买单，因为它产生的通行费可以用来为增加的车道提供资金。因此，那些面临严重拥堵的高速公路，如果有额外的空间拓宽道路，建议在其上设置 HOT 车道。

④ 高峰时段匝道流量控制。

西雅图和双子城地区的经验表明，匝道流量控制可以显著加快车流速度，减少高峰时段司机的延误。

⑤ 多个交通信号联合控制、可变电子信息指示装置、单行道路。

这些策略主要是为了调整城市内部道路的交通流，而不是高速公路。

⑥ 提高大都市规划组织的能力。

交通投资和改善区域规划是一个复杂、困难的过程，需要高水平的技能、能力、经验和领导。然而，在创建和修改任何地区的地面运输系统时，最有效地利用资源是至关重要的。交通局已经认识到需要通过为此目的创建一个特殊的程序来提高 MPO 的能力。但个别地区也应该愿意为这一目标提供更多的资源。

⑦ 为新建区的居住密度设置下限。

这种策略的金钱成本并不昂贵，但它的影响需要经过很长时间才能看出。此外，这需要对目前的规划和管理机构进行重大改革。除非从大区域的层面设置城市发展边界，禁止在增长区域外围进行任何低密度开发，否则这种策略不会奏效。

18.13　较为有效的低成本策略

有两种低成本的策略能在一定程度上缓解交通拥堵，但是，需要对目前的体制和法律安排作出重大改变，并进行大量的技术革新。

① 在低密度地区丰富公共交通服务的有效供给形式。

这种建议与其说是一种现成的策略，不如说是一种尚未发展的概念。在低密度的住宅和商业区提供集体服务，如果公共交通的倡导者可以发展一些有可行性的集体服务供给形式，将会打开巨大的新市场，因为美国有很多这样的地区。这些地区恰恰是最缺乏小汽车替代出行方式的地方，因此，这种策略可以极大地造福于整个社会。可能的形式是由司机拥有并运营的中巴、小型公交车服务或提供定制化服务的私营公交。

② 鼓励发展新型公共交通方式最好的办法就是尽可能地取消对公共交通的管制。

向私人开放公共交通市场，对其进行最低限度的监管，允许个体企业家尝试为低密度地区服务的新方法，包括尚未被证明在经济上可行的方法。所涉及的风险将落在这些企业家身上，而不是公共部门。服务问题可以随着时间的推移得到纠正，而不是在尝试新方法之前将其证明为最小。这可能是传说中的耶稣会教义的一个版本："与其请求允许，不如请求原谅。"

18.14　效果不佳但成本低的一些策略

大多数拥堵治理策略对现有的拥堵程度只有很小的影响。尽管如此，那些对社会既不昂贵也不难以实施的策略可能值得实施——特别是如果它们被结合在一个全面的拥堵治理战略中。几乎每项任务都可以通过地方、州或美国联邦一级政府的行动来完成。然而，由于三重集聚原则，所有这些策略的短期好处都会随着时间的推移而受到相对迅速的侵蚀。

这些策略如下。

·鼓励更多的人在家工作。必须说服雇主在员工中推广更多的远程办公,这对雇主和整个社会都有好处。

·修改不鼓励在家工作的美国联邦工作法。这是前一策略的附属物,但与前一策略是分离的。

·弹性工作时间。这种策略可以在每个大型就业中心通过主要雇主之间的私人协调行动来实现。

·取消为员工提供免费停车的所得税抵扣。这项政策可由美国国会执行,只需对税法做一处修改。由于州与州之间的商业竞争,各州不太可能以这种方式改变税法,除非美国国会提供保护伞。如果雇主不再提供免费停车,那么独自开车的主要动机就会一笔勾销。

·鼓励为现在由雇主提供免费停车的工人发展现金支付计划。如果工人使用合伙用车或公共交通工具,雇主将向工人支付月费,以代替提供免费停车位。最近的经验表明,这种策略可以显著减少此类公司的单人通勤。

·为支付给工人的公共交通通勤津贴提供所得税减免。美国国会现在允许雇主向工人支付用于公共交通的通勤津贴,并允许雇主将这些津贴作为工资的一部分扣除。如果美国国会也允许雇员从他们的应税收入中扣除这些津贴,那么这将鼓励更多的工人向他们的雇主寻求这些津贴,并用其乘坐公共交通工具上下班。

·在公交车站或通勤铁路车站附近聚集高密度住宅。如果在一个大都市地区有足够多的社区这样做,这种策略就可以显著地增加公共交通的使用。这可能会使许多通勤者从开车上班转向乘坐公共交通工具。不过,这也可能增加受影响的公交站附近的交通拥堵情况。

·鼓励成立交通管理协会。这种策略可以集中于所有新发展的业务,并应用于大型的就业中心。TMA 可以适度有效地增加员工拼车。这种策略几乎不需要公共开支,也不需要由公共部门区域机构执行。

18.15　社会成本高昂但较为有效的策略

有些策略只能在一定程度上缓解交通拥堵，但对整个社会来说代价高昂，因为它们包括建设昂贵的额外交通设施。它们得到了将从此类投资中受益的工业集团的大力支持。大多数都不会很难实现，因为它们可以通过现有的机构实行，尽管需要相当长的时间才能产生成果。此外，与主要的需求侧策略相比，它们对一般通勤者的干扰更小。

由于这些原因，民选官员将倾向于采用这些策略，而不是选民不喜欢的、可能更有效、成本更低的需求侧策略。然而，这些策略中的大多数也受到三重集聚原则的严重抵消。这些策略如下。

· 现有公路的养护和改造。道路养护已经占用了美国联邦政府用于道路建设的大部分资金。这一结果是由于现有公路网络规模庞大，需要不断进行维修和升级。

· 改造主要城市街道。这种策略提升了交通量，而无须在修建全新道路或扩建现有道路时支付高昂的征地成本。

· 建造更多的HOV车道，鼓励更多拼车。与将现有车道改造成HOV车道相比，增加车道并使之成为HOV车道更昂贵，但也更有效。这种策略优于扩建现有道路，因为它能说服司机从单人驾车通勤转向拼车。

· 建设新的道路，包括卡车的独立道路或扩建现有的道路，取消HOV车道。这种策略是最广泛使用的策略，但它的有效性被三重集聚原则削弱了，除非是在为卡车修建单独道路的情况下。这种策略不会迫使独自通勤的人转向拼车。然而，通过扩大整个道路网络的容量，这种策略至少可以降低未来拥堵加剧的速度，而如果不增加道路容量，就会出现拥堵。此外，一些新的道路建设对应对人口增长至关重要，其中大部分将在每个大都市的建设部分的外围进行。

· 通过改善服务和便利设施来增加公共交通的使用。这种策略可能代价高昂。在现有的交通系统服务于车站附近的大型工作集中区或住宅区的地方，它将发挥最佳效果。然而，即使在有利的条件下，其减少郊区交通拥堵的潜力也是极其有限的。

· 新建或扩建现有的非公路运输系统。这样的体系代价高昂，但对地方商会和民选官员来说很有吸引力。这些系统分流了相对较少的通勤者，特别是在快速发展的地区。然而，许多大城市已经提出或正在建设这样的系统。他们常常被"每个世界级的领域都应该有一个"这样的论点所说服，而不是通过对这些系统的实际工作方式的深入分析。

这种策略的代价高昂，在缓解交通拥堵方面也是徒劳的，这一点从20世纪90年代建造的洛杉矶地铁就可以看出来。

18.16 无效的策略

尽管有些人可能不同意这种策略是无效的，但是本书的分析表明，在大多数情况下，它们不值得去做。

· 在新的经济增长点集中大范围就业机会。这种策略造成了几乎不可逾越的政治障碍。这将要求对现有的财产税制度进行重大改革，在房地产开发和商业地点的选择上增加一级全新的官僚监管，并要求在固定轨道交通系统已经存在的地方以外增加大量公共支出。这对拥堵几乎没有改善。然而，它可以用于增大现有的大型郊区活动中心的工作地点密度，以鼓励更多的交通通勤或在那里工作的人之间进行更多的拼车。

· 要求持有特定牌照的司机不得在一周中的特定日子里开车。这种策略的困难之处在于，许多工人除了自己开车外，没有其他可用的方式来上班。他们的家离现有的公共交通不够近，所以这种模式不是一个可行的选择，而且住在他们附近的其他工人也没有在离他们工作地点足够近的地方工作的，所以拼车是不可行的。如果他们每周有一天不能自己开车，他们将如何在那一天通勤？因此，这种策略给这群工人带来了沉重的负担。因此，他们可能会提出强烈的反对意见，这将导致民选官员阻止采用这种策略。

· 改善职住平衡。这种策略可能无法通过可行的公共政策来实现。试图应用它可能会减少大都市地区经济适用房的潜在供应，因为它的主要部分——需要同时进行——具有不同的政治接受度。有些会被采纳，有些会被拒绝，最终的结果很可能是负面的。此外，随着时间的推移，它的一些最合理的目标将通过"自然"的力量和适应来实现。

·提高汽车牌照费。在一个 90% 以上的家庭拥有私家车的国家，政府管理者将永远不会将许可证费用提高到足以阻止车辆使用的水平。新加坡就是这样做的。如果采用这种策略，低收入家庭的负担将比高收入家庭更重，并且也不会改变他们的通勤行为。

·限制本地经济增长。这种策略有利于采用这种限制的社区的居民，但损害了都市地区内所有其他社区的利益。

为了便于参考，图 18-1 列出了 33 种策略在应对高峰时段拥堵方面的潜在有效性及其可能给社会带来的成本，并对它们进行了分类。

低效 ←	解决拥堵策略的有效性	→ 高效
可能会最有效地直接减少高峰时段的拥堵 · 所有主要通勤道路的高峰时段道路收费 · 提高汽油税 · 在拥挤的高速公路旁新建HOT车道 · 收取早高峰时段长时间停车附加费 · GPS卫星跟踪车辆并收取可变通行费（未来有长期可能性） **相对有效** · 流动响应小组处理事故 · 建立交通管理中心 · 通过匝道计量高峰时段驶入高速公路的车辆 · 通过应用程序增加交通流量，如协调红绿灯、广播当前的交通状况、电子标志和单行街道 · 提高大都市规划组织的能力 · 将新增长区域的密度保持在一定的最低水平以上	**适度有效，社会成本低** · 开发在低密度地区使公共交通可行的方法 · 通过终止行政和工会垄断来放宽对公共交通市场的管制 **适度有效，社会成本昂贵** · 改善公路养护 · 升级城市主要街道 · 在高速公路上增加新的HOV车道 · 建设和扩建没有HOV车道的道路 · 为卡车修建单独的道路 · 改善公共交通服务和便利设施 · 建设和扩建越野交通系统	**效率较低，成本也相对较低** · 鼓励更多的人在家工作（远程办公） · 修改不鼓励人们在家工作的美国联邦工作法 · 如果雇主停止使用免费车位，就通过付款来兑现免费停车 · 错开工作时间 · 取消免费停车的所得税减免 · 为付给工人的通勤津贴提供所得税减免 · 鼓励雇主成立交通管理协会 · 在以公交为导向的发展中，在公交车站附近聚集高密度住房 **非常无效的策略** · 将工作岗位集中在新增长地区的大集群中 · 要求司机根据他们的车牌号码每周有一天不开车 · 努力改善职住平衡 · 提高汽车牌照费 · 限制个别地区的人口和其他增长

图 18-1　解决拥堵策略的有效性和社会成本分类

18.17　需要区域行动的策略

应对高峰时段拥堵的几个可能最有效的策略，如高峰时段道路收费，必须在整个大都市地区进行规划和管理。如果高峰期收费站只对经过一个社区的道路收费，即使是一个大社区，也不能减少整个大都市地区的拥堵。

类似的区域甚至更广泛的规划和管理将是必要的，以建立或留出HOV车道网络，取消免费员工停车，对高峰时段的长期停车征收附加费，建立单独的卡车道路，扩大现有道路容量，修建新道路，修改税法以鼓励拼车，将新增长地区的总住宅密度保持在最低水平，并将高密度住房聚集在公交或通勤火车站附近。

不幸的是，在大都市规划组织成立之前，美国大都市地区在区域一级很少有有效的政府机构。

·MPO。这些组织最初是由美国国会在1962年创建的，但在随后被赋予了更大的权力，以协调每个大都市地区的地面交通规划和设施建设。他们有相当大的权力来决定决定每个地区的哪些交通改善项目将优先得到美国联邦和其他资金的支持。因此，它们适用于修建更多的道路、修建或扩建HOV车道和HOT车道，建造新的交通线路或设施，或扩建现有的交通线路或设施等策略。但是，他们没有土地使用的权力。因此，他们无法有效地管理诸如创建以交通为导向的开发，防止边远地区的低密度发展，将工作聚集在几个大节点上，或改变工作岗位的平衡等策略。

由于MPO的职责十分复杂，因此，最好通过不断的培训和教育来提升其工作人员和其他参与者的能力。在美国联邦政府的一些援助下，每个地区都应该投入大量资源，对其MPO进行能力建设。

·自治地方政府之间的自愿合作。这只适用于没有争议的决定或在许多社区之间分配成本和收益的策略。例如，协调交通信号和单行道系统。

·州交通或公路部门。在一个州的大都市地区，这些机构以前能够执行几种拥堵治理策略的区域管理：修建道路，在现有道路上增加新的HOV车道，改善公路养护，帮助地方协调小型的交通流控制设备。在某些情况下，这些机构可以管理新的非公路运输系统的建设或现有系统的扩建。但是，这些职能现在应该在区域MPO的指导下，与国家运输或高速公路部门合作，而不是由后者单独执行。这样的国家部门仍然有重要的作用，在某些领域，它们主导着区域MPO。但是，将权力移交给公共部门，应该会扩大公共资金的使用范围，而不仅仅是专注于高速公路和增加公众参与。

· 国家和地方规划机构根据国家综合规划系统开展工作。一些国家已经采取了全面综合规划，要求每个地方政府制定土地使用计划，以实现州一级的目标。国家机构对所有地方准备的计划拥有最终的协调和批准权力。该系统可用于将新增长区域的居住密度保持在一定的最低水平，将高密度住房聚集在交通站点附近，将工作集中在节点上，以及改善职住平衡等策略。不幸的是，大多数的土地使用策略对缓解现有的交通拥堵作用不大，尤其是在短期内。

· 私人协调、规划和政策促进组织。在许多大都市地区，私营部门的领导人已经成立了伞形组织，以研究可能由区域增长引起的未来问题。成员包括来自私营公司、非营利实体、民间团体、工会、大学和公共机构的领导人。这些组织没有钱，也没有政府权力，但它们可以作为一个论坛，让其成员共同讨论将出现哪些区域问题，以及如何应对这些问题。

这些组织可以在问题上采取比其成员个人更有争议的立场。因此，它们可以在制定区域政策和帮助获得公众对这些政策的支持方面发挥重要作用。例如，纽约区域规划协会、旧金山地区的旧金山湾区论坛、洛杉矶2020和芝加哥的大都市2020。这些组织的强有力的领导可能对制定创新和有争议的政策至关重要，比如采用高峰期的道路收费。

· 专门的区域政府机构。这些组织通常是面向交通运输的组织，如纽约和新泽西港务局。它们在不同的交通或基础设施功能上拥有区域权力，因此，它们通常被指定为区域MPO。在现有的地方，它们可以实施几种类型的区域拥堵治理政策。在一些大都市地区，可以成立这类新的机构以集中精力减少交通拥堵。

· 以美国联邦为基础的区域机构。在南加州，执行美国联邦《清洁空气法》的需求催生了地方空气质量管理区域，这些区域通过州政府与环境保护署相连。因为环境保护署被该法律赋予了极高的权力，当然还有汽车使用和空气污染之间的紧密联系，所以这些机构可以在整个大都市地区实施某些反污染策略。这为实现区域拥堵治理策略提供了一个潜在的强大工具，而无须获得许多地方政府的批准。然而，

MPO 在规划、发展和实施每个区域内的地面运输投资时，也要考虑空气质量。因此，空气质素管理区和空气质素管理区应紧密合作。

这些组织形式为区域拥堵治理策略的实施提供了多种渠道。然而，要使这些策略有效，就必须得到广泛的政治支持。即使是美国联邦政府强制实施的改善空气质量的政策，如果遇到大规模的公众抵制，也不会奏效。

不幸的是，在大多数大都市地区，人们对有效的区域拥堵治理政策——或任何其他政策——的抵制是极其强烈的，几乎所有美国地方政府的一个主要目标都是控制土地使用模式，以服务于现有居民的利益——尤其是房主，他们通常比租房者更多，在政治上更活跃。然而，许多减少高峰时段交通拥堵的策略将需要至少将部分地方土地使用的权力移交给一个地区机构。即使是不直接控制土地使用的拥堵治理政策，也可能对一个地区的每个部分的土地使用发展产生巨大影响。因此，地方政府不愿将其境内交通设施的批准权交给目标宽泛的地区机构。由于州立法人员和行政人员在地方政府也有很强的根基，他们不愿建立强大的地区机构，尽管他们拥有这样做的法律权力。因此，到目前为止，在美国各地有效实施的区域拥堵治理策略很少。创建区域 MPO 是朝着生成实现区域应用拥堵治理策略所需的权力类型迈出的一步。但是，要使这种应用得到广泛和高效使用，还有很长的路要走。

18.18　政治支持条件

在某些情况下，尽管可能会遇到阻力，但是政府官员依然可能会采取地区性策略。首先，交通拥堵变得如此普遍，如此令人难以忍受，以至于很大一部分都市居民都无法忍受，将其视为一场危机。美国民选官员几乎从来没有勇气要求公民改变他们所珍视的行为，除非有明显而迫切的需求。然而，交通拥堵通常不会产生危机。交通拥堵的程度变化过于缓慢，个人之间的差异也太大，以至于让公众普遍认为交通拥堵突然成为威胁社会的灾难。尽管许多市民对交通拥堵怨声载道，但是这种状况还不足以让人无法忍受——至少在美国大部分地区是这样。

然而，如果过度的空气污染在很大程度上是由车辆交通造成的，而环境保护署又禁止美国联邦政府为该地区的道路建设提供资金，那么就会出现一种区域交通拥堵危机。环境保护署威胁要在亚特兰大地区这样做。这一威胁促使佐治亚州的州长和立法机关成立了一个强大的区域机构来监督该地区的交通活动。但该机构在土地使用方面的权力非常有限，因此，从长远来看，它影响交通拥堵的能力受到了严重的阻碍，至于将来会发生什么还有待观察。类似的强有力的地区性机构将来可能会在美国的许多其他大都市地区建立。

其次，重要的州和地方官员——尤其是州长——必须相信，实施地区性的拥堵治理策略对应对这场危机是绝对必要的。否则，他们将首先采取其他策略，减少选民的不满，但也不太可能减少拥堵。很少有人真正理解是什么导致了交通拥堵，以及什么策略可以缓解拥堵。

再次，必须有某种可靠的体制结构，通过这种结构来实施这些区域性策略。在实践中，必须满足两个条件。

① 整个都市地区必须位于一个州内；单一的州的立法机构可以成立新的区域组织来执行所需的拥堵治理策略，或将必要的权力授予一个或多个现有组织。包含几个州部分地区的大都市地区对任何这种有凝聚力的区域办法造成了极大的法律和管理困难。然而，美国许多大都市地区都跨越了州界，包括纽约、芝加哥、费城、波士顿、华盛顿、明尼阿波利斯-圣保罗和波特兰。

② 有效实施这一类型的基础应该在拥堵危机发生之前建立。社区领导和公众应该相信，解决交通拥堵确实需要地区性策略。此外，最好能预先在法律上设立适当的机构。一个强大的 MPO 是一个良好的开端，但它在土地使用或设施运营方面没有足够的权力来完成整个工作。然而，当拥堵接近危急水平时，几乎可以立即启动区域拥堵治理行动。否则，可能需要很长时间才能开始，公众的注意力将转移到其他事情上，对地区关注的政治支持将不复存在。由于公众和媒体的注意力有迅速从一个主题转移到另一个主题的趋势，所以这是一个严重的问题。

18.19　结论

在美国许多大都市地区，高峰时段的交通拥堵是社会的次优状态，每年浪费价值数十亿美元的时间和燃料，还会加重空气污染。它的根源在于美国人确立的几个长期目标和珍视的行为模式。然而，大多数市民没有意识到，他们生活中的这些宝贵元素正在造成他们所憎恨的交通拥堵。他们认为，高峰时段交通拥堵的罪魁祸首是独自开车上班。任何有效的策略都必须改变成千上万的通勤者的这种行为。这意味着要让更多的人拼车，使用交通工具，或者在非高峰时段出行。实现这些目标的所有可行方法都将增加高峰时段独自通勤的成本。这些措施包括高峰时段道路收费、高峰时段长期停车附加费，以及取消员工免费停车福利。

当然，病人不喜欢吃这种苦药。事实上，病人把不付任何费用独自开车上班视为一种既定权利，认为任何对这种权利的干涉都是对他或她的福利的不必要的打击。因此，高峰时段拥堵是否能得到明显缓解可以归结为以下三个问题。

人们是否普遍认为交通拥堵已经严重到足以让大多数通勤者接受这种药物？

他们是否明白，只有这种相当痛苦的治疗才会奏效——不那么痛苦的治疗不会有多大帮助？

他们的拥堵治理情绪是否足够强烈，能够促使民选政治家克服地方政府对区域和其他拥堵治理策略的根深蒂固的抵制？

到目前为止，美国各地对所有这些问题的答案显然都是否定的。然而，在许多地区，反拥堵情绪正在迅速高涨，改变的机会比以往任何时候都大。此外，机动车使用量的增加造成的空气污染日益严重，这可能会导致美国环境保护署切断更多地区的美国联邦公路建设资金，从而威胁到更多地区。尽管如此，在可预见的未来，在所有已经经历过高峰时段拥堵的大都市地区，高峰时段的拥堵几乎肯定会持续存在。即使最有效的拥堵治理策略在那里推出，这种情况也可能发生。事实上，由于美国未来人口的大量增长，无论采取什么策略，交通拥堵在任何地方都有可能变得更糟。全世界都是如此。与没有它们的情况相比，这些策略可能会显著减少拥堵，但它们很可能无法在短期内消除拥堵。

因此，我对被堵在高峰时段的美国司机的建议是，不仅要参与政治，还要学会享受拥堵。要习惯它！买一辆舒适的空调车，里面有立体声收音机、磁带机、CD机、免提电话、传真机和微波炉，和你真正喜欢的人一起上下班。然后把堵在路上的时间当作你闲暇时间的补充。

附　录

附录 A　交通拥堵动态分析

交通拥堵是一种复杂的现象，很少有人能彻底理解，本附录对其基本动态进行了简化描述。

两种基本类型的交通拥堵

高峰时段或其他交通拥堵有两种基本类型：在大多数时间内，大量车辆试图同时使用道路而造成的周期性拥堵；在时间和空间上随机发生的特定车辆移动障碍造成的事故拥堵。正如"周期性拥堵"这个名字所暗示的那样，这种类型的交通拥堵几乎每天都会在许多社区发生。它的产生是因为超载道路上的交通流的基本性质。由于特定的、非重复的事件，事故拥堵在不可预测的时间和地点"自发"出现。例如，某个司机所驾驶车辆的发动机故障，道路维修人员造成的障碍，以及恶劣的天气条件。本附录仅关注周期性拥堵的动态问题。

主要道路上的车速和车流量

在加利福尼亚州进行的至少三项高速公路研究已经探讨了主要高速公路上的车速和流量之间的详细关系。尽管这些研究得出了部分相互矛盾的结论，但是它们都有助于阐明高速公路上交通拥堵的本质。因此，这里将简要地探讨每一个问题。

（1）1993 年的北加利福尼亚州研究

这一分析基于在加利福尼亚州海沃德的 880 号州际公路 9 英里路段收集的数据。这项研究是由在研究期间以 7 分钟间隔行驶的"探测"车辆进行的。时间是在 1993 年春季高速公路服务巡警投入使用之前的 24 个工作日，以及 FSP 投入使用后秋季的 22 个工作日。

目的是记录事件和事故的数量和性质的数据，并比较在没有 FSP 服务和有 FSP

服务的情况下如何处理它们。在主要高速公路和所有坡道上，由间隔约三分之一英里的环形探测器每隔一秒钟跟踪一次速度和流量。从 880 号州际公路上的各个车道中得出了三张速度与流量的关系图。第一车道的关系如图 A-1 所示，为了方便起见，在图上绘制了该车道的所有观测值的近似"中线"。该图左侧纵轴显示了速度，底部横轴显示了每车道每小时的车辆数量。这个车道的关系图与第二车道的非常相似。第三车道在每小时 50 到 55 英里的速度范围内的最大流量稍高一些。表 A-1 显示了本研究中 2 号车道的数据，并进行了简化，以说明本研究揭示的速度和流量之间的基本关系。

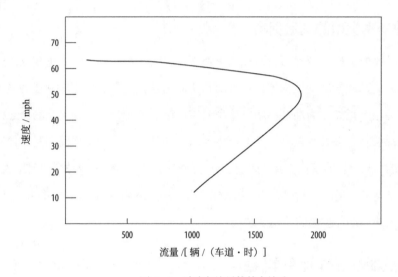

图 A-1　速度与流量的基本关系

这三张关系图显示出以下特征。

·最大流量只发生在所有观测结果中的一小部分。在第一和第二两车道上，最大流量略高于每小时 2000 辆；在第三车道上，最大流量是略高于每小时 2500 辆。

·在最大流量的观测中，速度几乎完全在每小时 40 到 60 英里，主要在 50 英里以上。显然，在这条路上，当车速在每小时 50 到 55 英里时，车流量可以达到最大。在观测结果中，出现最大流量时的速度都没有超过每小时 60 英里，只有一次速度低于每小时 40 英里。这些大流量意味着没有来自交通拥堵或交通事故的干扰。

·许多观测结果集中在每小时 60 英里的速度附近，流量从非常小（每车道每小时500辆以下）到第一和第二两车道1500辆以上和第三车道2000辆以上不等。这表明，在交通量非常少的时候，约有60辆车行驶，在"正常"条件下，即如果没有受到事故的不利影响，车辆保持在每车道每小时1750辆。

· 在流程图中显示"正常"流动的部分，流量的增加伴随着速度的逐渐下降。这可以通过中线的一个轻微的下降来显示，流量从每小时约250辆的最低水平上升到第一和第二两车道约1750辆，第三车道约2250辆。

· 在车速降低接近每小时50公里达到如上所述的最大流量水平后，观测值的中线急剧向下弯曲，并开始向左移动。由于拥堵或事故导致速度下降，每车道每小时的流量也在下降。这条线路在这个区域的向下坡度比在"正常"交通区域的要陡得多。当车速降至每小时10英里时，每车道的流量约为每小时1000辆车。当交通量约为1500辆汽车时，其速度在每小时20到30英里。当车速为每小时40英里时，流量为每小时1750~2000辆车。因此，拥堵不仅降低了车辆的平均速度，而且大大减少了车流量。

· 除了速度和拥堵之外，其他因素也会影响速度和流量之间的关系。例如，车流中大型卡车的数量会显著影响这种关系，天气也是如此。卡拉·科克尔曼所做的研究表明，速度-流量关系也会受到司机的性别和年龄、驾驶的车辆类型，以及是否下雨的影响。因此，从一种情况到另一种情况，速度-流量关系会发生显著变化。然而，它们往往表现出这里讨论的某些基本特征。

表A-1 观察到的速度-流量组合，1993年加利福尼亚州研究，2号车道[1]

速度/mph	流量/[（辆/（车道·时））]	速度/（英尺/秒）	1辆车通过指定点的时间/秒	车辆每小时通过指定点的时间/秒	每小时车辆的总通过时间/分钟	车辆之间的隐含间隔[2]	
						时间/秒	距离/英尺
63	500	92.4	0.2	100.92	1.68	7	646.63
61	1000	89.47	0.21	208.46	3.47	3.39	303.43
60	1125	88	0.21	238.42	3.97	2.99	262.95
59	1250	86.53	0.22	269.4	4.49	2.66	230.57
58	1500	85.07	0.22	328.86	5.48	2.18	185.51
55	1750	80.67	0.23	404.6	6.74	1.83	147.29
50	1800	73.33	0.25	457.77	7.63	1.75	128.02
45	1750	66	0.28	494.51	8.24	1.77	117.12

续表

速度/mph	流量/[（辆/（车道·时）]	速度/（英尺/秒）	1辆车通过指定点的时间/秒	车辆每小时通过指定点的时间/秒	每小时车辆的总通过时间/分钟	车辆之间的隐含间隔[②]	
						时间/秒	距离/英尺
40	1700	58.67	0.32	540.43	9.01	1.8	105.59
35	1600	51.33	0.36	581.3	9.69	1.89	96.85
30	1475	44	0.42	625.2	10.42	2.02	88.74
25	1300	36.67	0.51	661.23	11.02	2.26	82.89
20	1250	29.33	0.64	794.74	13.25	2.24	65.83
15	1200	22	0.85	1017.27	16.95	2.15	47.35
10	1000	14 67	1 27	1,271 59	21.19	2.33	34.15
5	750	7.33	2.54	1907.39	31.79	2.26	16.55

资料来源：基于加利福尼亚州运输局性能测量系统（PeMS）的数据，http://paleale.eecs.berkeley.edu/FSP/Data/index.html，（2002年6月19日），2号车道的速度与流量图表。

①平均车辆长度为18.65英尺。

②从第一辆车的后面到下一辆车的前面。

（2）1998年南加利福尼亚州的研究

这一分析是基于从加利福尼亚州运输局创建的性能测量系统PeMS收集的数据。PeMS利用放置在加利福尼亚州高速公路上的数千个30秒环路探测器，将它们的观测结果传输到一个集中的计算机系统。在1998年6月的22个工作日里，从上午5点到上午10点收集了洛杉矶地区405号州际公路北段7英里路段的数据。该研究的作者从这些数据中得出了以下结论。

· 高速公路上任何路段的反复拥堵并不是在每个工作日以完全相同的方式发生的，每天变化很大。然而，这种变化大致呈正态分布，且每个路段随时间变化的平均值相对稳定。但这一平均值在同一条高速公路的不同路段之间可能会有明显的差异，这取决于每个路段与其他路段和周围社区的关系。因此，即使在高速公路超载造成的单一路段的日常重复拥堵中，也存在随机因素。

· 沿着一条高速公路行驶时间的变化也是显著的，即使是在一天中的同一时间。该研究计算了在上午5:00—8:00进行78英里的出行所需的时间。2000年7月，在洛杉矶5号州际公路北段的20个工作日内，发现了显著的差异。作者没有说明这种差异在多大程度上是由事件造成的，或者仅仅是由每日反复拥堵的差异造成的。作者得出的结论是，每小时的最大车辆数量可以在每小时60英里的自由移动速度下被容纳。因此，他们认为，速度低于每小时 60 英里而造成的任何延误都是由交通拥堵造成的。而加利福尼亚州运输局使用的标准是车速低于每小时 35 英里而造成的任何延误。

· 从这项研究中不能看出时速 60 英里的车道可容纳的确切车辆数量。然而，2002 年 7 月 1 日与作者普拉文·瓦拉亚（Pravin Varaiya）进行的电话交谈显示，南加利福尼亚州的最大流量在每小时 2000～2800 辆。这一结论来自另一项关于高速公路拥堵的研究，该研究分别记录了每条车道的车流量。

· 当车辆以每小时 60 英里的速度行驶时，每车道最大流量为每小时 2000 辆或以上的车辆，会将车辆之间的平均间隔空间和时间缩短到非常低的水平。假设汽车的平均长度为 17 英尺，卡车的平均长度为 50 英尺，卡车占所有车辆的 5%，其余为汽车，那么车辆的平均长度是 18.65 英尺。因此，当流量为每小时 2000 辆车时，车辆之间的平均间隔为 137 英尺或 1.58 秒（从第一辆车的后部到第二辆车前部）。每小时 2800 辆车的流量平均间隔只有 93 英尺，即 1.07 秒（从第一辆车的前部到第二辆车的前部，间隔 111.65 英尺或 1.27 秒）！这一间隔时间远短于长久以来确立的车辆间隔"两秒规则"，而且远低于以这个速度停车所需的空间间隔。然而，在南加利福尼亚州的高速公路上已经观察到了这种规模的流量。然而，只有通过防止许多当时想进入高速公路的司机这样做，大概是通过匝道流量控制，才能在整个高峰期保持每小时 60 英里的速度。该研究的作者认为，为了保持每小时 60 英里的自由移动速度，所有匝道仪表的设置都应使车流量低于最大流量。

· 如果车速保持在接近每小时 60 英里左右，高速公路系统在处理流动交通时的总体效率会比允许拥堵以大量减少这些交通流的情况下高得多。

（3）2000 年南加利福尼亚州的研究

进行 1998 年研究的同一组作者还分析了从 2000 年 9 月 1 日午夜到中午这一期间在洛杉矶和文图拉县高速公路（加利福尼亚州运输局第 7 区）的 3363 个环路探测器的数据。作者得出了以下值得注意的结论。

· 这些探测器每小时的最大车流量变化很大，这些探测器主要设置在四车道公路上。其中一半车辆的最大流量在每小时 1500 至 2200 辆，四分之一车辆的最大流量低于每小时 1500 辆，另外四分之一车辆的最大流量高于每小时 2200 辆。根据这些数字，中值流量约为每小时 1850 辆车（在 1500 至 2200 辆）。

- 大约 85% 的探测器显示，在最大流量处的车速在每小时 50 到 70 英里。在最大流量点上的占用百分比（环路探测器被经过它们的车辆中断的时间百分比）在 8% 和 15% 之间变化。但这种变化可能会受到单个探测器的调谐方式的影响。

- 在这些高速公路上保持的理想速度是每小时 60 英里，因为这是在大多数情况下每小时允许的最大流速。假设在一个典型的地点，如果交通以每小时 60 英里的速度移动，没有拥堵的最大可能流量是每车道每小时 2000 辆车。如果道路过于拥挤，移动速度可能会降至每小时 15 英里，在这个速度下，每车道每小时可能只有 1200 辆车。那么，与车辆以每小时 60 英里的速度行驶时相比，每小时通过这个地点的车辆要少 800 辆。这样效率就下降了 40%。

- 目前尚不清楚的是，必须阻止多少想要在高峰期进入这条路的司机这样做，才能保持每小时 60 英里的平均速度。这取决于最初在任何特定时刻出现的拥堵程度。只要没有真正的拥堵，每个想进入的人都可以进入——直到拥堵出现。最初存在的拥堵程度越大，每小时想要进入道路的额外司机数量越多，为了恢复和保持每小时 60 英里的自由流速而必须阻止的百分比就越高。一些专家估计，只有 5% 到 15% 的司机想要进入道路，然后必须通过坡道计量或其他方法来改变，以保持每小时 60 英里的流速。如果要偏转的比例是 10%，那么通过阻止 200 名司机在高峰时段进入道路，该道路的承载能力可以从每小时 1200 辆提升到 2000 辆。在这段时间内，受益的司机是被阻止使用道路而受到惩罚的司机的四倍。

- 匝道流量控制是为了在高峰时段减少进入高速公路的司机数量，而不是实际想要这样做，实际上是将拥堵从高速公路转移到入口匝道。高速公路上的车速和车流量保持在接近最高水平，造成了入口坡道的拥堵。如果坡道没有足够大的能力容纳所有必须改道的司机，那么剩下的部分就会被分流到附近的城市街道和主干道，从而加剧这些道路的拥堵。

（4）周期性交通拥堵的动态分析：1993 年的研究

在交通较少的主要高速公路上，司机可以相对不受其他车辆的阻碍。因此，他们倾向于以略高于已公布的限速开车，如速度与流量图（图 A-1）中中线的左上角部分所示。然后车辆之间有足够的空间。平均速度为每小时 63 英里，平均车速较低，每车道每小时只有500辆车——典型的清晨交通——车辆在特定车道上经过特定点的平均时间间隔约为7秒。这代表了637英尺的距离（假设汽车平均长度为17英尺，卡车平均长度为50英尺，只有5%的车辆是卡车）。在良好的驾驶条件下，以每小时60英里的速度开车的司机可以把车停在300英尺内。因此，这么大的平均车距允许司机以这个速度移动，而不会因为感觉离下一辆车太近而感到任何不适。

随着更多的车辆进入道路，以时间和距离测量的同一车道车辆之间的平均间隔减小。当每条车道每小时有1000辆车时，以每小时63英里的速度行驶（在上述相同的假设下），会将车辆之间的时间间隔缩短到3.4秒，即大约308英尺。这个间隔越来越接近汽车司机在出现问题时可以随时停车的距离。每车道每小时1250辆车，时速63英里，车辆之间的平均间隔只有2.68秒，即243英尺——比汽车司机在紧急情况下停车所需的间隔要短。

这样的近距离通常会导致许多司机减速，通过提高车辆之间的平均时间间隔来提高安全性。这种减速体现在图A-1中的中线上。结果显示，当流量为每车道每小时1250辆车时，平均速度为每小时59英里。这使得车辆之间的平均时间间隔为2.66秒，或227英尺——仍然低于在紧急情况下停车所需的预估空间。

如果有更多的车辆进入每个车道，平均速度就会减慢，但总车流量会上升，直到每小时的流量等于每车道约1800辆车辆。这是在这条特殊车道上观察到的每小时最大流量。那时，平均速度为每小时50英里，而平均时间间隔（在假设的条件下）只有1.75秒，即126英尺。这段时间已经远远低于众所周知的两秒安全驾驶规则，该规则规定每个司机应该在自己和前面的车辆之间保持两秒的移动距离。

随着道路上车辆数量的进一步增加，它们之间的间隔在空间和时间上会更小，除非它们大大降低速度。但是这种速度减少了每条车道在一小时内通过的车辆数量。因此，随着速度的下降，中线开始向左移动。速度-流量组合如表A-1所示，其来自图A-1所示的散点图。当流量下降到每小时1700辆时，平均速度为每小时40英里，平均间隔为1.79秒，或只有103英尺。这会导致速度的进一步下降，这进一步降低了每小时的流量。随着速度的下降，每个车道上车辆之间的平均时间间隔开始增加，尽管它们之间的空间越来越小。每小时30英里，每车道每小时1475辆车，时间间隔增大到2秒，但空间间隔缩小到87英尺。但在这样的速度下，汽车司机可以在良好的驾驶条件下在这个距离内停车。因此，安全性的提高是以牺牲道路承载交通的能力为代价的。

这一分析表明，在任何特定时期，增加允许进入道路的车辆数量都会逐渐导致速度减慢，并最终降低每小时的交通量。这就是周期性产生交通拥堵的方式。

（5）周期性交通拥堵的动态分析：1998 年和 2000 年的研究

对于交通拥堵的动态，从 1998 年和 2000 年的研究中也可以得到类似的解释。在高速公路路段，当车辆以每小时 60 英里的速度自由移动时，就会出现最大的吞吐量。在平均情况下，这种情况产生的每小时流量约为每车道 2000 辆。在这个速度和数量下，平均一英里路段在任何特定时刻都将容纳 33.85 辆车（假设与如上所述的车辆长度和车辆组合相同）。现在假设随着更多的车辆进入，每个路段的车辆都会增加，每一英里路段的车辆数量就会增加 15%，达到 38.92 辆。这些车辆在每英里内占用更多的空间，将车辆之间的平均时间间隔从 139.75 英尺减少到 117 英尺。如果所有车辆继续以每小时 60 英里的速度行驶，这将使车辆之间的时间间隔从最初的 1.59 秒减少到 1.35 秒，而空间间隔从 140 英尺减少到 119 英尺。它还使每条车道的流量提高了 15%，达到每小时 2300 辆车。

如果每小时多出 15% 的车辆进入道路，使每一段单独路段容纳 44.766 辆车辆，则这些车辆占用 18.65 英尺 ×44.766，或约 834.9 英尺。这样一来，在一英里的路段上，两辆车之间的平均间距为 4445 英尺，即每两辆车之间的平均间距为 99.3 英尺。在每小时 60 英里或每秒 88 英尺的速度下，车辆之间的间隔只有 1.13 秒。的确，流量已经上升到每小时 2690 辆，比这些增加的车辆每英里进入道路之前高出 17%。但几乎可以肯定的是，司机们会对车辆间隔的缩短感到不舒服，所以他们会放慢速度以延长间隔。他们减速多少取决于他们想要改变的车辆之间的平均间隔。如果他们将时间间隔调回 1.59 秒，那么平均速度将降至每小时 51.24 英里，而流量将仅下降 1.8%，达到每小时 1964 辆车。但是车辆之间的空间间隔仍然比最初的 119 英尺和 140 英尺要低，因为在较低的平均速度下，每辆车在 1.59 秒内移动的距离更短。因此，司机倾向于进一步减速，以恢复与以前相同的空间间隔，或至少增大他们现在面对的更小的空间间隔。但这意味着每英里新的更大数量的车辆不能再控制在 1 英里内，因为每两辆车之间有更大的空间。事实上，需要增加 15% 的路段来容纳更多的车辆，因为他们要在保持相同空间间隔的同时，增加15%的车辆。车辆之间的时间间隔也必然比以前大，因为司机在较低的速度下保持相同的空间间隔。

这个速度和每小时的流量都取决于司机决定平均保持多大的时间间隔。如果他们选择保持2.00秒的时间间隔，平均速度将为47.65英里/时，流量将为每车道1588辆车/时。这比每车道每小时2000辆车的初始流量下降了20.6%。在这种情况下，在一条平均速度为60英里/时、最大流量为2000辆/时的道路上，每英里的车辆数量最初增加15%。随后第二次增加到每小时2690辆的流量，最终导致平均速度和每小时车道流量比更多车辆进入前的初始情况下降21%。

然而，这些结果是可变的，这取决于司机在额外交通进入后对车辆之间的空间和时间间隔的平均选择。这些选择取决于其他可变因素，如天气、司机的年龄和性别，以及在任何特定时间行驶的车辆组合。

（6）**从拥堵时期恢复的动态变化**

如前所述，从拥堵时期恢复的过程在本质上是与产生拥堵的过程相反的。一旦高速公路路段的交通减速到远低于出现最大流量时的速度，速度和流量就会保持在很低的状态，直到更多的车辆离开拥堵的路段。车辆可以通过出口坡道进入附近的街道和主干道，也可以通过向前移动进入同一条主要道路上不拥堵的路段。随着任何这种拥堵路段每英里车辆数量的减少，司机有可能获得更大的车辆之间的平均空间间隔。这使得他们能够在不将车辆之间的时间间隔缩短到危险的低水平的情况下加速。随着越来越多的车辆离开这一区域，而进入它的车辆越来越少，这一过程逐渐加速，因为车辆之间的空间间隔越来越大。因此，司机逐渐加速，但会保持更大的空间和车辆之间的时间间隔。最终，司机会回到"最佳"速度，也就是说，每小时可以通过任何一点的车辆数量最大的速度。这些分析表明在加利福尼亚州的高速公路上，这一速度平均约为每小时60英里，尽管在不同路段之间，在任何路段上，这一速度都有很大的不同。

从反复出现的交通拥堵中恢复过来的基本原因是，随着时间的推移，大量司机寻求出行的时间也过去了。因此，进入道路系统的车辆数量急剧下降，离开道路的车辆数量上升。这些高峰时段一般为上午6点到9点或9点半，下午4点到7点或7点半，尽管它们因地方而异。

从由事故造成的拥堵中恢复一般发生在事故停止阻塞车道后一段时间，详见第5章。

（7）为什么不在高峰时段限制主要高速公路的交通量？

从上述分析中得出的一个看似明显的结论是，如果社会想要在主要道路上保持高速和最大吞吐量，就应该限制每小时允许进入这些道路的车辆数量。然而，正如前面几章所示，想要在高峰时段出行的司机比当时可用的道路同时能容纳的司机要多得多。因此，为了保持较高的平均速度，限制在高峰时段可以进入关键道路的人员的数量，将会阻止大量想在高峰时段开车的人（甚至可能是大多数人）这样做。这使得这种限制在政治上不受欢迎。

然而，交通分析人士至少考虑了以下限制高峰时段允许在高速公路上通行的车辆数量的方法：在主要通勤道路所有车道上收取高峰时段通行费（第10章）；匝道流量控制系统将车辆缓慢地送入这些高速公路，以允许车辆在高速公路上高速行驶（第8章）；高载客量车辆车道只允许至少有两名或三名乘客的车辆使用（第10章）；高载客量收费车道只允许高载客量车辆或支付通行费的单人车使用（第8章），禁止车牌尾号以特定数字结尾的车辆在特定日子上路，比如周五不允许车牌尾号为"5"的车辆上路（第11章）。

附录 B 高峰时段道路收费的图形分析[①]

图 B-1 描述了交通拥堵费如何提高经济效率。实线 PB 是通勤高速公路使用的需求曲线，它显示了在任何给定的每条车道每小时的车辆数量（在横轴上测量），驾驶者在高速公路上开车的平均货币金额（在纵轴上测量）。PB 是衡量司机使用高速公路获得的平均私人收益的货币指标。当高速公路各个车道上的车辆越来越多时，由于拥堵加剧，这一平均收益会下降。

实线 MC 显示了每小时增加一名司机的私人成本。这些成本包括汽车运营成本和所需时间上的货币价值。只要每个车道的车辆数量保持低于 OQ，这项成本就会保持不变。这意味着在 OQ 范围内增加更多的车辆并不会减少交通量。但当每小时每条车道的车辆数量超过 Q 时，拥堵就开始降低平均速度。这就增加了出行所需的时间，因此每增加一名司机所承担的成本沿着实曲线 $MCEJ$ 上升。每一个额外司机的进入都会增加所有其他司机的延误，因此，所有司机进入一名额外司机的平均额外费用大于增加司机的费用（当不收取高峰时段的通行费时）。添加另一个通勤者的边际成本用曲线 $MCAF$ 表示。这两种成本在曲线 MC 上是相同的，但在超出 OQ 范围后，会出现差异。

在拥堵的道路上免费驾驶的效率低下，这是因为每个司机都不需要支付他或她的到来给整体情况增加的总成本。在他们必须直接承担的成本的引导下，只要成本低于需求曲线 PB，司机就会继续进入道路。每条车道的交通量会一直上升到最高水平。但如果将交通限制在 OD 水平，社会效率会更高。在那里，用 $MCAF$ 测量的每辆车的总增加成本穿过了 A 处的需求曲线 PB。在该交通水平上，每条额外的司机线 $MCAF$ 所施加的平均总成本等于所有司机线 PB 所获得的平均总收益。更高的交通量导致每个司机的成本大于他们为每个司机提供的收益，因此，他们没有社会效率。

[①] 本附录在很大程度上得益于肯尼斯·斯莫尔、坎贝特·默林（Herbert Mohring）和克利福德·温斯顿对早期草稿的评论。

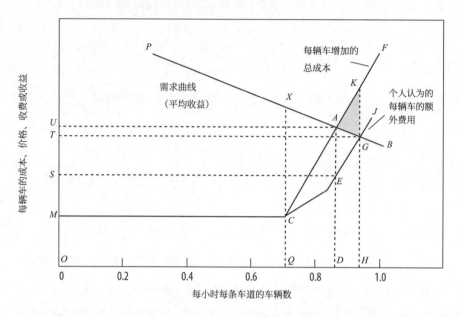

图 B-1 高峰时段道路收费、福利和通行费交通效应的经济学

这种低效率可以用图表衡量。从交通水平 OD 到交通水平 OH，每增加一辆车，都会导致沿线段 AK（曲线 MCAF 的部分）的总增加车辆成本。这些额外的成本都超过了这种行程所带来的收益，这些收益由线段 AG（曲线 PB 的一部分）来衡量。例如，在交通水平 OH 上，每辆车的总增加成本是 HK。该成本超过了每辆车的附加收益，即 GK 所指示的金额。因此，位于连接点 A、K 和 G 的三角形内的阴影区域是净集体福利损失的几何度量，因为流量一直上升到 OH 水平，而不是稳定在 OD 水平上。

为了阻止交通量上升超过 OD 水平，有必要将该交通水平 DE 的额外司机所承担的成本提高到 DA 水平。这种成本的增加可以通过收取进入或使用道路的高峰时段收费来实现。该收费应等于 DA 和 DE 之间的差额，或 AE 的金额。在纵轴上，这等于价格 SU。如果将收费 SU（或 AE）添加到单独承担的成本 DE 中，则每个额外司机所面临的总成本等于 DA（或 OU）。此时，个体驾驶员将在交通量 OD 处停止进入高速公路，因为在较高交通量（MCAF 上 A 点右侧）进入高速公路的成本高于在曲线 PB 上 A 点右侧进入高速公路的收益，因此经济上最优的通行费为 EA 或 SU，经济上最优的交通量为 OD。

此交通量与拥堵程度最低的交通量不同，这就是 OQ 以下的任何交通量。在达到交通水平之后，不断上升的拥堵减缓了交通，但不足以抵消使用这条更直接的路线对司机的优势。

附录 C 将住宅总密度转换为净密度

第 12 章主要讨论总居住密度，即每平方英里土地上的总居民人数。这一定义包括社区内的所有土地，无论其用途如何，都是有关区域的一部分。但是，大多数处理土地使用政策的美国人认为，土地密度是根据净住宅密度来计算的，即每净住宅英亩的住宅单位数量。这一定义只包括其基地的住宅用地，它甚至不包括当地的街道、公园及所有用于非住宅用途的土地。

不幸的是，没有一种简单或成熟的方法来将这两种不同的密度测量方法联系起来，因为不同地方的情况差别很大。为方便起见，本附录提供了一种将这两种测量方法转换为另一种测量的方法。

有两个变量在这些计算中尤为重要。一个是每个住宅单位的居民人数，大致相当于每个家庭的人数。另一个是社区中专门用于住宅用途的土地总面积的比例，而不是街道、高速公路、公园、开放空间、商业用途和公共建筑。在纽约等大城市的高密度社区，每个住宅单位的人数通常是最少的。在有孩子的家庭更集中的郊区社区，失业率上升。同样，在以混合开发为特色的大城市社区，用于住房的土地面积占总土地面积的比例最低。在以大地块分区为主的周边边缘地区，污染程度最高。这种变化可以从描述纽约地区平均住宅密度的数据中看出，这些数据取自鲍里斯·普什卡廖夫和杰弗里·祖潘的《公共交通与土地使用政策》。他们列出了 1990 年按平均每英亩住宅降序排列的 35 个社区。曼哈顿最高的是 210.7，苏塞克斯县最低的是 1.28。

普什卡廖夫和祖潘根据实际数据将这些净居住密度转化为每平方英里的总人数。例如，曼哈顿的总密度为每平方英里土地面积 69,333 人。如果每个家庭有 2.0 人，那么每个净居住面积 210.7 套住宅和每平方英里 69,333 人的这一联系意味着 25.8% 的土地用于住宅用途。

苏塞克斯县每英亩 1.28 套住宅，每平方英里 147 人，但每个住宅有 3.5 人使用，这意味着住宅用地百分比为 50.15%。在这些净密度极值之间的其他地区，住宅土地覆盖率甚至更高，高达 63%。因此，他们的计算表明，所有土地中用于住宅的比例各不相同，在高度密集的都市地区低至25%，在一些低密度的外围地区高达60%以上。

为了进行分析，采用的平均家庭规模为2.5人，因为这接近2000年的美国平均家庭规模约2.62人。此外，还采用了可变住宅土地覆盖因素：相对高的总密度为25%（通常是每平方英里15,000人或更多），中等总密度为37.5%（每平方英里5000至14,999人），相对低的总密度为50%（通常低于每平方英里5000人）。

表C-1显示了从总密度到净密度的转换，接下来是将净密度转换为总密度。每个转换表都采用了在高、中、低密度范围内住宅面积的三个不同部分。计算多个值的密度，可以考虑这三个类别中的一个以上的类别，因此允许读者在这些重叠的范围内自行判断。此表可以用来澄清书中主要涉及的住宅总密度的部分。然而，这个表中的数据代表的是近似值。

表C-1　住宅密度转换[①]

	高密度[②]	中密度[③]	低密度[④]
	总密度转换为净密度		
居民人数/总平方英里	住宅面积/净住宅面积		
80,000	200.00		
60,000	150.00		
50,000	125.00		
40,000	100.00		
25,000	62.50		
20,000	50.00	33.33	
15,000	37.50	25.00	
12,500	31.25	20.83	
10,000	25.00	16.67	
7500		12.50	
6000		10.00	7.50
5000		8.33	6.25
4000		6.67	5.00
3000		5.00	3.75
2500			3.13
2000			2.50
1500			1.88
1000			1.25
500			0.63

续表

	高密度[2]	中密度[3]	低密度[4]
	净密度转换为总密度		
住宅面积/净住宅面积		居民人数/总平方英里	
200	80,000		
150	60,000		
100	40,000		
75	30,000		
50	20,000		
40	16,000		
35	14,000		
30	12,000		
25	10,000		
20	8000	12,000	
15	6000	9000	
10	4000	6000	
7.5		4500	
7		4200	
6		3600	4800
5		3000	4000
4		2400	3200
3			2400
2			1600
1			800
0.5			400
0.25			200

资料来源：作者的计算。

① 表中假设每个住宅单位平均有2.5人。从总密度到净密度的转换是计算出来的，然后从净密度外推回总密度。对于三个相邻密度水平之间的过渡点附近的净密度，在相邻列中计算了多个值。

② 5%的土地是住宅用地。

③ 37.5%的土地是住宅用地。

④ 50%的土地是住宅用地。

附录 D 模拟变化的空间模型

如第 12 章和第 13 章所述，改变工作或住房位置对通勤出行的潜在影响可以直观地掌握，而无须进行详细的定量分析。但是，对得出的结论进行逻辑证明，并评估其对变量具体变化的敏感性，需要进行详细的定量分析。这可以通过使用典型大都市地区的空间模型来模拟各种情况来实现。

基本模型

本书中使用的模型由一个边界可变的正方形都市地区组成，每边最大为 50 英里，如图 D-1 所示。用正方形代替圆形来简化通勤距离的计算。基本情况模型每边有 40 英里。其总面积（1600 平方英里）分为一个 12 英里 ×12 英里的市中心正方形、从城市边界向外延伸到一个边长 24 英里的正方形的郊区，以及从郊区的边界向外延伸到一个边界可变但边长最多 50 英里的正方形的远郊。这些维度产生了一个总面积为 144 平方英里的中心城市，郊区区总面积为 432 平方英里（24×24 − 12×12），远郊最大面积为 1924 平方英里（50×50 − 24×24）。如图所示，远郊子区域被划分为 12 个区域，标记为 E-1 至 E-12。郊区被划分为 12 个区域，标记为 S-1 至 S-12，中心城市被划分为 4 个区域，标记为 C-1 至 C-4。中央商务区是标为 CBD 的图表中的中心点。在这个大都市地区的基本版本中有 29 个就业中心，所有的工作都在这些中心。它们包括：位于区域中心的中央商务区，4 个位于每个城市区域几何中心的城市工作集群，12 个位于距离郊区区域外角 3 英里的水平和垂直位置的郊区工作集群，以及 12 个位于远郊区域几何中心点附近的工作集群。

通过改变模型的外部边界，改变中心城市、郊区和远郊的总就业、总人口和每个就业中心所有工人的百分比，可以模拟人口和就业的各种空间分布。工人的住宅遍布整个地区，尽管在中心城市、郊区和远郊的平均密度不同。从每个住宅的中心到每个工作中心的平均通勤距离可以用代数方法计算出来。

使用了两种不同类型的模拟。第一种类型的模拟比较了具有不同城市密度的完全发达的都市地区。给定的总人口被分为三个子群体：中心城市居民、郊区居民和远郊居民。在整个分析过程中，前两个子群体在面积、总人口数量和密度上都保持不变。城市郊区分组在总人口中保持不变，但有不同的面积，因此密度不同。这种类型的模拟考察了不同的城市密度对平均通勤距离的影响。当然，空间上的大都市地区在外围地区比小的大都市地区有更多的就业机会。这个结果是通过改变被分配到不同工作中心的工人的百分比来模拟的。

第二种类型的模拟从总人口和所有工作被分配到中心城市和郊区开始，但远郊区没有居民或工作中心。然后，它假设在整个10年中总人口有一定的年增长，并将所有的增长都放在远郊。通过将郊区的增长限制在不同大小的区域，因此具有不同的密度，这个模拟可以检验未来增长的不同密度对已经建立的大都市地区的平均通勤距离的影响。未来的人口增长率也可以在这个模型中发生变化。

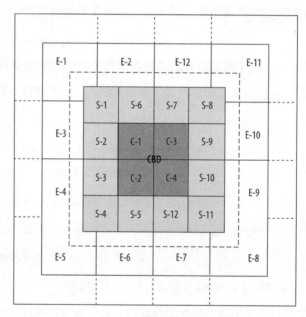

图 D-1　用于模拟通勤距离的地区

来源：作者的计算。

注：C=中心城市；S=郊区；E=远郊区；CBD=中央商务区。
最外层的实线显示了50平方英里的情况，基本情况区域由最外层实线内的实线表示，基本情况区域内的虚线表示30平方英里的案例边界。50平方英里的情况和基本情况中的就业中心位于每个区域的中心。在30平方英里的远郊区，就业中心的位置如下：在远郊的四个角落，距离郊区的外角横向和纵向各1英里；在其他远郊地区，以每个区域的长维度为中心，在较短的维度上距郊区的外边缘1.5英里。

（1）基本模型的初始校准

如上所述，该模型的基本情况版本由一个边长为 40 英里的正方形组成，分成多个区域。它利用了所有 29 个工作地点。

当为《交通拥堵》第一版创建这个表格的时候，它是被填充和校准的，以模拟当时美国大都市地区在人口、工作数量、人口密度和各种子群体的通勤出行时间方面的可用数据。来自各种行程调查和人口普查的数据被用来确定类似于典型的美国大都市地区的目标。人口普查数据没有区分远郊和郊区；两者都被合并在一个叫作"不在中心城市"的类别中。

在撰写本书版本时，2000 年人口普查和 2001 年美国家庭出行调查的最新数据只提供了一些有关的关键变量。因此，我们开发了一个新模型，它与有效行程距离的经验数据没有紧密联系。相反，它使用假设的密度和出行假设来说明空间的基本几何形状如何不可避免地导致居住和工作密度与通勤出行距离之间的某些关键关系。我认为，从这个模型中得出的基本结论可以直接应用于美国大都市的实际情况。

表 D-1 简要描述了使用该模型的主要模拟。该模型的基本情况是 30% 的人口居住在中心城区，50% 的人口居住在郊区，20% 的人口居住在更远的远郊。由于这些地区的面积不同，它们的人口密度差异很大。中心城市的平均人口密度为每平方英里 6250 人，与克利夫兰、阿纳海姆、匹兹堡和密尔沃基 2000 年的人口密度相似。然而，这一密度略高于 2000 年 50 个最大城市化地区的平均中心城市密度，即每平方英里 5273 人。郊区的平均人口密度为每平方英里 3472 人，是中心城区人口密度的 55%。这一密度与西雅图地区的贝尔维尤、俄亥俄州哥伦布、达拉斯、奥马哈、休斯敦和俄勒冈州尤金的人口密度相似。这一密度略高于 2000 年 50 个最大城市化地区"边缘地区"3173 人的平均密度。在这个 40 平方英里的案例中，远郊的平均密度非常低，为每平方英里 586 人，远低于美国任何一个大型城市或城市化地区。然而，在随后的模型案例中，当居住地区的总体规模——以及远郊的总体规模——减小时，远郊的密度显著上升。

表 D-1 模拟模型变化的总结[①]

变量	低密度远郊	基本情况区域	人口密集的远郊	人口更密集的远郊	非远郊，人口密集的郊区	
					工作分散度低	工作分散度高
空间面积 / 平方英里						
总区域	2500	1600	900	784	576	576
中心城市	144	144	144	144	144	144
郊区	432	432	432	432	432	432
远郊	1924	1024	324	208		
人口 / 人						
总区域	3,000,000	3,000,000	3,000,000	3,000,000	3,000,000	3,000,000
中心城市	900,000	900,000	900,000	900,000	900,000	900,000
郊区	1,500,000	1,500,000	1,500,000	1,500,000	2,100,000	2,100,000
远郊	600,000	600,000	600,000	600,000		
人口 / （%）						
总区域	100	100	100	100	100	100
中心城市	30	30	30	30	30	30
郊区	50	50	50	50	70	70
远郊	20	20	20	20		
密度 / （人 / 英里^2）						
总区域	1200	1875	3333	3827	5208	5208
中心城市	6250	6250	6250	6250	6250	6250
郊区	3472	3472	3472	3472	4861	4861
远郊	312	586	1852	2885		
工作地点 / （%）						
总区域	100	100	100	100	100	100
商业中心区	7	7	7	7	7	7
中心城市的其他部分	33	33	33	33	33	33
郊区就业中心	50	50	50	50	60	60
远郊就业中心	10	10	10	10		
按居住地区划分的平均通勤距离 / 英里						
总区域	10.88	10.08	8.04	9.38	7.36	9.17
中心城市	7.33	7.18	6.6	7.03	6.79	6.96
郊区	10.24	9.97	7.26	10.22	7.61	10.12
远郊	17.66	14.61	12.02	10.94		
按工作地点划分的平均通勤距离 / 英里						
到 CBD 工作的来自						
中心城市	5.12	5.12	5.12	5.12	5.12	5.12
郊区	12.28	12.28	12.28	12.38	12.28	12.28
远郊	24.54	21.4	21.4	16.52		

续表

变量	低密度远郊	基本情况区域	人口密集的远郊	人口更密集的远郊	非远郊，人口密集的郊区	
					工作分散度低	工作分散度高
到其他中心城市工作的来自						
中心城市	5	5	4.85	5	5.18	5.18
郊区	11.05	11.05	9.97	11.05	11.02	11.02
远郊	22.84	19.72	19.65	14.89		
到郊区工作的来自						
中心城市	9.26	9.26	5.78	9.26	8.85	8.85
郊区	9.04	9.04	5.37	9.83	5.84	5.84
远郊	14.26	11.1	8.52	7.7		
到远郊工作的来自						
中心城市	19.02	16	12.44	12.89		
郊区	15.1	12.04	9.3	9.16		
远郊	13.48	10.84	7.72	8.99		

① 低密度远郊以边长为50英里的正方形来表示；基本情况区域，以边长为40英里的正方形来表示；人口密集的远郊地区，以边长为30英里的正方形来表示；人口更密集的远郊，以边长为28英里的正方形来表示；非远郊，人口密集的郊区，则以边长为24英里的正方形来表示。

假设每个地区每千人中有478名工人，这一比率是根据全美就业和人口数据得出的。因此，工人在这三个地区按居住地分布的百分比与人口分布相同。但是工作地点的空间分布与人口分布不同。所以开发该模型的一个关键步骤是为每个区域分配总工作的百分比。一个基本的假设是，中央城市占总工作岗位的比例（包括中央商务区的40%）高于占总居民的比例（30%），因为一些净向内通勤仍然存在，特别是在中央商务区（占所有工作岗位的7%）。另一个基本的假设是，郊区的工作岗位和居民占总工作岗位的比例相同（50%），因为郊区吸引了来自郊区的工人，但也有许多居民在中心城市工作。因此，远郊的就业占总工作岗位的比例（10%）远低于总居民工作岗位的比例（20%）。

然后，将这些工作分配转化为从每个居民区到每个工作区域的特定数量的工作。这可以作为该模型的三个基本模块中为每个工作中心分配所有大都市地区工作岗位的百分比的基础：一个显示所有外地居民工人的就业情况，另外两个显示所有郊区居民工人和城市居民工人的工作地点。然后将这些模块汇总为一个大都市范围的汇总模块和另一个结合郊区和远郊工作分配的汇总模块。

（2）通勤距离的基本情况计算

模拟首先将每个区域——城市、郊区和远郊——的所有就业居民中的一定比例分配到每个就业中心。这是从整个模型中的单个象限（左上角，或西北象限）的角度来完成的，假设所有四个象限的居民都有相同的行为模式。

特居住住区域的居民到特定工作中心工作的距离是用矩形和对角线计算的。这是通过测量东西距离从居住区中心点到穿过就业中心的东西线的南北距离，将这两个距离（形成一条直角线连接这两个位置）相加，计算这两个位置之间的直接直线距离，它是直角的斜边，由上面描述的水平和垂直距离组成，取三角形两条边的和斜边的平均值，然后用这个平均值来估计这两个位置之间的距离。该方法假设两个点之间的正常距离比直接连接它们的直线长，但比通过南北线和东西线连接它们的矩形距离短。

使用这种方法，可以计算出所有郊区居民的单一平均通勤距离、所有郊区居民的平均通勤距离，以及所有城市居民的平均通勤距离。这三个平均值可以通过改变每一类中心内的工作中心的百分比分布来改变。例如，在郊区工作地点工作的 39.22% 的郊区居民中，有更多的人从较远的郊区工作地点转移到较近的郊区工作地点，从而缩短了郊区工人的平均通勤距离。这些分配是基于我对生活在每个区域的工人中有多少比例可能在其他区域工作的判断。在许多情况下，居住在特定区域的工人没有被分配到另一个特定区域相对较远的工作中心通勤。然后，通过汇总城市和郊区居民的单独计算结果，得到所有工人的平均通勤距离。

在 40 平方英里的基本情况下，所有大都市地区工作人员的平均通勤距离为 10.08 英里，如表 D-1 中"基本情况区域"一栏所示。这比 1983 年居住人口超过 300 万的大都市地区的实际平均值（11.03 英里）约低 9%，比 1995 年美国个人交通调查中类似地区的平均值（11.7 英里）约低 14%。根据全美家庭出行调查，2001 年的平均通勤距离为 12.0 英里。然而，从该模拟中得出的所有重要结论都取决于居住密度和通勤距离之间的关系，而不是特定通勤距离的绝对长度。我相信这种与近期经验数据的差异对模拟模式得出的结论的有效性没有显著影响。根据该模型，居住和工作在远郊的工人、居住和工作在郊区的工人，以及工作和生活在中心城市的工人的平均通勤距离最短。这些模拟结果与出行时间数据一致，这些数据显示出 1980

年居住和工作在郊区（相当于模型中的远郊和郊区）的工人通勤出行时间最短。在撰写本报告时，还没有 1995 年和 2001 年调查的类似数据。

（3）探索不同远郊密度的影响

在较高平均密度的远郊居住会对平均通勤距离产生什么影响？通过将相同的总体人口限制在总面积为 30 平方英里，而不是 40 平方英里，可以模拟出密度更高的远郊人口。这使得整个远郊面积从 1024 平方英里减少到 324 平方英里，约减少了 68%。在这种情况下，远郊地区的平均密度上升到每平方英里 1852 人，约是 40 平方英里情况下类似密度的 3.16 倍。在 40 平方英里的情况下，整个大都市地区的总体密度从 1875 人上升到 3333 人。

在这种情况下，所有大都市地区员工的平均通勤距离下降到 8.04 英里。因此，郊区人口密度约上升 222%，导致城市平均人口密度上升 78%，而导致平均总通勤距离仅下降 20%。所有远郊居民的平均通勤距离约下降了 18%（从 14.61 英里到 12.02 英里），所有郊区居民的平均通勤距离约下降了 27%（从 9.97 英里到 7.26 英里）。

为了显著缩短平均通勤距离，必须采用更高的远郊或郊区密度。一种可能性是将全部 70% 的非城市人口集中在郊区，从而消除所有的远郊住宅和就业中心。工作的分配也必须改变，比如，郊区占 60%，中心城区占 40%。郊区的人口密度将上升到每平方英里 4861 人，比 40 平方英里的基本情况高出 40%。这与马萨诸塞州的斯普林菲尔德市、宾夕法尼亚州的伊利市、佛罗里达州的劳德代尔堡市和珊瑚泉市的密度大致相同。

这些数据显示在表 D-1 的最后一栏。令人惊讶的是，在这种情况下，这种更大的人口集中只会将整个大都市地区的平均通勤距离从 10.08 英里减少到 9.17 英里，即约减少 9%。然而，这种小幅度下降的部分原因是，与基本情况相比，郊区居民的工作在郊区的所有居住区中分配得更为分散。这似乎是合理的，因为仅在郊区的情况下，在每个郊区居住区居住的工人（83,615 人）比基本情况下（59,128 人）多 41%。但是，如果仅在郊区的情况下，所有就业中心的居民分配百分比与基本情况相同，则整个地区仅郊区的平均通勤距离下降到 7.36 英里，如倒数第二列所示。那么该地区从基础情况下降了 27%。与实现更短的平均通勤距离所需的人口密度比例上升相比，这一比例下降的幅度要小得多。

这一分析表明，通勤出行的显著减少可以通过将郊区住宅的总体密度提高到典型的美国水平以上来实现，但前提是密度的增大确实是实质性的。然而，美国大都市地区的大部分郊区已经建起了密度不是很高的建筑。要改变它们的密度而不遭遇大规模的政治和经济阻力的情况下是极其困难的。这就把分析的重点转移到了应对未来人口增长上。

如果远郊居住密度变得比基本情况下的更低，通勤出行距离会发生什么变化？这种可能性可以通过将远郊的边界扩展到 50 平方英里的边界来模拟，同时保持远郊的总人口与基本情况不变。表 D-1 的"低密度远郊"一栏显示了这一点。在这种情况下，远郊覆盖的总面积为 1924 平方英里，这使远郊居民的密度下降到每平方英里 312 人。这比基本情况中的郊区密度约低了 47%。远郊居民的平均通勤出行距离从基本情况中的 14.61 英里上升到 50 平方英里时的 17.66 英里，约增长了 20.9%。因此，人口密度约下降 47%，平均通勤距离仅下降 20.9%。但远郊居民和工作岗位只占该地区总居民和工作岗位的一小部分。因此，这种变化对区域出行和密度的影响远小于对远郊出行和密度的影响。整个地区的平均密度从每平方英里 1875 人下降到 1200 人，下降了 36%。但整个地区的通勤距离仅从 10.88 英里下降到 10.08 英里——约下降了 7.4%。

这一分析强调了一个重要但不明显的因素：工作地点在更大的远郊地区会有更加分散的影响。尽管工人的住宅分布在低密度居住点的更大的地区，但如果工作岗位也分布得更广泛，这也不一定会造成相应的通勤时间延长。鉴于最近办公室建设、计算机和电信等行业的分散化趋势，这种更大程度的工作地点分散是可能的。

（4）未来城市发展的可能密度

另一种分析居住密度和通勤出行之间关系的方法是，围绕基本不变的中心城市和郊区，研究未来郊区增长的替代模式。这种方法与所讨论的第一种方法的观点完全相反。第一步是假设未来 10 年人口和就业增长有一定的速度，然后将这一速度转化为绝对收益。第二步是研究在不同密度下产生的增长对出行距离的影响。所描述的模型被用于这些模拟。但是，最初的情况与之前的讨论有所不同。在这项分析中，假设最初的 240 万地区人口完全居住在 144 平方英里的中心城市和 432 平方英里的郊区。因此，该地区总人口的 32.5% 在城市，62.5% 在郊区。所以郊区有 150 万居民，而这个城市有 90 万居民。这些城市和郊区的人口和面积与基本情况相同。

这与之前的情况类似，即整个居住模式被限制在 24 平方英里的范围内，在郊区之外没有郊区发展。但在这种情况下，该地区的初始人口总数只有 240 万，而不是 300 万。因此，最初的密度是城市为每平方英里 6250 人，郊区为每平方英里 3472 人，整个都市地区为每平方英里 4166 人。此外，所有的工作岗位都分布在城市和郊区——40% 在城市，60% 在郊区。这种情况导致整个地区的平均通勤距离为 9.17 英里（假设郊区工人在工作地点之间的分散广泛）或 7.36 英里（假设郊区工人在工作地点之间的分散较小）。

然后，假设 10 年的人口平均每年增长 2.257%，即 10 年约增长 25%。根据美国的经验，这是非常快速的增长，但 37 个美国大都市地区（1999 年确定的 280 个大都市地区中）在 20 世纪 90 年代达到或超过了这一水平。所有这些增长都发生在原来的郊区边界之外。10 年后，该地区的总人口增加了 60 万，达到 300 万，另外有 286,800 名工人居住在新的远郊城区。远郊占总人口和常住工人总数的 20%，而中心城市和郊区分别占 20% 和 50%。

显然，远郊也还将发展一些就业中心，并将包含所有工作的很大一部分。假设这一比例低于外来人口的比例；因此，它被设定为 10%，郊区占所有就业人口的 50%，中心城市为 40%（包括中央商务区的 7%）。这些工作随后被分配到该地区的就业中心，包括新的郊区就业中心。从城市和郊区到这些中心，有一些向外的通勤，但流量主要是向内或横向的。一个关键问题是，改变这种增长的平均密度对新发展地区和整个大都市的平均通勤距离有什么影响？

如果这种新的增长平均向外延伸 50 英里，那么郊区的平均密度是非常低的：每平方英里 312 人（这种情况与前面描述的 50 平方英里的情况相同）。此外，在远郊设立了额外的就业中心，所以现在共有 29 个就业中心。这使得整个地区的平均通勤距离为 10.88 英里，远郊工人的平均通勤距离为 17.66 英里。该地区的平均通勤路程增加了 1.7～3.52 英里（18.5%～47.8%），这取决于在人口增长之前对郊区就业分散程度的假设。无论哪一种情况，增加的通勤距离都集中在新的郊区工人身上。

相比之下，如果这个新的郊区开发项目均匀地向外延伸 30 英里，平均郊区密度是每平方英里 1852 人，是 40 平方英里的 3.2 倍。这种密度使所有工人的平均通勤距离为 8.04 英里，而郊区居民的平均通勤距离为 12.02 英里。因此，郊区密度比 40 平方英里的情况高 220%，导致郊区通勤距离平均仅减少 2.59 英里，下降了 17.7%。整个大都市地区的通勤距离仅下降了 2.04 英里，即 20.2%。

那么更高的密度会怎么样呢？如果相同的新增人口居住在 28 平方英里的总面积上，那么包含这些人口的远郊仅覆盖 208 平方英里。因此，郊区的密度上升到每平方英里 2885 人。整个大都市地区的平均密度达到每平方英里 4437 人，与 2000 年斯托克顿、大急流城和马萨诸塞州伍斯特等城市的密度相似。由于原来的城郊工作中心位于城郊区域之外，因此它们被移到更靠近中央商务区的地方——转角 E 区离中央商务区近了 2 英里，8 个非转角 E 区离中央商务区近了 3 英里。

因此，将远郊人口密度从每平方英里 312 人提高到 2885 人——约增加了 825%——将居住在远郊的工人的平均通勤距离从 17.66 英里降低到 10.94 英里，即 38%。这是一个相当多的减少。所有大都市地区工人的平均通勤距离都从 10.88 英里下降到 9.38 英里，约下降了 14%。

（5）结论

整个模拟分析得出了三个主要结论。第一，如果城郊人口以中等到较高的平均边际密度增长，那么平均通勤距离——尤其是对于城郊居民来说——可以显著低于同样人口在非常低密度下产生的通勤距离。简而言之，居住密度可以对通勤模式和每千人的总通勤距离产生显著影响。这一结论对有关在新增长领域应寻求什么密度的公共政策具有重大影响。这意味着，在其他条件相同的情况下，非常低密度的居住模式将比中等密度的居住模式产生更多的通勤出行。

第二，平均密度的巨大百分比变化会导致平均通勤距离的相对较小百分比变化。旨在通过改变居住密度来减少下班出行的政策，如果对密度水平只产生小或中等的影响，就不可能有效。

第三，通勤距离的最大减少发生在居住区从极低密度变为中等密度时，而不是从中等密度变为高密度时。对于所有大都市地区的工人来说，从低密度迁移到高密度的郊区居住导致的平均通勤距离的最大下降是由于从 50 平方英里的情况转移到只有郊区、工作分散程度低的情况。这一举动导致整个地区的平均通勤距离从 10.88 英里下降到 7.36 英里，降幅约为 32%。但在平均通勤距离 3.52 英里的下降中，80%

发生在从每平方英里 1200 人到每平方英里 3333 人的地区密度中。该地区人口密度每平方英里增加了 2133 人，即 78%，占总减少面积 3.52 英里的 2.84 英里。相比之下，区域密度从每平方英里 3333 人增加到 5208 人的幅度是每平方英里增加 1875 人——也是 78%。但它导致地区平均通勤距离仅下降了 0.68 英里，或只有 8%（相当于从 50 平方英里的情况到 24 平方英里的情况下，工作分散程度较低的总降幅的 20%）。这是因为其不可改变的几何定律。随着郊区总面积的缩小，其直径的相对微小地进一步收缩——保持总人口常数——会产生较大的平均密度变化。相比之下，当郊区的区域大得多时，其边界上绝对大的移动对其平均密度的影响很小。这意味着一旦平均密度达到中等水平，大大提高密度对平均通勤距离的影响相对较小。换句话说，如果减少通勤距离是一个目标，那么避免非常低的密度比实现非常高的密度更重要。

不可否认，上述结论来自一个非常特殊假设的模型。因此，有可能根据产生完全不同结果的不同假设构建另一个模型。这种模型能够"证明"居住密度对平均通勤距离没有显著影响的唯一基本方法是，根据人们居住的地方，将工作分散得更广泛、更均匀。我相信这个模型以美国大城市的情况合理忠实地描述了实际的工作地点模式。因此，这些结论应该被认为是相当可靠的。

（6）对交通拥堵的影响

本附录中的分析只关注通勤距离和居住密度之间的关系。该分析并没有解决通过鼓励高密度住区来减少通勤距离是否也能减少高峰时段通勤和其他出行造成的交通拥堵。在世界上许多大都市地区，最大的交通拥堵出现在人口密度最高的地区，无论通勤路程有多长。然而，由于这个问题在第 12 章和本书的其他地方讨论过，这里将不再进一步探讨。

附录 E 公交车站附近聚集高密度住宅

增加公共交通通勤使用的一种方法是将相对高密度的住房聚集在郊区交通站点附近，特别是那些由固定铁路系统服务的站点。1977 年，鲍里斯·普什卡廖夫和杰弗里·祖潘进行的一项研究表明，许多住在距离快速交通站点 2000 英尺以内的人愿意使用公共交通工具进行日常通勤。这个距离是一英里的 37.9%。普什卡廖夫和祖潘描述了 20 世纪 90 年代对居住在加利福尼亚州公交站点附近的人的通勤行为进行的几项研究的结果，结果显示，居住在 500 英尺范围内的居民使用公交的比例从 25% 以上下降到 1000 英尺范围内的 20%，在 3000 英尺（一英里的 57%）范围内逐渐下降到 10%。这一比例在多伦多和埃德蒙顿的加拿大居民中要高得多。慷慨地说，我的分析将高交通使用率的范围扩大到了半英里（2640 英尺）。一个每小时步行 2.5 英里的人可以在 12 分钟内完成这个距离。这种策略在减少郊区或城市交通拥堵方面会有多有效？

（1）模型的基本结构

半英里的半径形成了一个 0.785 平方英里的圆。如果圆圈内 50% 的土地上都有住房，就像大多数郊区常见的那样，那么每个公交站点的步行距离内就有 0.393 平方英里的住房。如果像许多城市一样，25% 的土地上有住房，那么步行距离将达到 0.20 平方英里。在一个大都市地区内，这样的圆圈的数量将取决于有多少个车站。

在附录 D 中分析的大都市区模型中，8 个边远就业中心位于中心城市和郊区的广场对角线上（每个对角线上有两个），还有 12 个就业中心位于远郊。图 E-1 显示了这个模型市区的布局。假设有四条交通线从市中心沿对角线延伸，穿过这些边远中心，到达 24 英里平方的中心城市和老郊区（但不包括新郊区或远郊）的角落。这些线路将包含 68 英里的直线路线。一半在中心城市，一半在郊区。

如果中心城市的公交站点距离为 0.75 英里，郊区为 1.5 英里——这与华盛顿地铁系统的距离大致相同——四条公交线路将包含城市 11 个站、郊区 6 个站，总共 68 个站。如果住宅用地占郊区土地的 50%，占中心城市土地的 25%，那么 24 个郊区圈的总净住宅面积为 9.42 平方英里，44 个城市圈的总净住宅面积为 8.6 平方英里（因为其中只有 25% 的土地是住宅，而郊区则为 50%）。这些以交通为导向的圆圈将包含郊区住宅用地（216 平方英里）的 4.4% 和中心城市住宅用地（36 平方英里）的 24.0%。

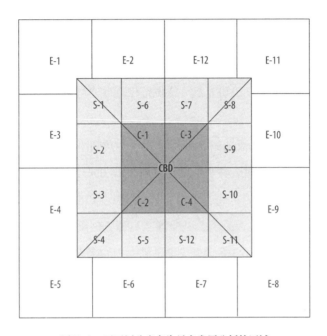

图 E-1　用于以公交车为导向发展分析的区域

资料来源：作者的计算。

注：C = 中心城市；S = 郊区；E = 远郊；CBD = 中央商务区。

关于这里显示的基本情况区域的描述，参见图 D-1。从 CBD 延伸到郊区外边缘的实线是固定的轨道交通线路。除 E-3、E-4、E-6、E-7、E-9、E-10、E-12 和 E-2 外，就业中心均位于各居住区的中心。在这些分区中，它们的中心位于分区的长维度上，在较短的维度上距离郊区边界 2 英里。请注意，公交线路不进入远郊。

（2）计算通勤圈的影响

这些圆圈对交通使用的影响将取决于每个圆圈内建造的住房密度和居住在该房内选择乘坐交通工具通勤的工人的百分比。中心城市的密度通常比郊区要高。表 E-1 显示了在不同的净居住密度下，模型区域内每个圈内可居住的人口数量，以及模型区域内所有圈合并可居住的人口数量。

该模型假设中心城市和郊区总共有 270 万居民，54% 在郊区（162 万），46% 在城市（108 万）。就业工人占全美总人口的 48%：郊区有 777,600 人，城市有

518,400 人。对于郊区通勤圈，表 E-1 计算了净居住密度为每英亩 15～35 个住宅单位的圈人口，假设总土地的 50% 用于住宅，每个住宅单位有 2.5 人，并且在大都市地区的郊区有 24 个圈。所有通勤圈组合的结果显示在左边的第七列和第九列。

在每净住宅英亩 25 个住宅单位（花园公寓可以实现）的净密度下，每个圈将容纳 15,708 人，所有 24 个圈将容纳 376,992 人，占整个郊区人口的 23.3%。这个净住宅密度相当于 20,000 人的总住宅密度（每平方英里的人口，包括所有非住宅用途）。这接近纽约市的总密度（2000 年每平方英里 26,402 人）。2000 年，在整个美国，2.9% 的郊区工人乘坐公共交通上下班。这个比例适用于整个郊区人口，将是 22,550 名公交通勤者。

但是，如果 24 个郊区通勤圈以每英亩 25 个住宅单位的净密度创建，并且如果 10% 的就业通勤圈居民通过公共交通通勤，那么 18,096 名通勤圈居民将是公共交通通勤者。在郊区的其他地方，将有 1,243,008 名居民（162 万人减去 376,992 人），如果他们当中有 2.9% 的工人乘坐公共交通工具通勤，那么就会有 36,047 名这样的通勤者。因此，总共有 54,143 名公共交通通勤者，如果没有通勤圈，大约有 90% 的人会驾乘私家车通勤。24 个密集的郊区交通圈将使 1.8% 的通勤者转向私人交通。因此，私家车通勤只会从 90% 下降到 88.2%——这几乎不足以显著影响郊区高峰时段的交通拥堵。

表 E-1 不同居住密度下的公交圈分析

第一部分

密度/(单位/净英亩)	平方英里/圈	住房用地比例	人/单位	人/圈	圈数数量 个	圈内人口总数 人	区域人口总数 人	住在圈内的百分比/(%)	总密度/平方英里	工作人口总数/人
郊区										
15	0.7854	0.5	2.5	9425	24	226,195	1,620,000	13.96	12,000	777,600
20	0.7854	0.5	2.5	12,566	24	301,594	1,620,000	18.62	16,000	777,600
25	0.7854	0.5	2.5	15,708	24	376,992	1,620,000	23.27	20,000	777,600
30	0.7854	0.5	2.5	18,850	24	452,390	1,620,000	27.93	24,000	777,600
35	0.7854	0.5	2.5	21,991	24	527,789	1,620,000	32.58	28,000	777,600
城市										
20	0.7854	0.25	2.5	6283	44	276,461	1,080,000	25.6	8000	518,400
25	0.7854	0.25	2.5	7854	44	345,576	1,080,000	32	10,000	518,400
30	0.7854	0.25	2.5	9425	44	414,691	1,080,000	38.4	12,000	518,400
40	0.7854	0.25	2.5	12,566	44	552,922	1,080,000	51.2	16,000	518,400
50	0.7854	0.25	2.5	15,708	44	691,152	1,080,000	64	20,000	518,400

第二部分

密度/(单位/净英亩)	在圈内工作的人数/人	圈内使用公交的通勤者/人			使用公交的通勤者/人			使用公交圈内工人比例 40%	所有使用公交圈内工人的比例/(%)		
		使用公交圈内工人比例 10%	使用公交圈内工人比例 20%	使用公交圈内工人比例 40%	使用公交圈内工人比例 10%	使用公交圈内工人比例 20%	使用公交圈内工人比例 40%		使用公交圈内工人比例 10%	使用公交圈内工人比例 20%	使用公交圈内工人比例 40%
郊区											
15	108,574	10,857	21,715	43,429	30,259	41,117	62,831		3.89	5.29	8.08
20	144,765	14,476	28,953	57,906	32,829	47,305	76,258		4.22	6.08	9.81
25	180,956	18,096	36,191	72,382	35,398	53,494	89,685		4.55	6.88	11.53
30	217,147	21,715	43,429	86,859	37,968	59,683	103,112		4.88	7.68	13.26
35	253,339	25,334	50,668	101,335	40,537	65,871	116,539		5.21	8.47	14.99
城市											
20	132,701	13,270	26,540	53,080	53,768	67,039	93,579		10.37	12.93	18.05
25	165,876	16,588	33,175	66,351	53,603	70,190	103,366		10.34	13.54	19.94
30	199,052	19,905	39,810	79,621	53,437	73,342	113,152		10.31	14.15	21.83
40	265,402	26,540	53,080	106,161	53,105	79,645	132,726		10.24	15.36	25.6
50	331,753	33,175	66,351	132,701	52,773	85,949	152,299		0.18	16.58	29.38

（3）如果有较多的郊区交通圈工人乘坐公交通勤，会产生哪些影响？

如果有超过 10% 的交通圈居民选择公交通勤，这一结果会更令人印象深刻。Robert Cervero 分析了由湾区快速交通（BART）服务的三个县的通勤行为，发现 9% 的人住在距离 BART 车站半英里的地方，约 18% 的居民乘坐轨道交通通勤。如果在这个模型中这样做的比例上升到 20%，那么 36,191 名交通圈的居民将是公交通勤者，而公交通勤者的总数将是 53,494 人。因此，6.9% 的郊区工人将通过公交通勤，比没有公交圈的情况下可能发生的情况高出 4.0%。这将使驾乘私家车通勤的比例从 90% 下降到 86%——相对来说，这类通勤者的数量只下降了 4.5%。这种下降是否会显著影响郊区高峰时段的交通拥堵还很难说。

如果 40% 的交通圈居民选择了公交通勤，那么这个结果将会更加令人印象深刻。马里兰州切维蔡斯的四个人口普查区是高密度社区（马里兰州蒙哥马利县 7053、7055 和 7056.02 区，哥伦比亚特区 11 个），2000 年有 8,518 名居民工人；29.6% 的人乘坐公共交通通勤（其中 91% 的人乘坐地铁），53.6% 的人使用私家车。在任何一条道路上使用公交的最高比例为 45.8%。人口普查区包括弗吉尼亚州阿灵顿的巴尔斯顿地铁站（1014 区），占地面积约 1.28 平方英里，有 8436 名居民居住在地铁站周围的高密度居住点，这是 20 多年来发展起来的。2000 年，居住在该地区的 16 岁及以上工人中有 42.6% 乘坐公共交通上下班。如果 24 个模型郊区交通圈中公交通勤的比例上升到 40%，那么交通圈居民将有 72,382 人是公交通勤者，而公交通勤者的总人数将达到 89,685 人。因此，11.5% 的郊区工人会乘坐公共交通上下班，假设剩下的 2.9% 的郊区工人会这样做。这将比没有交通圈的情况下可能发生的情况增加 8.6%。这将使私家车的通勤人数从 90% 下降到 81.4%，这类通勤人数减少了 9.6%。这就大大减少了私家车的通勤量。

然而，巴尔斯顿人口普查区的人口密度远低于刚才分析的郊区交通圈模型的假设，因为巴尔斯顿区约有 1.28 平方英里，有 8436 名居民，即每平方英里 6590 名居民。在这个密度下，一个包含 0.7854 平方英里的圆形将容纳约 5180 名居民。这只相当于假设的 15,708 人的三分之一，在一个模型交通圈中，净住宅密度为每英亩 25 个住宅单位。因此，假设巴尔斯顿地区 50% 的土地是住宅，那么该地区的净住宅密度似乎只有每净住宅英亩 8.25 个住宅单位。因此，与巴尔斯顿地区类似的通勤模式将使私家车在郊区的通勤总量从90%下降到81.4%，这无疑太高了。保守地说，这一预期应该下调一半，从90%降至85.7%。私家车通勤量的下降是否会显著减少郊区高峰时段的交通拥堵尚不清楚。

这一分析表明，即使在许多郊区交通圈中有高密度的居住区（占郊区总人口的23%），而且在交通圈中选择交通工具上下班的工人比例很高，仍然会让绝大多数郊区通勤者使用私家车。到目前为止，无论哪里建立了郊区中转站，很大一部分都没有在它们周围建造高密度的住房，部分原因是它们周围有停车场，以鼓励停车和换乘。因此，要改变这种情况，在所有的郊区交通站点附近都要普遍设置高密度的居住点，这需要付出巨大的努力，就减少拥堵而言，回报却相对可疑。

（4）交通圈对中心城市通勤模式的影响计算

中心城市的情况怎么样？表E-1的下半部分显示了对城市的类似计算。在每英亩50套住宅的净居住密度下，可能需要建造中高层建筑，一个城市交通圈将容纳15,708名居民，而郊区交通圈的净密度只有前者的一半，因为城市只有25%的土地用于住宅，而郊区只有50%。然而，在这个模拟模型中，城市的交通站点比郊区多得多。因此，居住在这些交通圈中的人口总数将为691,152人，即占整个城市人口的64.0%。这是一个非常高的比例。

此外，在城市中，居住在公共交通圈的工人选择公交的比例可能更高，比如20%。如果没有公交圈，该市518,400名工人中约有10.5%的人将乘坐公交通勤，或54,432人（10.5%是2000年中心城市的全美平均比例）。如果交通圈以高密度建设，有691,152名居民，那么将有331,752人是雇用工人。如果其中20%的人乘坐公交通勤，那就是66,351人。在居住在城市其他地方的186,647名工人中（518,400人减去居住在交通圈的331,752人），约有10.5%的人会使用交通工具，即19,598人。因此，交通通勤者总数将达到85,949人，占所有城市工人的16.6%。因此，该市的交通通勤比例将从10.5%上升到16.6%，即提高5.8个百分点。如果80%的城市工人以前曾驾乘私家车通勤，这一比例将降至73.4%，即8.3%。这可能会对城市的交通拥堵产生一些影响，尽管绝大多数通勤者仍在使用私家车。但在高密度的交通圈中，吸引三分之二的城市人口似乎是不太可能的。

如果模型城市交通圈的居民比例上升到40%，如前所述的巴尔斯顿地区，那么城市交通通勤者的总数将达到152,299人，占所有城市工人的29.4%。这一增幅为18.9个百分点，将私家车通勤从80%减少到61.1%。如此大的下降无疑会减少城市高峰时段的交通拥堵。然而，这个计算至少基于两个非常不现实的假设：64%的城市人口生活在交通圈；每个交通圈的净居住密度是巴尔斯顿人口普查区实际密度的三倍。

（5）将公交线路和高密度圈延伸到远郊

一个可以考虑的替代方案是将交通线路延伸到远郊地区，并在由此产生的远郊车站周围建设高密度的开发项目。如果刚才提到的四条过境线沿对角线向外延伸到角落的远郊地区（图E-1中的E-1、E-11、E-5和E-8）的边缘，这将增加45.2英里的交通线路。假设中转站在这些低密度地区相距3英里（是郊区的两倍），这将导致总共增加15个交通站点。如果在每个站点周围建立一个圆形的高密度居住点，并以每英亩25个住宅单位的净住宅密度进行开发，那么所有15个圆形区域将容纳235,620名居民。这些假设导致通勤圈内的总人口密度为每平方英里20,000人，是图E-1所示的整个远郊地区每平方英里585人的34倍。假设这些发展吸引了来自远郊其他地区的人，而没有构成远郊人口的净增加，那么交通圈的居民将占整个远郊人口（60万人口）的39%（如果把这235,620名居民加到现有人口中，他们将占远郊总人口的28%，即835,620人）。在这些遥远的交通圈中，居民使用公共交通工具通勤的比例可能会比郊区或中心城市圈要低一些。如果这一比例是10%，那么远郊居民的总交通使用率将从没有这些交通圈的2.9%上升到有这些交通圈的5.69%。如果交通圈居民使用公共交通工具通勤的比例为20%，那么郊区的公共交通通勤总量将达到6.72%，是没有此类开发的两倍多。然而，即使这样，使用私家车的郊区通勤者的比例也只会从90%左右下降到86%——这还不足以显著减少郊区的交通拥堵。这一分析表明，只有当郊区通勤圈的居民决定乘坐公交通勤时，公共交通线路才会延伸到郊区地区，并在那里建立以交通为导向的发展，才会对郊区交通产生显著影响。

（6）高密度住宅交通圈与停车换乘站的比较

另一种刺激更多交通客流量的方法是，在外围车站周围设置停车场，以吸引距离每个车站远至半英里的通勤者，从而促进停车换乘的使用。这种方法可以利用更大的居民区，而不是依靠人们从附近的住宅区步行到交通站。这种方法已被旧金山湾区 BART 和华盛顿地铁系统的许多外围车站所采用。BART 的停车场在旧金山市中心以外的 35 个车站有 42,230 个停车位，平均每个车站有 1206 个停车位。在刚才讨论的模型中，有 24 个郊区车站（不包括远郊车站）。如果每个停车场有 1500 个停车位，每辆车有 1.2 名乘客，那么每天有 43,200 名通勤者可以使用这些停车位。如果每个车站周围的土地以每净住宅英亩 25 个住宅单位的速度开发，这比 36,191 名可能会使用公交的郊区交通圈居民多出 19%，居住在附近的人中有 20% 会乘坐公共交通。然而，如果 40% 的交通圈居民使用交通工具通勤，这将是 72,382 人，或者比那些使用停车和乘车的人多出 68%。换句话说，每个郊区交通圈的居民中，交通通勤者的比例必须超过 23.9%，才能使这些圈产生的通勤总量超过那里的停车换乘停车场而不是高密度住宅所产生的通勤总量。

如果有可能将高密度住房和大容量停车场结合起来，那么这两种可能的客流量来源就可以被同时利用。然而，协调这两种方法是极其复杂和困难的，因为所涉及的两种土地用途在每个站点周围的土地上基本是不相容的。如果每个车站周围都有大型的开放停车场，方便停车换乘，那么住在附近可以步行到车站的人就会少得多，而穿过大型停车场这样做似乎不是一个非常理想的前景。正如德娜·贝尔泽（Dena Belzer）和杰拉尔德·奥特勒（Gerald Autler）所指出的，在以交通为导向的发展中，将公交站点作为居民区中心的策略与将其用作大型铁路系统中的交通节点的策略之间存在着固有的冲突。这两种策略只能通过使用非常昂贵的停车场类型（地下或结构性停车场）来使停车场远离车站周围的住宅和商业建筑。这也需要开发商进行复杂的多用途规划，以及开发商和交通系统之间的密切协调。这就是为什么实现这种双重方法发展的成功例子如此之少。

（7）高密度公交导向发展对交通拥堵的影响

以公交为导向的发展并不总是被考虑的一个的原因是，在这些节点上每平方英里的人口增加对当地交通拥堵的影响。即使居住在交通站点附近的所有人使用公共交通的比例比住在其他地方的人多得多，私家车通勤的减少也可能被住在小区域的更多家庭所抵消。美国大多数郊区的正常密度是每平方英里 2000 到 4000 人。交通圈中产生大量交通客流量所必需的密度可能高达每平方英里 20,000 人。虽然郊区交通圈只有0.393平方英里的住房，密度为每平方英里2万人（每英亩25个住宅单位），但这将是7860人。如果48%是工人，那就是3772人。如果他们中有40%的人使用公共交通工具，至少有50%的人（或1886人）最有可能驾乘私家车通勤。相比之下，如果该地区的密度保持在每平方英里4000人，那么0.393平方英里将只容纳1572人，其中包括755名工人。如果他们中有90%的人开车通勤，那就是680个这样的人。这仅仅是居住在这个小区域的通勤者数量的三分之一，这些通勤者将以更高的密度使用私家车，这是交通导向发展的倡导者所希望的。因此，即使交通圈居民的交通客流量很高，高密度交通圈本身及其邻近地区的交通拥堵可能比那些以更典型的郊区密度居住的交通圈更严重。诚然，如果交通圈成功地提高了公共交通的使用量，那么整个地区的车辆通勤者数量将会减少，因此，整体的区域交通拥堵可能会减少。但交通圈附近的局部拥堵可能会更严重。

（8）结论

毫无疑问，在公交站点附近建造高密度住房将增加公交客流量，因此这可能是一种值得追求的策略。然而，为了使这一策略对交通拥堵产生显著影响，特别是在郊区，必须满足三个条件。第一，以这种高密度圈开发的公交站点的数量必须很大——大到足以容纳郊区总人口的很大一部分。这意味着必须有一个有效的区域计划，在几乎所有的固定轨道交通站点附近发展高密度圈，即使它们可能位于不同的地方管辖区。必须以某种方式在整个地区克服当地对这种高密度居住点的抵制。第二，每个圆圈中的住宅单位的平均密度必须非常高——远远高于美国大多数郊区社区的密度。第三，选择公共交通的居民比例也必须很高——至少20%，更高会更好。尽管在一些郊区的个别公交站点附近满足了后两个条件，但在美国任何一个大都市地区，都还没有一个整体郊区几乎满足所有这些条件。即使所有这些条件都得到了满足，也不清楚这些结果是否会显著减少整个地区的交通拥堵。然而，很明显的是，交通圈附近的当地交通拥堵将比"正常"郊区密度普遍存在的情况更严重。因此，分析表明，这种策略并不像许多支持者所声称的那样，是一种很有希望地解决交通拥堵的方法。